AF346529

ÉTUDES

SUR

LES EAUX DE NIMES

ET SUR L'AQUEDUC ROMAIN DU GARD,

Par M. le Docteur

JULES TEISSIER-ROLLAND,

Membre de plusieurs Sociétés savantes.

TOME SECOND.

PREMIÈRE PARTIE.

NIMES.

IMPRIMERIE BALLIVET ET FABRE,
RUE DE L'HÔTEL-DE-VILLE, 11.

1845-46.

BIBLIOTHÈQUE FOSSE

DE NIMES ET DE SES EAUX.

EXPOSITION DÉTAILLÉE

DU

SYSTÈME GÉNÉRAL

ET DES PROJETS SUBORDONNÉS

De M. Jules TEISSIER,

Présentée

à Messieurs les Juges du Concours.

La Commission nommée par M. le Maire de Nimes, pour fixer la valeur des projets qui seront présentés pour la *Fourniture d'Eau* demandée par le Conseil municipal, se compose de MM. les Ingénieurs en chef dont les noms suivent :

MM. VINARD, Ingénieur en chef du département du Gard, résidant à Nimes;

BOUVIER, Ingénieur en chef, Directeur du service spécial du Rhône, résidant à Avignon;

THIBAUD, Ingénieur en chef des Mines, résidant au chef-lieu d'Alais;

DE LA MARCK, Ingénieur en chef du département de l'Hérault, résidant à Montpellier;

P. TALABOT, Ingénieur en chef, Directeur des Chemins de Fer du Gard et de Marseille, résidant à Nimes.

INTRODUCTION.

Messieurs,

Il y a quatre ans que je fus appelé d'une manière fortuite à m'occuper de la question *des Eaux de Nimes*, et je la trouvai si importante et si belle que depuis elle a été l'objet constant de mes études et de mes recherches.

Rien ne m'a coûté pour en trouver la solution : — ni lecture de livres oubliés et de manuscrits poudreux, ni courses et explorations attentives des choses et des lieux dans toute la contrée, ni labeur de publications presque quotidiennes. J'ai fait tous mes efforts pour attirer l'attention du public et fixer son opinion sur cette affaire vitale pour l'avenir de la cité, car je sentais que l'autorité ne pourrait se charger de la responsabilité d'une entreprise aussi grave que quand elle en serait pour ainsi dire sollicitée, pressée par la population. Mais ce n'était pas tout que de rendre plus vif un désir existant, il fallait encore trouver, dire et faire accepter le meilleur moyen d'y satisfaire.

Ce n'est donc point légèrement, au hasard, d'inspiration, comme disent ceux qui redoutent un travail consciencieux, *que j'ai conçu et formulé le système que je suis appelé à vous soumettre aujourd'hui.*

Pour ce qui concerne la constitution physique de la contrée, j'ai tout vu par mes propres yeux et autant de fois que c'était nécessaire ; j'ai mesuré, dessiné ou fait relever par mes amis ce qui avait quelque importance ; enfin, je me suis enquis des idées, des opinions, des systèmes de ceux qui m'avaient précédé ; ce n'est qu'après ce travail long et pénible que ma décision a été prise.

Toutes ces choses ont été faites à la clarté du jour, sous les yeux du public, et vous en trouverez pour ainsi dire le procès-verbal dans les quatre livraisons que j'ai eu l'honneur de vous remettre, et qui composent le premier volume de cet ouvrage.

Au moment où j'entrepris mes recherches, le projet de dérivation *par une rigole à pente, dont le point de départ aurait été le bief du moulin inférieur de M. de Calvière, à Boucoiran,* jouissait d'une grande faveur ; on touchait presque à son exécution. En parcourant les lieux que ce canal d'amenée devait traverser, je conçus des doutes sur la constance des produits et leur qualité ; je fus effrayé des obstacles qui se présentaient et surtout de la dépense excessive que Nîmes aurait à supporter ; j'aperçus un gouffre où pendant bien des années toutes ses ressources viendraient se perdre , je poussai le cri d'alarme et je fus seul pendant bien longtemps (1).

Si ce fut rendre service à la cité que de l'avertir du danger avec persévérance et de l'arrêter lorsqu'on allait mettre la main à l'œuvre pour l'exécution, ce service c'est moi qui l'ai rendu par mes publications incessantes ; car, d'après ceux-là même qui partageaient entièrement mes idées , il était trop tard pour les publier avec fruit , et le projet qui avait suivi toute la filière administrative ne pouvait plus être abandonné.

J'avais besoin de tout le courage que donne une conviction profonde pour ne pas être arrêté par le peu de chances de succès que me laissait la position officielle de l'affaire ; je ne devais pourtant désespérer ni de la force de la vérité, ni de l'empressement que l'administration et le public mettraient à l'accueillir dès qu'elle leur serait clairement présentée.

Je parlai d'abord de la faible quantité et de la mauvaise qualité des eaux du Gardon à Boucoiran pendant l'étiage ; de la nécessité de maçonner, de voûter la rigole d'amenée sur tout son parcours ; des constructions nécessaires omises dans le projet ; des indemnités dues à M. de Calvière et aux communes riveraines qui avaient un besoin indispensable de l'eau

---

(1) En 1840, M. Bouchet avait parlé en faveur de la restauration partielle de l'aqueduc, mais il ne publia que quelques pages qui ne pouvaient avoir d'effet durable sur l'opinion.

de la rivière ; je me rendis l'écho de leurs griefs bien légitimes ; p. 177 à 241 et 702. (1).

Mais ce n'était pas tout que de détacher peu à peu la ville d'un système dangereux : il fallait y substituer quelque chose de préférable, surtout sous le rapport des ressources dont on pouvait disposer ; c'était une conséquence naturelle de mon entreprise , je le sentis et je me mis au travail avec résolution.

J'étudiai d'abord la constitution du sol de la ville et des environs, particulièrement au point de vue hydrique , et comme le forage des puits artésiens préoccupait alors les esprits, je donnai mon opinion en passant sur l'improbabilité d'une réussite locale ; p. 57-271. Je comparai mes observations avec celles de MM. Baumes et Vincens , Emilien Dumas et Jean Rey , et j'en conclus — que , dans la ville même ou dans son voisinage immédiat , on trouverait sous le sol nimois assez d'eau pour satisfaire à tous les besoins , si l'on se résignait à l'élever par des machines ; p. 140 à 160, p. 171.

Bientôt, une estimation plus juste de la dépense, la considération approfondie des inconvéniens qui pourraient résulter d'un puisage aussi considérable en ce qui concerne la portion du territoire où l'on a le

____

(1) Toutes les citations de pages se rapportent à mon premier volume.

plus grand intérêt à conserver la fraîcheur et la fertilité, tout cela me fit comprendre l'incertitude, les vices d'un système trop restreint, et j'y renonçai complètement, p. 406.

Après mes réflexions sur les eaux que pouvait recéler le sol de la ville ou de la zone la plus rapprochée, devait naturellement venir l'observation des sources qui se trouvent assez voisines pour qu'on les conduise à Nimes sans trop de dépense.

Je ne parlerai pas ici du Puits-Couchoux, de la Crucimèle, des *Trois-Fontaines*, le tout indigne d'une réputation usurpée et dont on n'aurait jamais dû s'occuper, p. 452, 457, 460 ;—dès que j'eus reconnu leur complète insignifiance, je portai mes pas d'un autre côté.

Je visitai, en mai 1842, les sources de Vaquerolles ; de St-Pierre-de-Vaquière, du Mas-Gairaud, de La Barbin. Elles naissent à plus de cent mètres au-dessus de la source de *Nemausus*, et le problème d'alimenter la ville d'une manière splendide aurait été facilement résolu si elles avaient donné, le 5 septembre 1842, la même quantité d'eau qu'au printemps qui avait précédé; p. 91-168.

Delon m'avait jeté dans de grandes erreurs par l'exagération singulière avec laquelle il avait estimé les produits des sources de Calvas, de Font-Escalière, Font-Aubarne, Roque-Courbe, et de plusieurs autres, voisines de l'aqueduc romain ; il a fallu bien des courses dans la saison convenable pour réduire ses allégations à leur juste valeur (p. 509-547), et à mesure que, par mes explorations répétées, j'ai mieux connu les environs de Nimes, je me suis convaincu qu'il n'y avait que les sources du Fouze, de Bezouce, de Pazac et de Lognac qui méritassent quelque considération ; s'il en est d'importantes au sud-est ou au midi de la ville, elles naissent à un niveau trop bas, ou sont indispensables aux villages près desquels elles se trouvent ; p. 840.

Puisqu'il était évident pour moi que les sources des environs de Nimes ne pouvaient, dans l'état où elles se présentent aujourd'hui, satisfaire à ses besoins d'une manière sûre et complète, je devais chercher ailleurs des moyens d'alimentation et m'adresser à des cours d'eau pérennes et plus puissans.

Le Rhône, l'Ardèche, la Cèze furent d'abord exclus à cause de leur éloignement. S'il fallait en dériver les eaux par une rigole à pente, les difficultés et les dépenses seraient bien plus grandes qu'en s'adressant à Boucoiran, et si l'on se résolvait, au contraire, à élever l'eau par des machines, on pourrait en trouver beaucoup plus près.

Le Vidourle et le Gardon sont les cours d'eau permanens les plus voisins de Nimes ; la distance est à-peu-près la même pour tous les deux, ainsi que la difficulté d'y atteindre ; mais, comme au point le plus abordable pour chacune de ces rivières, l'eau du Gardon est de meilleure qualité à l'étiage (1)

____

(1) J'ai expliqué pourquoi l'eau du Gardon qui n'est pas potable à Boucoiran est excellente au-dessus de Lafoux ; c'est l'effet

et beaucoup plus abondante pendant toute l'année , il est clair que c'est à celui-ci qu'il convient de s'adresser de préférence.

J'étudiai avec un soin tout particulier la vallée du Gardon depuis le moulin de Labaume jusqu'à Collias , St-Privat et Lafoux , parce que mes observations devaient renverser plusieurs systèmes impraticables et fonder solidement le mien ; p. 389 à 400.

Mes courses, mes explorations , mes réflexions me convainquirent :

1° Qu'on ne pouvait trouver pour Nimes une certaine quantité d'eau de source disponible et à niveau suffisant que du côté de Saint-Gervasy , Bezouce et Lognac ;

2° Qu'il n'y avait moyen d'approcher du Gardon, sans d'énormes dépenses , que du côté de Lafoux ; mais , qu'en ce lieu , il fallait élever l'eau par des machines pour l'avoir au niveau nécessaire.

Je n'ignorais pas que les Romains avaient jadis conduit à Nimes les eaux des fontaines d'Eure et d'Airan par un aqueduc admirable , presque constamment enfoui , et franchissant le Gardon au Pont-du-Gard ; — je voyais bien que la reprise des eaux d'Uzès, que la restauration du canal antique satis-

remarquable d'une filtration naturelle de trois lieues sous le gravier et sous la roche ; p. 702.

feraient pleinement, sous le rapport du produit, aux conditions du problème ; mais , d'un autre côté , y avait-il possibilité de reprendre les eaux de l'Alzon , et n'en coûterait-il pas autant que de construire la rigole de Boucoiran que je conseillais d'abandonner à cause de la dépense ; — c'est ce qui demandait les plus sérieuses réflexions.

J'explorai donc l'aqueduc dans tous les sens, j'interrogeai ses débris , je m'enquis de la valeur des jouissances de ceux qui possèdent aujourd'hui les eaux des sources d'Eure et du ruisseau d'Airan , et je restai persuadé que le parti le plus sage , le plus convenable pour la ville de Nimes , que le parti le plus grand , le plus noble, le plus productif et pourtant le mieux en rapport avec les ressources municipales , c'était le rétablissement de l'aqueduc antique et la reprise des eaux d'Uzès ; — pourvu toutefois que l'exécution fût combinée de telle manière qu'on pût la scinder en trois entreprises distinctes , séparément productives , qu'on n'exécuterait que successivement , mais qui , en trois reprises différentes , conduiraient au but définitif.

Dès ce moment mon système fut arrêté ; il ne s'agissait plus que de le faire prévaloir, en le présentant au public et aux juges qui me seraient donnés , étayé de tous les motifs qui militent en sa faveur.

Je pense donc *qu'en principe* on doit adopter le projet de la restauration totale de l'aqueduc romain, mais que , dans l'exécution , la ville doit . par une première entreprise, atteindre — jusqu'à St-Gervasy pour profiter de l'eau du Canabou, et même attaquer l'évent du Fouze à douze mètres au-dessous du niveau actuel , idée qui a reçu d'importantes approbations, p. 565-894 ; — qu'on doit aussi atteindre et dépasser Bezouce pour ramasser et profiter des eaux qui se trouvent dans l'aqueduc ou dans son voisinage jusqu'à Font-en-Gourd.

Je pense que , par une seconde entreprise , la ville doit pousser la restauration de l'aqueduc jusqu'à Lafoux, et, sur ce point, élever les eaux du Gardon au moyen de pompes mues par l'eau elle-même. Pour cela , une dérivation de la rivière faite dans un bief qui prendrait naissance au-dessus de St-Privat, serait maintenue à la plus grande hauteur possible.

Enfin , quand la ville voudrait une quantité d'eau plus considérable , et quand l'état de ses finances lui permettrait de terminer dignement toutes ses entreprises , la reconstruction de l'antique aqueduc serait poussée jusqu'à Uzès ; p. 209 , 222 , 400 , 418.

Telles furent les idées que m'inspira l'observation directe ; mais je ne me bornai pas là. Je savais que depuis longtemps la question des eaux de Nimes était agitée et débattue , — que beaucoup d'ingénieurs distingués et de personnes instruites s'en étaient occupés ; — je sentis que je ne devais adopter une opinion définitive que quand j'aurais retrouvé tous les systèmes antérieurs, et après les avoir comparés, soit entre eux, soit avec mes propres idées.

Je commençai dès-lors le travail historique dont on trouve la première esquisse de la page 22 à la page 67, et je remontai dans l'ordre des temps aussi loin qu'il me fut possible. J'entrepris ensuite l'analyse des nombreux mémoires de Delon, l'homme qui s'est occupé de la question des eaux de Nimes avec le plus de persévérance. Comme je n'ai pu me procurer que très-difficilement tous ses opuscules, j'ai été obligé d'y revenir à plusieurs fois. J'ai rendu justice à ses qualités, mais j'ai dû relever ses défauts et ses erreurs inconcevables ; toutefois, ma critique à son égard ne serait pas sortie des formes sérieuses de la discussion, si elle n'avait été écrite avant le malheur affreux qui m'a frappé pendant que ma troisième livraison était sous presse ; p. 67, 496 à 577, 476 !...

Après les projets de Delon, j'exhumai ceux de MM. Blachier, p. 125, 133, 869 à 876 ; — de MM. Fontanier, p. 43 à 448 ; — Angrave, p. 452 à 460 ; — Clapiés, p. 468 à 474 ; — Barnier de Valcaude, p. 476 à 491 ; — Delille, p. 877 à 882 ; — de l'avoué Perrin, p. 883 à 894 ; — de l'ingénieur Ramus, p. 978.

Tous ces travaux se rapportent au concours annoncé par la ville en 1788 et dont le prix ne fut jamais adjugé.

Un autre concours fut ouvert en 1825, et là figurèrent : MM. Fauquier, p. 899 à 908 ; — Simil, p. 247 ; — Laurent, de Beaucaire ; Cordier, de Béziers ;

Valz et Talabot, dont je n'ai pu faire connaître encore les travaux que d'une manière trop imparfaite ; je fournirai le complément dans ce volume.

Il y avait eu aussi un concours en 1819 ; il s'agissait de donner à la ville des fontaines jaillissantes et l'augmentation de l'approvisionnement d'eau n'était pas une condition du programme ; cependant plusieurs concurrens touchèrent la question générale. Après avoir parlé des idées de MM. les ingénieurs Clapiès et Angrave, j'ai fait connaître par quelles observations judicieuses M. le maire Cavalier avait compris qu'il était possible d'établir à Nimes des fontaines jaillissantes sans qu'il fût indispensable d'augmenter la quantité d'eau qu'on avait, et sans nuire à aucun service ; ses idées heureuses et bienfaisantes amenèrent le concours, et firent naître par conséquent les mémoires de MM. Charles Durand, Simon Durant, Querry, Conrad, que couronna l'établissement si désiré des fontaines, assuré par M. Cavalier lui-même, commencé par M. de Chastellier et rendu par M. Girard aussi complet que puisse le permettre la quantité d'eau dont on dispose ; p. 452, 468, 813 à 850.

On s'était occupé à certaines époques du jaugeage de la source de *Nemausus,* on y revint naturellement à l'occasion de la construction des fontaines et surtout au moment de la sècheresse extraordinaire de 1822. J'ai cru me rendre utile en publiant l'analyse du savant mémoire de M. Valz à ce sujet et celle de la notice où il a consigné ses belles découvertes *sur l'aqueduc rétrograde,* ouvrage des Romains aussi, mais

destiné à porter les eaux de Nimes jusqu'à Marguerites et peut-être au-delà , ce dont on n'avait jamais
eu la pensée. M. Valz croit avec moi qu'on peut tirer
un grand avantage de la restauration partielle ou totale de l'aqueduc qui vient d'Uzès ; et , bien qu'en
1825 , il eût opté pour la rigole de Boucoiran , j'ai
éprouvé une vive satisfaction en le voyant accepter
peu-à-peu mes idées sur la reconstruction de l'antique aqueduc par portions successives ; p. 100 , 117 ,
851 à 868.

En racontant mes diverses courses à Uzès , je n'ai
pas passé sous silence les idées originales , mais
malheureusement peu praticables de M. Eugène Labaume , p. 274. J'ai fait successivement connaitre le
système hydraulique de M. Bouchet , p. 334 ; — puis
celui de M. Brouzet qui , suivant les traces de MM.
Ramus, Fauquier et autres, voulait, comme M. Dombre aujourd'hui , employer la force motrice de la
vapeur ; p. 346.

J'ai cru qu'un moyen puissant d'action sur le public , un moyen de gagner sa confiance et de fixer
son opinion , c'était de lui présenter des exemples
d'exécution heureuse dans des entreprises pareilles
à celle qu'on projette pour Nimes. L'influence légitime de cette voie de persuasion ne peut pas être
contestée.

J'ai donc publié l'histoire *des aqueduc de Rome* ,

d'après Frontin , d'après Vitruve , Pline , d'après Ro-
sini , Fabretti , Marliani , Rondelet , et d'autres anti-
quaires.

Suivant Ménard, et d'après les observations de
M. Pellet et celles qui me sont propres , j'ai parlé du
bassin de distribution de l'antique aqueduc qu'on
avait enfoui lors de la construction de la Citadelle
et qu'on vient d'exhumer de nouveau ; enfin , j'ai
jeté un coup-d'œil rapide sur les aqueducs antiques
de Metz , de Lyon , de Vienne , et sur les constructions modernes de Casertes , de Montpellier, d'Ar-
cueil, de Maintenon , qu'on peut mettre sur la même
ligne ; p. 719 à 811.

Si l'histoire des aqueducs romains devait familia-
riser le public avec l'idée d'une conduite d'eau , en-
fouie , maçonnée , et voûtée sur tout son parcours de
sept à douze lieues, celle de l'établissement du savant
service hydraulique de Toulouse était un exemple
précieux pour moi de l'emploi des pompes pour élever les eaux, et des pompes mues par la force emprun-
tée à la rivière voisine. Dans l'intérêt de mon propre
projet, je ne pouvais passer des faits si intéressans
sous silence ; je les ai exposés avec détail (p. 291
à 354), d'après la publication de M. l'ingénieur
d'Aubuisson des Voisins qui a si bien décrit l'entreprise dont il fut, au reste, le véritable auteur.

Paris est, en France, la ville modèle ; on s'empresse de l'imiter en tout, et l'exemple de ce qui s'y
fait a la plus grande influence ; j'ai cru convenable de
dire les efforts tentés à diverses époques pour procu-

rer des eaux abondantes et saines à la capitale, but qui, malheureusement, n'est pas encore complètement atteint (1); j'ai pris pour guide dans ce travail les écrits de MM. les ingénieurs en chef Girard, Genieys, Emmery; — M. l'ingénieur en chef Marry, maintenant chargé du service municipal, a eu l'extrême obligeance de me fournir quelques renseignemens ainsi que M. Peyret-Lallier; qu'ils reçoivent ici l'expression de ma reconnaisance. J'ai fait connaître les idées de MM. Fourneyron et Arago; — j'ai parlé incidemment des eaux de Londres d'après MM. Terme et Pigeon; — de celles de Bordeaux d'après M. Marry, de celles Lyon d'après M. l'ingénieur Favier (p. 585 à 689).

Comme dans cette dernière ville la question des eaux a été le plus débattue et le mieux approfondie, je me suis soigneusement procuré tout ce qu'on a écrit sur cette importante matière, et l'analyse en sera prochainement l'objet d'un travail particulier.

L'ouvrage de M. l'ingénieur en chef Mallet sur la fourniture d'eau des villes de l'Angleterre et de l'Ecosse, m'a donné plusieurs renseignemens pleins d'intérêt sur les moyens employés à Liverpool, à Manchester, à Greenock; — on les trouvera aux pages 491 à 498, — ainsi que la description du bassin de Caromb, dans le département de Vaucluse, d'après M. Pazzis.

(1) Puisqu'on est obligé de filtrer l'eau chez les particuliers et aux fontaines publiques.

Une entreprise moderne , remarquable surtout par son exécution parfaite , par ses produits et le peu d'argent qu'elle a coûté , c'est l'établissement des eaux publiques de Dijon , dû aux lumières , au désintéressement , à la persévérance courageuse de M. l'ingénieur en chef Darcy, et de M. le maire Dumay. Je n'ai pas manqué de reproduire, presque en entier, quoique sous une autre forme , la notice que celui-ci avait donnée. Cet article a été lu à Nimes avec l'intérêt qui devait naturellement s'attacher aux détails d'un succès aussi remarquable ; p. 986 à 1091.

Mais l'œuvre qui a le plus de rapport avec celle que je conseille pour Nimes , c'est , sans contredit , le remplacement de l'antique aqueduc romain de Gênes , par une construction qui , commencée en 1293 , a successivement grandi jusqu'à ces dernières années , et qui recevra peut-être dans l'avenir une nouvelle extension. C'est là l'exemple que je me suis plu à mettre sous les yeux de mes lecteurs et à recommander à leur attention d'une manière toute spéciale , à la fin de ma quatrième partie, p. 1055 à 1073.

Tout en continuant mes recherches historiques et mes observations sur le territoire , je ne négligeai pas de m'adresser directement au conseil municipal , à l'administration de la ville , dès que je crus

mon travail assez avancé pour mériter leur attention.

Déjà , sous l'influence de ma première publication , le Conseil municipal avait voté , en novembre
1842 , une somme de six mille francs « pour étudier
» sur les lieux toutes les idées qui se rattachent à
» l'aqueduc du Pont-du-Gard , aux sources qu'il re-
» cueillait dans son parcours, et à son rétablissement
» partiel. »

Le 20 juillet 1843, je lui adressai la seconde partie
de mon travail , et je demandai « qu'il fût sursis à
» la dépense de cinquante mille francs votés aussi au
mois de novembre précédent , pour l'exécution des
» travaux d'essai dans la direction de Boucoiran. »
J'ai vu avec satisfaction cette somme rester dans la
caisse municipale.

Dans les comptes-rendus des séances du Conseil
de ville , on a bien voulu de temps à autre encou-
rager et soutenir mon zèle ; quelques phrases de
bienveillance ont ranimé mes efforts et m'ont fait
oublier les critiques qui me venaient d'autre part (1).

Enfin , le 26 avril 1844 , j'eus l'honneur d'écrire
à M. le Maire , — *que le moment d'employer uti-*
lement les six mille francs votés pour l'exploration de
l'aqueduc semblait venu....... Je lui demandai une
conférence qui eut lieu le 17 juillet...... Je sollicitai

(1) M. le Maire a pris cinquante exemplaires de mes publications pour les distribuer particulièrement aux Membres du Conseil municipal.

alors une reconnaissance préliminaire pour prouver que mon système était une déduction naturelle de l'état physique des lieux et des restes précieux des travaux des Romains.....

L'exploration me fut accordée , et le 20 juillet , je guidai sur le terrain M. Girard et M. l'ingénieur Dombre. Je leur fis observer le cours du Gardon depuis St-Privat jusqu'à Lafoux , les chutes d'eau des deux moulins que j'étais dans l'intention de réunir et de mettre à profit comme force motrice ; je leur fis parcourir la plus grande partie de l'aqueduc antique. Le *Courrier du Gard* m'apprit , le 13 août, que le Conseil municipal avait rendu immédiatement disponible la somme déjà votée pour l'étude de l'aqueduc , et, dès le 16 août , M. le préfet rendit un arrêté pour autoriser les travaux ; p. 719 à 722.

Je l'ai déjà dit ailleurs , il était tout simple que l'administration de la cité et le Conseil municipal n'adoptassent pas, de confiance, les idées d'un homme dont les études premières ne lui présentaient pas la garantie de la spécialité ; il était tout simple qu'un ingénieur fût chargé de les contrôler afin de savoir si elles devaient être prises en sérieuse considération ; aussi M. le maire se détermina-t-il *sage*ment à charger M. l'ingénieur Dombre des explorations mentionnées dans la délibération du Conseil municipal.

Moins que personne je conteste l'importance des études spéciales , moi qui ai consacré ma jeunesse à la plus difficile. à la plus belle des sciences, trop souvent hélas impuissante ! Toutefois , je ne pense pas *qu'il soit nécessaire d'être ingénieur* pour concevoir un projet, pour en poser les bases. Une idée heureuse peut naître par l'étude et la réflexion, dans l'esprit de chacun , et je crois que , si le système est bon , les défauts du devis qui l'accompagnent sont de peu d'importance par la facilité qu'aura tout homme de l'art d'y remédier , tandis qu'avec les meilleurs plans et métrés on ne fera jamais rien de bien , si l'idée mère est défectueuse.

J'ai suivi avec le plus grand zèle les travaux d'exploration dont M. Dombre était chargé , et j'en ai écrit, presque jour par jour, le procès-verbal détaillé que j'ai publié dans les notes de mes troisième et quatrième livraisons. J'ai tâché d'y répandre quelque intérêt par des remarques historiques ou par des exemples relatifs à ce qui s'offrait successivement à mes yeux : je ne reviendrai pas sur mes conjectures qui quelquefois ont été confirmées , d'aufois démenties par les découvertes ultérieures ; p. 111 à xciii et p. clxiv à clxxii.

Pendant ces travaux, je me raffermissais de plus en plus dans l'opinion, que la restauration de l'aqueduc du Gard , faite en trois temps et par trois entreprises distinctes et séparément productives, était la seule chose qu'on dût réellement tenter dans l'intérêt de la ville de Nimes. Fort d'une conviction qui reposait sur quatre années de recherches et d'études, je publiai le 20 août dernier une adresse pour M. le Maire , MM. les Adjoints et MM. les membres du Conseil municipal , contenant un avant-projet de la restauration de l'aqueduc romain de Nimes à Uzès, suivant mes vues, avec les mesurages et les prix des diverses portions de l'ouvrage.

J'énumérais les auteurs qui s'étaient occupés de la restauration de l'aqueduc ; les travaux graphiques dont il avait été l'objet ; — ce que coûterait le rétablissement de la maçonnerie ; — le rachat du sol ; — comment on pourrait traiter avec les riverains de l'Alzon ; — quel serait le volume possible de la dérivation ; — comment il convenait de diviser les travaux ; p. 915 à 968.

Cinq jours après , je lus dans la *Gazette du Bas-Languedoc* l'annonce d'un nouveau projet *pour amener des eaux à Nimes*, dont je m'occupai succinctement alors ; p. LXXXIII à LXXXVII , et sur lequel je dois essentiellement revenir.

Les choses vont maintenant se présenter sous un aspect nouveau. Jusqu'ici j'avais combattu seul les projets que je regardais comme dangereux pour la ville ; — jusqu'ici j'avais seul plaidé , soit en faveur de la restauration de l'antique aqueduc , soit en faveur de l'élévation du Gardon au moyen d'une machine hydraulique ; le premier août, M. l'ingénieur Dombre reprend un projet déjà mis en avant , et, le 15 août, la société Eugène Mourier et Comp[e] en publie un autre rédigé par M. l'ingénieur Surell.

M. Dombre avait adressé à M. le Maire , sur les

fouilles de l'aqueduc, plusieurs lettres que j'ai publiées et qui faisaient pressentir qu'il penchait pour la restauration partielle ; mais, dans son rapport définitif du 1er août, il prouva que la restauration depuis Nimes jusqu'à Lafoux était praticable, facile, *qu'elle ne coûterait pas plus de six cent cinquante mille francs*, et que, si l'on élevait l'eau en ce lieu par des pompes, l'aqueduc serait un secours précieux pour l'approvisionnement de la ville. A l'appui de ce rapport, il déposa à la mairie tous les plans, coupes, mesurages et estimations nécessaires pour l'exécution de l'entreprise.

Jusqu'ici mon système triomphait ; mais, au lieu d'adopter comme moi la rivière pour moteur des pompes d'ascension, M. Dombre préfère un autre moyen, et veut que l'on emploie l'action de la vapeur comme force motrice, plutôt que celle d'un courant d'eau, ce qui avait déjà été proposé.

Tout au contraire, suivant le mémoire de la compagnie Mourier, M. Surell aime mieux construire un aqueduc nouveau que restaurer l'aqueduc antique, et, pour l'établissement de ses machines, il prend l'emplacement du Mas-Duleau, déjà choisi par MM. Ramus et Fauquier, de préférence à celui de Lafoux. Mais, s'il diffère de mon opinion sur ces deux points, il adopte avec moi les roues hydrauliques et le Gardon pour leur moteur.

Certes, des hommes spéciaux comme MM. Dombre et Surell, des ingénieurs distingués, sont des concurrens redoutables pour ma faiblesse ; par leur science et leur position , ils ont contre moi des armes et un prestige bien puissants, je ne puis me le dissimuler. Toutefois, en examinant la chose de près, je vois — que , des deux portions de mon projet, — M. Dombre adopte l'une , *la restauration de l'aqueduc*, — et que M. Surell accepte l'autre, *l'élévation de l'eau au moyen de machines mues par le courant*...... Chacune de ces deux idées obtient donc séparément l'approbation formelle de mes deux adversaires ; pour mériter de pareils suffrages, elles doivent avoir une valeur réelle.

Avant le 20 juillet 1844, M. Dombre ne connaissait ni l'état, ni le parcours de l'aqueduc romain ; il ne s'était jamais occupé de la possibilité de la restauration et j'avais été son premier guide sur cette construction hors de l'enceinte de la cité. Son travail avait été provoqué par mes recherches , par mes demandes, et, sans la circonstance de l'examen de mes projets , il n'y aurait sans doute jamais pensé. Eh ! bien , après avoir exécuté les fouilles que la ville lui a demandées, après avoir fait ses plans et ses calculs, M. Dombre trouve exact et véritable ce que j'avais déjà annoncé si souvent, savoir : — Que la restauration de l'aqueduc est praticable , facile ; qu'elle sera utile à la ville ; et les estimations de dépense posées après les travaux d'exploration concordent avec celles que j'avais faites sur mes observations privées. — Voilà certainement une chose heureuse pour moi.

D'autre part , M. Surell , adoptant pour fournir de

l'eau à Nimes la provenance du Gardon et le **système**
hydraulique pour l'élever, M. Surell dit avec
loyauté :

« Notre projet a été inspiré par les écrits de M.
» Teissier qui a établi avec évidence :

» Que c'est au Gardon qu'il faut demander l'eau
» pour Nimes ;

» Que cette eau doit être élevée, non par des ma-
» chines à vapeur d'un entretien ruineux, mais par
» des roues hydrauliques qui, une fois établies,
» marchent toujours et ne coûtent rien ;

» Que la force motrice de ces roues doit être em-
» pruntée au Gardon qui fournirait à la fois l'eau
» et le moteur...

» Nous ne différons de M. Teissier que sur un
» point :

» Il indique les moulins de Lafoux comme l'em-
» placement le plus favorable pour les machines,
» nous en préférons un autre.... »

Si l'apparition inattendue des idées de MM. Dombre et Surell avait dû m'inspirer des craintes bien naturelles, la lecture attentive de leurs mémoires me
rassura, puisque j'y trouvai de la part de chacun
d'eux, je l'ai dit, l'adoption séparée des deux moitiés de mon système, ce qui me donnait, en réalité,
l'approbation du tout par des juges compétens. Quant
à la partie que chacun répudiait, si j'opposais M.
Dombre à M. Surell, M. Surell à M. Dombre, le public resterait assurément indécis ; je n'avais donc
qu'à combiner ma défense, à réunir mes argumens

pour les présenter avec confiance aux juges qui , tôt
ou tard, nous seraient donnés ; ma cause, au fond, ne
pouvait qu'être bonne , puisque ses deux moitiés
avaient trouvé séparément des adoptions si hono-
rables.

Rassuré par ces réflexions , je présentai au Conseil
municipal et je publiai une brochure qui se trouve
reproduite dans ma quatrième partie , de la page
xcvii à la page cliv ; mais , obligé de répondre très-
à la hâte aux mémoires de MM. Surell et Dombre ,
je ne pus donner tous les argumens qui militent
pour mon système ; j'y reviendrai , Messieurs ,
devant vous.

On peut voir, à la fin de la brochure que je rap-
pelle , les demandes que j'adressais au Conseil municipal ; j'eus la satisfation de les voir accueillies par
sa delibération solennelle de la fin d'août , par suite
de laquelle, Messieurs, vous êtes appelés à juger une
affaire aussi importante.

Un autre projet fut produit en même temps , ce
n'était qu'une variante de mes premières idées sur
la recherche des eaux au voisinage de la ville même;
l'auteur , M. Blanc , le dit du reste avec franchise :
— « Le système que je propose n'est pas nouveau , il
» est à-peu-près exposé en détail dans le premier vo-
» lume de l'ouvrage de M. Jules Teissier , il n'en dif-
» fère que par les trois points suivans , etc.....

Tel est , Messieurs , le tableau de mes études , de

mes recherches, de mes publications *sur la question des Eaux de Nimes* jusqu'à ce jour ; on voit que je ne suis pas resté oisif pendant les quatre années qui viennent de s'écouler. En effet , quand on a conçu une idée utile, qu'on y a mûrement réfléchi , quand on a sérieusement observé les choses et les lieux , apprécié les obstacles , estimé la dépense , *fait son projet en un mot* , tout auteur n'a encore accompli qu'une partie de son œuvre , il reste devant lui la plus longue et la plus difficile.

Ce n'est pas tout que d'avoir trouvé le parti le plus convenable à prendre , et d'en être persuadé ; il faut encore faire passer cette conviction dans l'esprit du public et de l'autorité, sous peine de n'arriver à rien, et l'on doit pour cela se résigner à de longs et pénibles efforts. Il ne faut tenir compte ni du temps , ni de la dépense , il faut souvent sacrifier à l'effet qu'il importe de produire tout mérite d'ordre et de rédaction.

Celui qui écrit un livre à loisir met soigneusement chaque chose à sa place, suivant sa nature et son importance ; il peut rendre son expression lucide, éviter les répétitions ; mais quand on a des intérêts à combattre , des préjugés ou des idées pré-conçues à réfuter, quand il faut renverser d'anciens systèmes, faire abandonner des opinions adoptées , des résolutions prises , quand on doit attaquer ses adversaires sur leur propre terrain , impressionner le public et l'autorité , alors la tâche n'est plus ni simple , ni facile , on est obligé de revenir à satiété sur certaines choses ; on varie bien ses argumens autant qu'on le peut , mais il faut souvent les redire pour se mettre à la portée de toutes les intelligences.

Tantôt on n'a pas sous la main tous les documens les plus nécessaires , cependant le temps presse , il faut marcher et se défendre.

D'autres fois, des systèmes oubliés renaissent, des argumens déjà réfutés surgissent de nouveau ; comment conserver l'ordre et la mesure qui conviennent à chaque chose , comment faire un livre en un mot.

Telles sont , Messieurs , les excuses qoe je puis vous donner pour les imperfections , le défaut d'ordre , les redites et les longueurs du premier volume de cet ouvrage que j'ai l'honneur de mettre sous vos yeux ; les difficultés de la position de l'auteur lui attireront votre indulgence , il ose l'espérer , et vous reconnaîtrez qu'il faut bien du dévoûment pour persévérer dans une entreprise où l'on éprouve des contrariétés et des ennuis de plus d'un genre ; mais j'ai cru sincèrement que la vérité devait être un élément de succès , que le travail et le désintéressement attiraient tôt ou tard l'estime, la confiance du public et le suffrage des juges intègres.

Si j'obtiens par mes efforts la restauration d'abord partielle de l'aqueduc romain et la reprise des eaux du parcours ; — puis , l'élévation à Lafoux de celles du Gardon dérivées à St-Privat ou à deux mille mètres plus en amont ; — plus tard , enfin , la reconstruc-

truction complète du canal antique jusqu'à Uzès ,
j'aurai fait une chose grande et utile ; — alors ,
je pourrai déposer la plume ; *mon œuvre sera ac-*
complie.

Le coût de la reconstruction partielle de l'aqueduc,
en vue d'une restauration définitive qui viendrait
plus tard , ne doit pas arrêter la ville après l'estimation consciencieuse que j'en ai faite avec l'aide
du capitaine Bernard , après le beau travail de vérification de M. Dombre qui , pour les deux premiers
tiers de l'entreprise , a prouvé l'exactitude de mon
opinion. J'ai déjà réclamé le même travail pour ce
qui n'a pas été officiellement exploré , c'est-à-dire
depuis le Pont-du-Gard jusqu'à Uzès , et je verrais
avec un grand plaisir que M. Dombre fût chargé
de cette opération nouvelle , aux frais de la ville.

Le motif capital de l'hésitation de certaines personnes pour l'adoption *en principe* de la restauration totale de l'aqueduc , c'est la difficulté pré-
sumée de la reprise des eaux de la fontaine d'Eure
et du ruisseau d'Airan. Je ne puis que répé-
ter ici que ces difficultés seront moindres qu'on
ne le craint ; j'ai déjà traité , p. 941 , cette question
importante.

La ville d'Uzès est sans intérêt à cause de sa distance verticale au-dessus de la rivière , dont la jouissance lui serait conservée encore par le point le plus

abordable , la route de Saint-Esprit. Ses fabriques , ses moulins ne périraient pas, puisqu'il lui resterait encore la rivière de Seynes et la jouissance de l'Alzon ou Airan sur toute la partie en amont de la prise d'eau des Romains. Enfin , *on ne dériverait sur ce point , pour Nimes , que la moitié de l'eau , et l'on s'arrangerait de telle manière qu'Uzès conserverait tout le courant pendant les douze heures du jour , tandis que Nimes ne prendrait rien que pendant les douze heures de nuit* ; partage équitable qui donnerait aux uns et aux autres une quantité d'eau suffisante , et concilierait heureusement les droits antiques avec les jouissances modernes.

L'eau partie d'Uzès le soir arriverait à Nimes le lendemain matin ; elle serait donc apparente tout le jour pour chaque ville ; de plus, la quantité à prendre étant au moins de douze mille mètres cubes (600 pouces) pour chaque ville pendant ses douze heures de jouissance, on pourrait rendre l'écoulement continu à Nimes au moyen d'un réservoir qui contiendrait la fraction de ce volume qu'on voudrait conserver aux fontaines pour la nuit , mais qui serait rationnellement bien moindre que ce qu'on ferait apparaître le jour.

Je ne doute pas que la ville de Nimes n'indemnisât convenablement les usiniers d'Uzès de leur perte , bien que leur droit fût à la rigueur contestable ; mais, comme ils ont pour eux l'équité et la bonne foi, la cité serait généreuse, car c'est bien ici que s'applique l'adage , *summum jus summa injustitia.* Toutefois, à

ceux qui élèveraient des prétentions déraisonnables ;
on pourrait prouver, — par l'autorité de M. Dupin
l'aîné, — par plusieurs arrêts récens, — par l'opinion de M. Alphonse Boyer — et par le travail solide
de M. Causse (1), que leurs droits ne sont rien moins
que certains.

J'ai donc fait entrer dans mes estimations de la reconstruction de l'aqueduc *l'indemnité* comme élément
de dépense, *tant pour la reprise des eaux que pour
celle du canal*, parce que je la crois équitablement
due ; certainement Nimes la payera largement, mais
il peut être utile que le droit rigoureux soit une arme
puissante entre ses mains pour se défendre contre des
exigences immodérées ; on n'en fera jamais d'autre
usage.

Pour arriver à un projet qui pût être facilement
intelligible et qui fût digne de l'attention du public
et de l'autorité, il me fallait des plans et des tracés —
de l'antique aqueduc, — du cours du Gardon et de
ses rives ; — il me fallait des profils en long et en travers, des élévations et des coupes, — non-seulement
de ce qui avait trait à mon système, mais encore de
ce qui se rapportait à la plupart de ceux que je voulais combattre ; — il me fallait procéder au jaugeage
de l'eau de la rivière et de diverses sources, à l'éva-

(1) *L'Aqueduc du Pont-du-Gard a-t-il été prescrit par ceux
dont il traverse les propriétés ?*—Nimes, 1845. Brochure in-8.

luation, du moins approximative des déblais, des remblais à effectuer, des maçonneries à construire , des terrains à acquérir, des usines à supprimer.

Ma tâche devenait bien lourde. M. Valz, fixé à Marseille, n'était plus là pour m'aider ; je me serais découragé peut-être, lorsque M. le capitaine Bernard vint loyalement , avec une ouverture de cœur toute militaire, m'offrir spontanément, comme je l'ai dit ailleurs, sa coopération patriotique. J'acceptai avec joie le dévoûment d'un homme pour qui les estimations, les tracés en grand, les opérations sur le terrain étaient depuis longtemps une occupatiou spéciale et pratique ; je repris courage, nous nous mîmes à l'œuvre , quelques amis nous ont aidés de temps à autre.... J'ai raconté la marche de nos labeurs.

J'ai réuni , et M. Bernard a fait pour moi des copies des plans déjà existans de Delon, de Rondelet, de MM. Valz, Fauquier, Didion et Talabot sur le parcours de l'aqueduc. Mais ce qui était bon n'atteignait que le Pont-du-Gard et nous voulions aller plus loin. Nous avons suivi plusieurs fois le canal antique sur toutes ses traces, et nous avons tenu compte de son état, non-seulement depuis Nimes jusqu'au Gardon , mais [de ce point jusqu'à Uzès, portion qui n'avait pas encore été soigneusement explorée, et dont M. Bernard a relevé le plan sur la même échelle que MM. Didion et Talabot l'avaient fait pour le reste.

On peut voir dans l'ouvrage nouveau les arcatures des environs de Vers, dont M. Bernard a fait faire par ses élèves des dessins particuliers ainsi que des travaux d'art de l'aqueduc dans l'état où ils se trouvent actuellement ; il y joindra l'indication pittoresque de ce qu'ils étaient avant leur ruine et de ce qu'ils seront après leur rétablissement.

Nous nous sommes procuré aussi les calques cadastraux du cours du Gardon depuis Lafoux jusqu'à Montpezat, et, après avoir fait un nivellement exact des rives partout où cela pouvait être utile, M. Bernard a pris les profils en long et en travers du terrain, là où il faudrait établir le canal d'amenée si l'on se décidait à dériver les eaux sur un point plus en amont que Saint-Privat afin d'avoir à Lafoux une chute motrice plus considérable. Nous donnerons l'avant-projet que nous avons fait sur ce système.

Enfin, pour me rendre plus facile la critique des projets que je voulais combattre, pour que le public pût les comprendre sans peine, ainsi que ceux qui surgiront désormais, M. Bernard a eu l'heureuse idée de dresser à l'échelle du quarante millième la carte exacte et détaillée des environs de Nimes, depuis le Rhône jusqu'à Uzès, d'Uzès à Boucoiran, de Boucoiran au Vidourle et de cette rivière aux confins d'Aiguesmortes. On suivra, avec facilité, toutes les discussions qui nous ont occupés ou qui surgiront plus tard, sur cette œuvre importante et consciencieuse qui pourra servir de plus à mille autres usages essentiels ; une bonne carte des environs de Nimes, sur une échelle double de celle de Cassini était encore à faire. C'est au moyen de ces matériaux accumulés lentement, péniblement et avec beaucoup de

dépense , que j'ai pu dresser les divers avant-projets
de constructions ou de réédifications que j'ai publiés
et dont je m'efforce de diminuer peu à peu l'imperfection.

M. Bernard joindra donc à la collection de mes
Etudes, et aura l'honneur de mettre sous vos yeux
comme pièces à l'appui :

1° Sa carte générale des environs de Nimes avec le
tracé des différens projets pour *les eaux* ;

2° Les calques des plans Didion et Talabot pour
l'aqueduc romain, depuis Nimes jusqu'au Pont-du-
Gard, dont les originaux n'existent plus ; M. Bernard
y a joint le tracé du souterrain construit pour dessécher l'étang de Lognac ;

3° Le figuré des *Canaboux* aux environs de St-
Gervasy, avec l'indication des évens du Fouze et du
Fouzeron , et un double nivellement pour l'intelligence de mon avant-projet d'attaque des cavernes
et anfractuosités du Fouze à l'horizontale de l'aqueduc romain ;

4° Le plan de cette antique construction , depuis
le Pont-du-Gard jusqu'à Uzès, partie qui n'avait
pas encore été relevée ;

5° Un atlas de dessins relatifs aux arcatures des environs du Pont-du-Gard et de Vers aussi curieuses
que peu connues ;

6° Le plan à grande échelle du Gardon et de ses
rives depuis Lafoux jusqu'à Montpezat ;

7° Un atlas des coupes et profils nécessaires à l'intelligence du grand projet de dérivation par lequel la

prise d'eau serait portée à deux mille cinq cents mètres au-dessus de St-Privat.

Quand on a poussé les choses au point que je viens d'indiquer, l'œuvre est certainement bien avancée; mais il faut encore arrêter les détails avec une minutieuse exactitude; il faut dresser, dans les formes techniques et sacramentelles, les pièces qui seront la règle de la construction.

Un devis comprend les plans, nivellemens, profils, — les conditions auxquelles les entrepreneurs doivent se soumettre pour l'exécution des travaux, et les détails estimatifs qui fixent les prix auxquels ils peuvent être adjugés. Ici rien ne doit être omis ou passé sous silence.

On sent que pour venir à bout d'un pareil travail *en ce qui concerne l'aqueduc romain, il fallait plus que ce qui était à ma disposition comme personne privée*; qu'il fallait l'autorisation de fouiller dans les propriétés sur un parcours de plusieurs lieues; — des ouvriers et des fonds pour pousser les explorations à leurs dernières limites.

Trouver le meilleur système pour donner de l'eau à Nimes était sans doute le point le plus essentiel et le plus urgent, car il est toujours facile de joindre un devis exact à une bonne idée, tandis qu'au contraire, le meilleur devis ne peut amener un bon résultat si l'idée qu'il revêt de la forme exécutoire est mauvaise. Cependant, le conseil municipal ayant,

dans sa délibération du mois d'août , posé ses prescriptions, en fixant le *minimum* de volume d'eau qu'il
voulait obtenir , le *maximum* d'argent qu'il voulait
dépenser , et , ayant indiqué *qu'il donnerait la préférence à tout projet qui renfermerait la condition essentielle de la restauration et de l'emploi de l'aqueduc
du Pont-du-Gard* , j'avais triomphé sur la question
de système ; mais il fallait plus désormais : il fallait quitter le champ des généralités pour entrer dans
celui de l'exécution beaucoup plus spécial , et , dès
le moment que des juges nous étaient donnés , il devenait obligatoire de fournir des projets réguliers
assez complets pour qu'on pût apprécier le mérite de
l'idée en comparant la dépense et les produits avec
les conditions pareilles de ceux qui seraient présentés en concurrence , pour qu'on pût juger équitablement sur pièces probantes.

Pour accomplir cette œuvre et donner à mon système la forme sans laquelle il ne pouvait figurer au
concours qu'avec désavantage , je devais nécessairement réclamer le secours d'un homme de l'art, d'un
ingénieur en un mot , dont les calculs, les prévisions
et les tracés ont plus de certitude et d'autorité que
le travail d'un homme étranger jusque-là aux constructions publiques.

*Après quatre années d'efforts incessans j'avais ob-
tenu l'abandon du projet de rigole à pente entre Nimes et Boucoiran , et l'adoption, en principe, de la
restauration, au moins partielle, de l'aqueduc ; j'aurais pu me contenter de ce double succès,* BUT BIEN

CONNU DE MES EFFORTS , *et regarder ma tâche comme terminée....*

J'en étais vivement tenté ; — mes amis m'ont tous conseillé le contraire.

« Ce qu'on doit craindre en pareil cas, m'ont-ils
» dit, c'est qu'après avoir péniblement disposé le ter-
» rain et fourni les matériaux , c'est-à-dire l'idée et
» les traits essentiels de l'entreprise , on ne soit rem-
» placé , si l'on se retire, par quelqu'un qui , effec-
» tuant les changemens les plus légers , badigeon-
» nant pour ainsi dire les choses à sa guise , vienne
» moissonner à peu de frais dans le champ conquis,
» délimité , défriché , rendu fertile de longue main
» par son prédécesseur.... »

Averti de ce danger, sollicité de me prémunir contre une pareille injustice, j'ai pensé sur-le-champ à
me lier avec M. Dombre, ingénieur de l'arrondisse-
ment de Nimes, qui connaissait mes idées, qui avait
été chargé de leur examen , et qui avait exécuté pour
cela un travail très-remarquable déposé à l'Hôtel-
de-Ville, prouvant *la facilité de la restauration de
l'aqueduc romain depuis Nimes jusqu'au Pont-du-
Gard.* Il m'a semblé, qu'en associant ce qui m'appartient avec ce que M. Dombre a fait lui-même, mon
système pourrait se produire honorablement et d'une
manière régulière au concours.

A la vérité, pendant la vérification qu'il a faite ,
et tout en adoptant l'idée de la restauration partielle
de l'aqueduc romain *jusqu'à Lafoux* , M. Dombre
avait préféré , pour élever les eaux , *la machine à va-*

peur, à la force hydraulique qu'on pouvait disposer avec le courant de la rivière; mais, d'abord, cette opinion était subordonnée à la quantité d'eau que la ville exigerait, et, de plus, y avait-il un empêchement réel à ce que, — tout en joignant à mon projet les complémens nécessaires pour son exécution, cet ingénieur soutînt de son côté, s'il le jugeait convenable, l'idée d'élever l'eau, basée sur l'établissement de pompes à feu à Lafoux même ? — Ne pouvions nous pas nous réserver, chacun, la faculté de soutenir avec une entière indépendance le système de force motrice qui nous paraîtrait le meilleur ?...

Sûr de la loyauté de M. Dombre, je lui ai fait cette proposition qu'il a gracieusement acceptée à ma satisfaction complète. Dans ce qui va suivre, je distinguerai soigneusement ce qui lui appartient de ce qui n'émanera que de moi; et si notre travail commun obtient le suffrage de nos juges, j'espère qu'une association plus intime, alors que l'objet en sera certain, amènera à édifier *sous sa direction* ce qui aura été reconnu le meilleur pour satisfaire aux besoins de la ville et le plus conforme à ses véritables intérêts.

Malgré que sur un point important, celui du système moteur, son opinion fût différente de la mienne, M. Dombre a bien voulu me prêter le secours de ses connaissances spéciales et de son talent, de la manière la plus cordiale et la plus généreuse; sa coopération augmente de beaucoup, on le comprend, mes espérances de succès; mais, quoi qu'il puisse arriver, ma gratitude n'a pas dû passer sous silence la délicatesse et le désintéressement de ses procédés.

Si la décision de mes juges m'était contraire, *mon nom en subirait seul la rigueur*; — mais si, plus heureux, j'obtiens les honneurs du triomphe, *je m'empresserai d'y associer MM. Dombre et Bernard*, de qui, je le reconnais d'avance devant vous Messieurs, j'ai reçu des secours qui m'étaient absolument indispensables.

Nimes, le 15 novembre 1845.

JULES TEISSIER.

DE NIMES

ET

DE SES EAUX.

CHAPITRE Ier.

Système Général.

Heureuses sont les villes qui peuvent se procurer abondamment l'eau qui leur manque en dérivant quelque source prochaine ou quelque rivière voisine, par le moyen le plus simple et le moins coûteux, c'est-à-dire par une simple tranchée, une rigole à pente. Toutefois, il arrive bien souvent que le courant étant plus bas que les habitations, on est contraint de s'aider des ressources de la mécanique ; les moyens se compliquent alors, il en résulte divers inconvéniens, et surtout une grande augmentation de dépenses de surveillance et d'entretien.

Il est des cas où les sources de la contrée, prises isolément, sont de trop faible importance pour l'approvisionnement désiré, où des obstacles trop difficiles à vaincre se trouvent interposés, où le volume d'eau qu'on veut ne se présente qu'à de trop grandes

distances. Une seule provenance d'eau ne pouvant suffire, il faut s'adresser à plusieurs, l'esprit doit décou-
vrir les moyens les plus avantageux, les classer, et
voir s'il convient de les mettre en œuvre ensemble ou
successivement. Un canal, une machine uniques suffisent quand on ne s'adresse qu'à un seul cours d'eau ;
dans le cas contraire on construit des aqueducs différens dans des directions variées, ou l'on réunit l'eau
de plusieurs sources dans le même canal ; c'est ainsi
qu'on a fait à Rome et dans toutes les grandes villes
à mesure que la population s'est accrue.

La réunion des moyens adoptés pour parvenir au
même but, et la coordination qu'on établit entr'eux
constituent *le système.*

Dans le langage ordinaire, quand on veut mention-
ner les procédés simples ou complexes par lesquels
on parvient à un approvisionnement d'eau, on se sert
indifféremment des mots *projet* ou *système* ; nous devons faire une distinction. Si le terme de projet convient dans les deux cas, celui de système n'est exact
que pour le second, c'est-à-dire quand on combine
plusieurs ressources différentes pour atteindre le but.

Une idée simple amène un projet de même nature.
MM. Blachier, Delille, Valz et Perrier ayant pensé à
prendre l'eau du Gardon à Boucoiran, pour la diriger sur Nimes par une rigole à pente, ils firent leur
projet sur ce seul élément. La proposition d'élever le
liquide à Lafoux ou au Mas-Dulcau, soit par des
machines hydrauliques, soit par des pompes mues
par la vapeur, est un projet moins simple, mais qu'il

ne faut pourtant pas confondre avec le système ; à la vérité, il y a ici deux choses à construire : la machine d'ascension et le canal d'amenée; mais comme chacune prise isolément serait inutile, que l'une ne peut se passer de l'autre et qu'on doit forcément les réunir pour que l'idée soit complète, le projet n'est pas divisible.

Delon fit une multitude de projets informes sur les eaux de Nimes, et je ne me souviens pas qu'il ait conçu de système, car, au lieu de combiner ses idées, il abandonnait la première aussitôt qu'une autre se présentait à son esprit. Une tête mieux organisée que la sienne aurait trouvé dans ses conceptions les élémens de plusieurs systèmes.

La proposition de M. Ramus était un système, car ayant d'abord pensé à faire monter l'eau du Gardon au Mas-Duleau, pour la conduire à Nimes par l'aqueduc romain, *il craignit que la rivière n'en fournît pas assez*, et conçut la singulière idée d'amener un supplément de liquide du Rhône jusque sous ses pompes; système ridicule, puisque le dessèchement du Gardon était une crainte chimérique ; aussi M. Fauquier, reprenant cette proposition, répudia-t-il la dérivation du Rhône, changeant ainsi un système erronné en un projet exécutable,

Les idées présentées en 1840 par M. Bouchet forment système. Voulant amener de l'eau à Nimes, il pensa, comme plusieurs de ses devanciers, qu'il convenait de restaurer une portion de l'aqueduc antique et d'y élever l'eau du Gardon prise à Lafoux au moyen

de pompes mues par la chute du moulin qui se trouve
en ce lieu. On ne pouvait dresser sur ces données
qu'un projet d'un très-mince résultat ; aussi l'auteur,
voyant qu'il n'aurait pas assez d'eau, proposa-t-il d'é-
tablir une seconde machine à Saint-Privat, une troisième au moulin Labaume. Les provenances deve-
nant multiples et les moyens complexes, le projet se
changeait forcément en système.

L'idée la plus simple serait la meilleure, si, d'une
exécution facile et peu coûteuse à la fois, elle pouvait
donner des produits abondans ; le projet alors vaudrait mieux que le système, mais est-il souvent possible d'en concevoir d'aussi avantageux ? Tantôt on
atteindrait facilement à une source, mais son débit
est trop faible ; si la masse d'eau est considérable ,
des sommes énormes seront nécessaires pour la dériver ; par suite des obstacles physiques ou de la pénurie financière , il est des résultats excellens qu'on ne
pourrait obtenir qu'au bout d'un grand nombre d'années....

Telles sont quelques-unes des circonstances impé-
rieuses qui obligent souvent à substituer un système
complexe à un projet plus simple ; il faut savoir au
besoin louvoyer avec sagesse, tourner les difficultés,
se borner à satisfaire aux besoins à mesure qu'ils se
manifestent ; on ne doit marcher au but sans ménagemens que lorsque l'état des ressources y autorise.
Heureux qui, dans les cas les plus ordinaires, peut
formuler une combinaison qui assure en temps opportun des résultats satisfaisans.

C'est ce que je crois avoir fait par le système que j'adopte : *je restaure l'aqueduc romain petit à petit , mais je marche , à mesure que la ville peut en faire les fonds, à la reprise des eaux d'Eure et d'Airan , but réel , but définitif de mon entreprise.*

En proposant d'aller de Nimes à Uzès *tout d'un coup*, je n'aurais mis en avant qu'un simple projet ; mais comme je crois qu'on aurait été hors d'état de réaliser ainsi cette œuvre magnifique , et qu'avec la lenteur que la pénurie pécuniaire aurait imprimée aux travaux, *l'eau qui ne pouvait arriver qu'à la fin* aurait été trop longtemps attendue , j'ai pensé qu'il fallait en donner dans l'intervalle , de manière à satisfaire aux besoins sans outrepasser les sommes qu'on affecterait successivement à la dépense.

J'ai dit comment , pour cela , je commençais par conduire à Nimes les eaux du Canabou , du Fouze , de Bezouce , de Lognac ;

Comment, par une seconde entreprise , j'élevais celle du Gardon au moyen des chutes réunies de Lafoux et de St-Privat , et même , en dérivant la rivière à 2,500 mètres plus en amont, pour augmenter la force motrice ;

Enfin, comment, dans une dernière période plus ou moins éloignée , on restaurerait le complément de l'aqueduc et l'on reprendrait les eaux d'Uzès.

Mon projet ainsi constitué devenait un système à trois divisions qu'on aurait pu exécuter en autant de périodes distinctes , *de dix années chacune* , par exemple.

La première entreprise aurait coûté huit cent mille francs ;

La seconde douze cent mille ;

La troisième, de quinze à seize cent mille francs, y compris les indemnités ;

Le tout se serait donc élevé, en somme, à trois millions et demi environ.

Si, au lieu de prendre de l'eau au Gardon, on avait marché tout droit sur Uzès, il est évident qu'on aurait fait l'économie du bief d'amenée de St-Privat et des machines de Lafoux ; le système étant réduit à deux périodes, la reprise des eaux du parcours et celle des fontaines d'Eure et d'Airan, on n'aurait eu que trois millions à dépenser, mais on n'aurait obtenu que très-peu d'eau jusqu'au moment de l'achèvement complet de l'œuvre entière. C'est pourquoi je pense qu'on ne doit pas renoncer à puiser dans le Gardon, à moins qu'on n'aille jusqu'à Uzès tout d'un trait, en une seule fois.

Quand je scindai mon projet en trois parties, je croyais que le conseil municipal ne se déciderait pas à voter en bloc plus d'un million pour l'affaire des eaux, comme il l'avait établi dans ses programmes précédens ; je dus donc régler mes coupures sur cette prévision. Maintenant, la position des choses est différente. Par sa délibération du mois d'août dernier, l'assemblée a décidé *qu'elle voulait au moins trois cents pouces d'eau, tout à la fois, et qu'elle consentait à donner pour cela jusqu'à deux millions ;* j'ai dû modifier ma façon d'agir.

Je réunis avec joie les deux premières portions de mon système, pour n'en faire qu'une seule exécutable avec la somme offerte, et je n'aurai plus que deux entreprises.

La première consistera, à la fois, à ressaisir l'eau du parcours, à en élever du Gardon et à conduire le tout ensemble dans l'aqueduc romain restauré depuis Lafoux. Deux millions suffiront aussi bien pour accomplir cela, tout d'un temps, que lorsque j'en avais fait deux opérations distinctes ; la réunion peut même être un moyen d'économie.

La seconde entreprise, dont le moment reste incertain, consiste à rétablir le complément de l'aqueduc romain et à reprendre les eaux d'Uzès, lorsqu'on aura consenti pour cela une nouvelle allocation de fonds.

Si, au lieu de voter seulement une dépense de deux millions, le conseil municipal avait été tout d'un coup jusqu'à trois, alors, *sans s'occuper du Gardon devenu inutile*, *tout se serait fait en un seul temps*, *car on n'aurait eu qu'un seul but*, *les eaux d'Uzès.* Celles du parcours n'étant qu'un accessoire, on n'aurait pris souci que de ce qu'on aurait trouvé dans l'aqueduc même, et l'on aurait poussé aussi rapidement que possible la restauration de l'aqueduc antique jusqu'à la fontaine d'Eure.

Je voudrais bien n'avoir à conseiller qu'un moyen aussi séduisant et aussi simple, mais il faut pouvoir disposer pour cela de la somme que j'indique ; comme le conseil n'en accorde que les deux tiers, je coupe forcément l'entreprise en deux portions ; je l'avais divisée en trois quand je ne comptais que sur un million. Je prends le parti actuel pour me conformer aux limites du programme ; mais , tout en m'y restreignant dans la période présente , je réserve les plus grandes ressources pour l'avenir.

Mon œuvre initiale fournira donc, dès la première année , toutes les eaux qu'on pourra saisir jusqu'à Lognac , et , dès la seconde année si l'on veut, on en élèvera du Gardon plus de cinq cents pouces.

Quand les deux millions actuellement offerts seront dépensés , si le conseil municipal se trouve en mesure de voter une allocation nouvelle , on pourra marcher droit sur Uzès.

Tous les projets qui ont été mis en avant depuis les époques les plus reculées paraissent maintenant abandonnés , sauf ceux qui demandent l'eau au Gardon , en se soumettant à la puiser à Lafoux ou dans les environs ; c'est une simplification heureuse, à laquelle je me félicite d'avoir travaillé avec succès.

M. Dombre veut prendre l'eau du Gardon à Lafoux, en l'élevant par une machine à vapeur et la conduisant par l'aqueduc romain ;

M. Surell veut se servir d'un aqueduc de sa construction et d'une machine hydraulique qu'il placerait au Mas-Duleau.

J'ai dit quel était mon système, antérieur à ces deux projets , et qui leur a donné naissance au point de vue de la reconstruction de l'antique aqueduc et de l'établissement de roues hydrauliques mues par le courant du Gardon.

De concert avec M. Dombre, je combattrai donc pour la restauration de l'aqueduc romain depuis Lafoux jusqu'à Nimes, et contre la construction d'un canal nouveau;

Avec M. Surell, je soutiendrai les avantages d'un établissement hydraulique et les inconvéniens de l'emploi de la vapeur ;

Je tâcherai de prouver que l'emplacement des machines à Lafoux et la dérivation commençant à St-Privat doivent être préférés aux machines posées au Mas-Duleau et à la dérivation qui ne prendrait son origine qu'à Lafoux.

Je parlerai des eaux qui se trouvent sur le parcours de l'aqueduc ou dans le voisinage, et des avantages qu'on peut en retirer.

Je dirai aussi combien le produit du puisage à Lafoux augmenterait si l'on poussait la dérivation de la rivière à deux mille cinq cents mètres en amont de St-Privat. Cette prolongation du bief d'amenée n'augmenterait pas assez la dépense pour qu'elle excédât les limites fixées par le Conseil municipal, et cependant on acquerrait ainsi une force motrice bien supérieure.

Voici quelques-uns des grands avantages que procurerait cette simple modification de mon système.

Si on le jugeait convenable, on pourrait conserver le moulin de Lafoux à son emploi et dans son état actuel, attendu que, pouvant disposer d'une chute de dix mètres en détruisant ce moulin, on en aurait encore une de huit en le conservant, ce qui serait bien suffisant dans l'état actuel des choses.

Si on préférait l'arrosement des terres à la mouture des grains, on aurait la faculté d'employer à l'irrigation, en aval de Lafoux, telle quantité d'eau qu'on voudrait, sans nuire au service de Nimes, car je ne livrerais l'eau à l'agriculture qu'après qu'elle aurait servi à mouvoir les machines d'ascension. La force mécanique serait donc toujours entière et indépendante dans mon système, tandis que, dans celui de M. Surell, l'eau qui doit mouvoir les roues étant confondue dans son bief d'amenée avec celle qu'on veut donner à l'arrosement, il faut opérer, avant la chute et l'action hydraulique, un partage qui certainement ne tournera pas à l'avantage de la ville.

Je ne permets aucune dérivation de mon bief d'amenée, mais seulement de celui de fuite, ce qui ne peut avoir d'inconvénient, et l'eau que je rejette ayant la même hauteur que l'eau de prise de M. Surell, il résulte, de cette heureuse circonstance, que je puis l'employer à l'arrosement comme lui, même complètement, en masse, sans nuire au service hydraulique et sans partage dangereux.

Enfin, s'il fallait renoncer à l'espoir d'atteindre jamais aux sources d'Uzès ; si l'impossibilité de les reprendre, même en partie, était prouvée ; s'il fallait, avec l'eau du Gardon seule, pourvoir aux besoins présens et futurs de la ville de Nimes, la dérivation faite en amont de St-Privat suffirait encore. En détruisant le moulin de Lafoux, la chute d'eau en action pourrait être portée à dix mètres ; la hauteur d'ascension ne serait plus que de quarante, et il serait possible de pousser, dans ces conditions, un millier de pouces d'eau dans l'aqueduc romain, sans excéder pour la dépense les deux millions votés par le Conseil municipal.

Malgré tous ces avantages, comme je pense toujours que le rétablissement de l'aqueduc jusqu'à Uzès sera praticable et facile, j'indiquerai d'après M. Dombre ce que devrait coûter la restauration de la portion comprise entre Lafoux et le Pont-du-Gard ; puis, par les estimations que j'en ai faites avec M. Bernard, ce qu'il en coûterait de ce point jusqu'à la fontaine d'Eure, en ajoutant au montant des travaux les indemnités à accorder aux usiniers de l'Alzon.

Ces considérations diverses feront l'objet d'autant de chapitres, après lesquels j'examinerai dans celui qui terminera la brochure :

S'il convient à la ville de Nimes de traiter à forfait avec une compagnie, ou de faire exécuter elle-même les travaux par adjudication ;

S'il faut qu'elle soit maîtresse exclusive des eaux, et s'il serait prudent qu'elle les possédât en commun avec une société dont les intérêts seraient nécessairement en opposition avec les siens ;

Enfin, s'il serait raisonnable de sacrifier à l'arrosement une portion de ce qu'on pourrait donner à la force motrice, et s'il ne vaudrait pas mieux employer tŏutes les ressources afin d'élever pour Nimes autant d'eau que possible.

J'espère que je rendrai ces questions assez claires pour acquérir à mon système l'approbation de mes juges et l'assentiment de mes lecteurs.

CHAPITRE II.

PROJETS PRÉSENTÉS A LA COMMISSION D'EXAMEN.

De la Restauration de l'Aqueduc romain depuis Nimes jusqu'à Lafoux.

Le projet que j'adopte, et dont je présente toutes les pièces au concours, se compose de trois parties distinctes dont je vais successivement m'occuper :

Restauration de l'aqueduc romain de Nimes à Lafoux ;

Dérivation du Gardon par un bief d'amenée ayant son origine à St-Privat et se terminant à Lafoux (1);

Etablissement des machines élevatoires à l'endroit où le bief d'amenée et l'aqueduc antique sont le plus faciles à mettre en rapport, c'est-à dire à Lafoux encore.

Restauration de l'Aqueduc romain.

A tout projet de construire un aqueduc nouveau pour amener des eaux à Nimes, je préfère celui de la

(1) On verra plus tard le projet dans lequel le bief d'amenée aurait son origine à deux mille cinq cents mètres en amont de St-Privat

restauration de l'aqueduc antique et je l'adopte par les motifs suivans :

Nimes, ville toute romaine , qui doit la plus grande partie de sa célébrité et de sa splendeur à la magnificence des monumens qu'elle renferme, ne doit en négliger, en laisser périr aucun : c'est un devoir de position , d'intérêt , je dirai même de piété filiale ; j'ai déjà développé ces considérations ailleurs. — Je préfère donc l'antique aqueduc à tout autre, par ce premier motif qu'il est romain. P. LXXXIV.

Nous obtiendrons bien certainement des secours du gouvernement pour la restauration de cette œuvre antique, et je ne pense pas que nous puissions avoir la même espérance si nous édifions de toutes pièces un canal de maigres dimensions.

François Ier s'agenouilla devant les débris de notre grandeur passée pour nettoyer avec son mouchoir les caractères de nos inscriptions ; Louis-le-Grand voulait faire transporter à Paris le temple de Plotine que le cardinal Alberoni trouvait digne d'un étui d'or ; Louis XV tâcha de rendre aux bains de la colonie leur antique splendeur ; la démocratie, dans sa plus grande violence, respecta la Porte d'Auguste ; Napoléon déblaya l'amphithéâtre à grands frais ; Louis XVIII restaura la Maison-Carrée ; on vient de consolider la Tour-Magne ; et l'on négligerait, à l'époque actuelle, où les travaux publics marchent partout avec une ardeur inouïe, où les entreprises les plus gigantesques s'élèvent comme par enchantement , on négligerait, dis-je , le seul de nos monumens dont on

puisse retirer une utilité réelle?... Dans un temps
aussi positif que le nôtre, le gouvernement ne peut
refuser une allocation pour l'aqueduc, lorsque des
fonds considérables viennent d'être affectés au déblaiement du pourtour de l'amphithéâtre d'Arles.

A la construction d'un aqueduc nouveau, je préfère le rétablissement de celui des Romains, parce que
les constructions antiques sont plus solidement établies, plus soignées que les constructions modernes,
et de beaucoup préférables quand elles se sont con-
servées en bon état; la maçonnerie durcit avec le
temps et le ciment finit par offrir une résistance égale
à celle de la pierre, surtout quand les ouvrages sont
enfouis. P. 985. « Les constructions hydrauliques dur-
» cissent et se perfectionnent avec le temps, » dit M.
Surell. — *Note à l'appui d'un projet de conduite d'eau
à Nimes.* 1845, in-4°, p. 15.

Les Romains avaient voulu établir l'aqueduc dans
toute sa longueur sur un fond ferme, sur un fond
de rocher, aussi ouvrirent-ils à grands frais une
tranchée continue depuis Nimes jusqu'à Uzès, dans
la roche néocomienne, dans la roche tertiaire, ou
tout au moins dans la brèche calcaire aussi dure
qu'une roche homogène. Après une précaution pareille, ils n'avaient pas à craindre les tassemens du
sol qui amènent des dislocations dans la bâtisse et
des fuites auxquelles il est souvent si difficile de remédier. Leur construction avait une base inébranlable; un radier n'était presque pas nécessaire : sur un

fond aussi ferme un simple enduit de ciment ou de chaux hydraulique aurait suffi.

Mais il y a plus : comme la tranchée dans le rocher était profonde, qu'elle dépassait souvent la hauteur de l'aqueduc, ou que, du moins, elle l'égalait presque partout, il en résultait pour leur ouvrage autant de stabilité sur les côtés que dans le fond. Si le radier ne pouvait s'affaisser, les piédroits ne pouvaient se déverser, et la voûte n'exerçait aucune poussée destructive. Un ouvrage ainsi conçu et exécuté devait être éternel; il l'eût été réellement si on n'en avait pas opéré la destruction avec violence, comme je l'ai prouvé par toutes mes recherches. L'œuvre qui défiait l'action du temps, ne put résister à la main des hommes.

Les piédroits sont pour ainsi dire de luxe comme le radier; la roche encaissante soutiendrait parfaitement la voûte, et un enduit de ciment sur chaque face s'opposerait à la fuite de l'eau.

Qu'on ne craigne donc pas que la bâtisse romaine ou les restaurations proposées par M. Dombre soient de dimensions trop faibles, ni au radier, ni aux culées; de la manière dont le lit du canal avait été tracé par les Romains dans la roche, toute maçonnerie était à-peu-près inutile.

Qu'est-ce, à vrai dire, que l'ouvrage dont je m'occupe, sous le rapport de la solidité? Ce n'est rien moins qu'une tranchée, ouverte sans discontinuité dans la roche, revêtue surabondamment à l'intérieur d'une maçonnerie que le temps a rendue plus dure que le fer, laquelle est à son tour encroûtée, garnie d'un sédiment pierreux ; de sorte que nous avons une triple garantie d'imperméabilité et de solidité inébranlable : roche encaissante , — maçonnerie inscrite, — cunette pierreuse tout d'une pièce, déposée après coup , moulée sur cette maçonnerie , mais laissant encore un passage suffisant pour l'eau que nous voulons conduire. (*Voy.* les 457 profils en travers de l'aqueduc).

On n'a pas assez réfléchi sur ces conditions de solidité , de durée indéfinie.

On veut faire un canal nouveau , presque parallèle à celui des Romains , et l'on veut abréger le parcours en supprimant un grand nombre des sinuosités de l'ouvrage antique. *Les deux cunettes seront au reste au même niveau.*

Mais , croit-on que les Romains manquassent d'habileté et de jugement ; ignoraient-ils les avantages de la ligne la plus courte ? Nullement ; ils avaient donc un motif, lorsqu'ils prenaient la route la plus longue dans un terrain où la différence de niveau ne les obligeait pas à dévier.

Ce motif a été facile à saisir pour ceux qui ont suivi le travail des fouilles récentes ; les Romains , ne voulant asseoir leurs constructions que sur la roche , préféraient un ouvrage plus long , mais inébranlable, à un ouvrage plus court dont la stabilité ne leur aurait pas paru assurée.

Le problème est le même aujourd'hui , et je fais le même choix. Quand les sinuosités qu'on veut supprimer depuis Nimes jusqu'au Mas-Rogier abrégeraient le parcours de mille mètres, ce serait une économie d'une trentaine de mille francs que la ville doit bien se garder de faire aux dépens de la solidité ; car la tranchée continue dans la roche vaut cent fois mieux qu'une double et triple épaisseur de bâtisse pour assurer l'immobilité éternelle du radier, des piédroits et de la voûte.

Quand les Romains se decidèrent, avec raison, pour le tracé dans le rocher, tout était à faire, et une œuvre pareille était extrêmement pénible et coûteuse pour eux qui étaient privés du secours de la poudre ; ils n'hésitèrent pourtant pas, et je ne saurais comprendre que nous hésitassions aujourd'hui à choisir le même emplacement, lorsque nous n'avons qu'à le déblayer!....

En profitant des travaux faits par nos devanciers avec un labeur inoui, il ne nous en coûte pas plus pour avoir une tranchée continue dans une roche dure, que pour creuser une tranchée pareille tout à côté, *mais dans le terrain meuble.* La coupure antique nous épargne la moitié de la dépense que nous aurions à faire si elle n'existait pas, et si nous voulions pourtant établir notre aqueduc dans les mêmes conditions de solidité et de durée.

L'immense avantage de l'existence d'une tranchée toute faite et partout dans le rocher, est donc un motif puissant d'adoption de l'emplacement romain.

Mais il en existe d'autres encore :

Si l'aqueduc n'est pas intact dans toute sa longueur

et dans un état de conservation complète , cependant , le radier existe , on peut dire partout , car il n'y a que quelques exceptions insignifiantes. La main de l'homme ne l'a pas détruit , parce que , n'étant composé que de rocaille , ses matériaux ne tentaient pas les démolisseurs, et le temps n'a fait que le consolider. Il est de fer maintenant , et complètement à l'abri de fissures , de retraits , de tassemens , par conséquent parfaitement étanche , ce qui souvent est bien difficile à obtenir pour les constructions nouvelles.

J'ai vu des fragmens du radier d'un autre aqueduc romain, apparcillés comme de la pierre de taille, servir de marches à un escalier extérieur, de jambages de porte et de fenêtre , sans qu'aucune partie se désagrégeât. Doit-on négliger une pareille base de construction , sur cinquante mille mètres de longueur , quand on a le bonheur de pouvoir en profiter.

Dans la construction à neuf d'un aqueduc pareil à celui des Romains , l'ouverture de la tranchée dans le roc ferait le quart de la dépense, l'établissement d'un bon radier en ferait le huitième. Profiter de leur aqueduc nous offre donc déjà trois huitièmes d'économie ; mais tout ne se borne pas là.

Sur toute la longueur de l'antique radier on rencontre un dépôt de vingt à trente centimètres d'épaisseur, très-compact et très-dur , que l'eau qui parcourait le canal a produit à la longue. On pourrait l'unir en recoupant les portions saillantes et le recouvrant après d'une couche de ciment hydraulique. Ce pavé d'albâtre impur, tout d'une pièce , serait assurément une garantie complète contre les pertes par le fond.

On pourrait ménager encore une hauteur suffisante sous clé, pour qu'un homme pût passer et agir.

Venons-en au piédroits :

Ils sont parfaitement conservés sur une moitié de l'étendue ; sur un tiers du parcours la moitié de leur hauteur existe encore, et sur le reste du canal il est rare qu'il n'en subsiste pas quelque chose. Si nous examinons les trois cent soixante-cinq profils en travers que les fouilles ont permis de relever de Nîmes jusqu'à Lafoux, nous verrons, que l'aqueduc ne s'est trouvé complétement détruit, y compris même le radier, qu'une seule fois ; que le radier a été trouvé, sans autre construction au fond de la tranchée, quatre-vingt-quinze fois ; que soixante-et-quatorze fois on a eu le radier et la moitié des culées ; cent dix-sept fois le radier et les piédroits complets ; et qu'enfin, l'aqueduc a été observé soixante-et-dix-huit fois dans un état parfait de conservation.

Si ces résultats ne nous paraissent pas assez concluans, attendu que les fouilles ne sont pas exactement espacées, nous pouvons recourir à la considération plus positive des longueurs, et nous trouverons, dans le rapport de M. Dombre, que les fouilles ont montré que l'aqueduc devait être dans un état parfait de conservation sur une longueur de. . . . . 8,747 m.

A reporter. . . . . 8,747 m.

Report............ 8,747 m.

Avec piédroits de 0 m. 60 et au-dessus

sur 13,146

Avec radier, et piédroits de moins de

0 m. 60 sur..................... 11,533

Longueur totale de la portion de l'a-

queduc explorée.................. 33,426 m.

On peut jeter un coup-d'œil sur les quatre cahiers de profils en long, sur les quatre cahiers de
profils en travers et recourir pour plus de détails aux
notes que j'ai publiées au fur et mesure de la marche
de l'exploitation. (*Voy.* à la fin de mes troisième et
quatrième livraisons.)

Tout ce qui existe de l'aqueduc romain et qui est
resté enfoui est bon et solide ; toute bâtisse qui reste
dix-sept siècles sous terre ne peut que durcir et
s'améliorer. Il faut se garder de fixer son opinion à
la vue des quelques points qui sont restés exposés
aux intempéries de l'air et qu'on devra refaire ; tout
ce qui est souterrain, au contraire, pourra servir et
vaut bien mieux qu'une bâtisse nouvelle ; il faudra,
tout au plus, démolir une assise pour aviver les prises.

Ce qui reste des culées épargnera donc encore un
huitième des frais de construction primitive, et
porte déjà l'ensemble des économies à la moitié.

Qu'on ne craigne pas que ces culées manquent de
solidité ; si elles sont poussées en dehors par l'eau et
la voûte, elles sont partout soutenues par la roche
encaissante et aucun déversement n'est possible.

Une maçonnerie de quarante centimètres d'épaisseur , en moellons smillés , faite par les Romains ,
vieillie à couvert pendant dix-sept siècles, est parfaitement solide et imperméable. N'est-elle pas recou-
verte d'ailleurs par une couche de cet excellent
ciment de fleur de chaux et de briques concassées
dont les Romains revêtissaient l'intérieur de tous
leurs aqueducs ? Enfin , l'antique dépôt des eaux lui-
même , cet albâtre roux que le clergé de St-Bonnet ,
de Bezouce , de St-Gervasy ne craignait pas de faire
extraire en blocs de grand appareil pour en orner
l'intérieur de ses chapelles , est une dernière garantie pour la conservation du fluide qui devrait y couler
encore ; p. CLXV.

Faut-il laisser dans l'aqueduc le sédiment qui
s'y trouve ?

Assurément l'aire qui reste vide serait suffisante
encore pour recevoir et conduire les eaux que la
ville de Nimes demande ; mais nous aurions ainsi
de fait , un canal à petite section dont je ne suis
nullement le partisan. Je pense donc qu'on peut laisser dans l'aqueduc une portion du tuf qui y existe ,
mais je pense aussi qu'on doit enlever le reste. Il
faut qu'un homme puisse parcourir le canal debout ,
et que la largeur du vide soit au moins d'un mètre.

Les dimensions normales de l'aqueduc sont , dans
œuvre, de 1 mètre 80 centimètres de hauteur sous
clé , et de 1 m. 20 de largeur d'une culée à l'autre.

Dans ces conditions , on pourra laisser vingt centimètres de sédiment sur le radier et dix de chaque côté sur les piédroits ; on obtiendrait ainsi un chenal suffisant , rocheux et tout d'une pièce.

Quant à la voute , elle est conservée sur le quart au moins de sa longueur , ce qui n'est certes pas à dédaigner, et doit produire une notable économie ; je n'en ferai pourtant pas état , parce que , pour le déblaiement général de l'aqueduc , il peut être utile d'en démolir certaines parties.

On le voit , *en profitant des travaux des Romains on trouve quatre huitièmes au moins d'économie , ou la bonne moitié , sur ce que coûterait une construction pareille , si on la fesait entièrement à neuf, sur le même parcours et dans les mêmes conditions.*

Mais , si l'on changeait de direction , si l'on adoptait des dimensions plus restreintes, ne vaudrait-il pas mieux construire à neuf que réparer ? C'est ce que nous allons examiner maintenant.

M. Surell , qui veut établir ses pompes non pas à Lafoux mais au Mas-Duleau , est évidemment obligé de construire un aqueduc nouveau de ce point jusqu'au Mas-Rogier ; mais , une fois là , ce qui étonne, c'est qu'il aime mieux continuer sa construction que de profiter de ce qui existe. « Arrivés au Mas-Rogier, » dit-il , les eaux ne sont plus qu'à dix-sept kilomè- » tres de Nimes , *et leur route est toute tracée par l'a-*

» *queduc romain. On peut, à volonté, les verser dans*
» *cet aqueduc après l'avoir restauré, ou les conduire*
» *par un aqueduc neuf.* »

» La ville veut-elle, par des considérations d'art,
» ou par l'espoir d'une moindre dépense, restaurer
» l'aqueduc romain depuis le Mas-Rogier jusqu'à
» Nimes, nous la laissons se charger de cette res-
» tauration *dont la dépense nous paraît trop incer-*
» *taine pour consentir à l'accepter nous-même ; après*
» *un mûr examen, la dépense d'un aqueduc neuf du*
» *Mas-Rogier jusqu'à Nimes nous a paru inférieure*
» *à celle de l'aqueduc romain restauré.* » (1).

Nous rendrons dans toutes les occasions un hom-
mage légitime aux connaissances et aux lumières de
M. Surell, mais enfin, il ne peut connaître l'état et
les conditions où se trouve l'antique aqueduc aussi
minutieusement que M. Dombre qui a dirigé les fouilles, et que, nous-même qui les avons provoquées, puis
suivies pied à pied. Quelle est, sur la même question,
l'opinion de M. Dombre ? la voici : — « *La restau-*
» *ration de l'aqueduc romain dans ses dimensions*
» *propres coûterait moins que la construction d'un*
» *canal nouveau* (même d'une section réduite, comme
» nous le verrons tout-à-l'heure). Nous n'avons pas
» fait une simple évaluation d'avant-projet ; nous
» avons dressé, au contraire, un projet définitif dans
» les formes les plus détaillées et les plus complètes
» que l'on emploie dans l'administration des ponts-

(1) Surell, opuscule cité, p. 6 et 7.

» et chaussées ; de sorte que si l'on procède un jour
» à l'exécution de ce travail , ce projet pourra servir
» de base , soit à l'acquisition des terrains par les
» plans parcellaires, soit à la mise en adjudication par
» les métrés et les estimations qu'il renferme. »

« *Nous avons lieu de croire que le montant de cette*
» *évaluation ne serait pas dépassé dans l'exécution.*
» D'abord , les calculs de l'avant-métré sont suffi-
» samment exacts puisqu'ils sont basés sur 460 pro-
» fils situés à une distance moyenne de 70 mètres ,
» et qu'il n'arrive jamais , dans les projets les mieux
» étudiés, et même souvent dans les métrés faits après
» l'exécution , de prendre des profils plus rappro-
» chés , quand il s'agit d'ouvrages d'une nature aussi
» uniforme.

» Les prix sont fixés d'après les bases adoptées dans
» les travaux du chemin de fer de Montpellier à
» Nimes , et sont notablement supérieurs aux prix
» courans des travaux exécutés dans le service ordi-
» naire des ponts-et-chaussées ou pour le compte de
» la ville.

» Nous ne voyons pas de quel côté pourraient venir
» les dépenses imprévues ou les augmentations aux
» chiffres posés...... *et nous sommes convaincu que la*
» *ville trouverait facilement à faire exécuter ces tra-*
» *vaux à forfait , soit , pour le tout , soit, mieux, par*
» *parties ,* A DES PRIX INFÉRIEURS A CEUX DE NOTRE
» PROJET...... (1)

(1) DOMBRE. — *Rapport sur les Travaux d'exploration de l'A-*
queduc romain , p. 14, 18. 19 et 20.

Voilà ce qu'exprimait M. Dombre au moment où M. Surell publiait son mémoire ; les objections ont-elles fait impression sur son esprit, son opinion a-t-elle changé? Nullement, sa conviction est restée la même, comme on le verra par ce qui suit.

Fort de l'appui, de l'assentiment que me donne, au moment même où j'écris, l'ingénieur qui a étudié l'aqueduc romain avec le plus d'exactitude, je continue encore à penser et à dire *que la restauration de l'aqueduc romain vaut mieux que la construction de toutes pièces d'un aqueduc nouveau.*

Les partisans de cette dernière œuvre allèguent : » qu'on peut choisir un parcours moins sinueux et , » par suite, moins long que celui du canal antique ; « que rien n'oblige à se diriger sur Lafoux , que le » Mas-Duleau , par exemple, est plus près de Nimes ; » qu'on peut bâtir plus économiquement qu'en imi- » tant l'œuvre romaine , et qu'enfin, on peut cons- » truire un canal d'une section bien moindre qui » serait toujours suffisant pour le passage de l'eau » que la ville désire..... »

Je vais tâcher de répondre à toutes ces objections :

J'ai déjà discuté la question des petites sinuosités. La marche des Romains fut légitimée par leur volonté de faire une œuvre inébranlable; la même pensée doit nous diriger aujourd'hui , car nous avons à construire aussi pour les générations futures. Renonçons donc à des rectifications partielles qui nous feraient

gagner un millier de mètres au plus, et qui pour-
raieut avoir quelques inconvéniens.

La question de la direction générale est plus grave ;
*vaut-il mieux s'approcher du Gardon à Lafoux ou au
Mas-Duleau ?*

Il est vrai que ce dernier point est un peu plus
rapproché de Nimes que le premier, et, selon M. Surell, le canal qu'il projette n'aurait que vingt-quatre
mille mètres de longueur, tandis que l'antique aqueduc en a vingt-sept.

Nous comptons bien, dans notre projet de reconstruction, vingt-huit mille trois cent cinquante-quatre
mètres de Nimes à Lafoux, mais, comme nous partons
de la citadelle, tandis que M. Surell le fait de l'entrée
du souterrain de la Crucimèle du côté de St-Baudile,
pour que la comparaison soit juste il faut compter
du même lieu, ou retrancher de notre ligne les 1,330
mètres dont elle dépasse l'autre.

Les deux directions n'offrent donc qu'une différence
de trois mille mètres, dont il faut encore retrancher les
petits redressemens partiels que nous venons de men-
tionner, que nous refusons d'accepter, et dont M. Surell profite sur son plan. Il n'y a donc en réalité qu'environ deux mille mètres de plus de distance de Nimes à Lafoux que de Nimes au Mas-Duleau. Cet avantage est bien peu de chose, on en conviendra, s'il
est le seul qui milite en faveur de cette dernière
position, et nous verrons bientôt que la direction de
Lafoux présente des motifs bien plus puissans de n'en
tenir aucun compte.

D'après son estimation totale de 676,800 fr. et sa longueur de 24,000 mètres, le canal projeté par M. Surell reviendrait à fr. 28 fr. 20 c. le mètre courant. A ce prix, deux mille mètres de parcours de plus n'augmenteraient la dépense que de 56,400 fr. , et trois mille mètres, si l'on veut au pis-aller, ne l'augmenteraient que de 84,600 fr. ; des différences aussi faibles pourraient-elles entrer en balance avec les avantages que nous avons énumérés en commençant ce chapitre ?

Examinons la question sous toutes ses faces :

Dans le projet de M. Surell, les dépenses à faire pour un canal de 24,000 mètres s'élevaient déjà à fr. 676,800 , mais, comme la longueur réelle sera de 26,350 mètres en répudiant les redressemens partiels, et poussant, comme c'est nécessaire, le travail jusqu'à la citadelle, la somme doit être portée à 750,975 f. auxquels il faut joindre les travaux d'art
estimés par M. Surell (*l. c.* p. 13). . . .   51,500 f.

Dépense totale . . . .   782,475 f.

Comme dans le projet de M. Dombre la dépense de la restauration de l'aqueduc n'est évaluée qu'à six cent cinquante mille francs, cette entreprise offre donc l'avantage d'une moindre dépense, outre ceux que nous avons énumérés.

Mais M. Surell conteste à la fois et la convenance d'un parcours qui conduirait à Lafoux et la justesse du devis de M. Dombre ; pour le convaincre sur ces deux points, il faut donc employer un autre moyen que ces estimations même. Laissons donc, pour un moment, l'aqueduc romain de côté, acceptons par hypothèse les données de M. Surell , combattons avec ses propres armes, c'est-à-dire avec les prix qu'il a posés. Si nous bâtissions un canal entièrement neuf comme le sien , dans les dimensions qu'il fixe , au prix qu'il établit lui-même, c'est-à-dire à 28 fr.50 le mètre courant , tout en le conduisant cependant à Lafoux, et non en le tournant vers le Mas-Duleau , en le plaçant par conséquent toujours à côté de l'aqueduc romain , — qu'arriverait-il? — Notre construction n'aurait évidemment que vingt-sept mille mètres de longueur, en partant du souterrrain de la *Crucimèle*, et même 26,000 si nous adoptions le système des petits redressemens.

Au prix fixé par Surell lui-même , c'est-à-dire à 28 f. 50 le mètre linéaire, notre canal de Nimes à Lafoux ne coûterait que fr. 741,000 dans cette dernière hypothèse, et, dans là moins favorable , qui ne serait pas juste, puisque les conditions du parallèle des directions doivent être égales , ... 769,500 fr.

Du souterrain de la Crucimèle au Mas-Duleau , M. Surell est forcé de dépenser pour son petit canal construit de toutes pièces , *son arcature, initiale comprise* , ... 708,500 fr.

La différence entre les deux parcours n'est donc dans l'hypothèse qui lui est la plus favorable que de . . . . 61,200 fr.

et même , si nous évitons les inflexions comme lui, de fr. 52,700. — Mais cette surcharge pour le parcours de Lafoux tendra bientôt à s'effacer, et même à passer sur celui du Mas-Duleau , si nous faisons attention, qu'en construisant l'aqueduc nouveau tout à côté de l'ancien , nous profiterons avec avantage des matériaux que nous fournira la démolition de ce dernier. Certes , il sera moins coûteux de les prendre là , tout prêts , tout taillés à pied d'œuvre , que de faire des charrois pénibles pour les porter de carrières éloignées, où il faudra les arracher de la montagne et les tailler. C'était du moins ainsi que le pensaient ceux qui aux dépens de l'œuvre romaine , bâtirent au neuvième siècle les églises de St-Bonnet , de Bezouce , de St-Gervazy, et ceux qui les réédifièrent au seizième.

Ne pourrait-on pas encore se servir, avec avantage, de la tranchée qu'on aurait déblayée pour extraire les matériaux, — même dans l'hypothèse d'un petit aqueduc fait à neuf ?

Ne pourrait-on pas se servir de la tranchée et du radier, et même de l'un des piédroits qui serait presque toujours en bon état, vu qu'on réédificrait le plus mauvais en se rapprochant de celui qu'on laisserait subsister ?

On agirait sans doute ainsi toutes les fois que la dépense par mètre courant n'irait pas à 28 fr. 50, et comme ce serait sur les deux tiers du parcours, pense-t-on qu'on n'aurait pas bientôt regagné et au-delà, par ces emprunts faits au travail antique, la différence insignifiante de trente ou de soixante-mille francs?

Rien ne s'opposerait au passage alternatif de la construction nouvelle à l'antique, car la profondeur des deux aqueducs serait la même si l'on voulait aller à Lafoux, la même encore si l'on voulait prendre au Mas-Rogier, la direction du Mas-Duleau.

M. Surell annonce que son aqueduc serait enfoui à 2 m. 40 c. en dessous du sol, et la moyenne des côtes du sol au-dessus du radier de l'aqueduc romain, prise par tous les profils de Nimes à Lafoux, est de 2 m. 43.

L'économie d'une tranchée toute faite, de matériaux excellens sur l'œuvre, de portions d'aqueduc qu'on peut utiliser, devra produire évidemment des avantages plus grands qu'une abréviation de parcours de deux à trois mille mètres ; nous pouvons donc conclure que, *même en construisant un aqueduc nouveau et de petite section, il vaut mieux, en partant de Nimes, se diriger vers Lafoux que vers le Mas-Duleau.*

Les partisans de ce dernier lieu pour l'emplacement des machines diront peut-être : Qui nous empêche de construire, comme vous le voulez, notre aqueduc nouveau côte à côte avec l'ancien, dans sa tranchée même jusqu'au Mas-Rogier, et de profiter ainsi, presque sur les trois quarts de notre parcours, des avantages que vous énumérez. Mais, arrivés sur ce point où les deux directions de Lafoux et du Mas-Duleau se séparent, alors nous ne faisons plus aucune concession et nous marchons résolument au lieu que nous avons choisi pour y poser nos machines, car , vous n'en pouvez disconvenir, c'est sur cette dernière portion du parcours que se trouve surtout la différence des longueurs , et si, du Mas-Rogier à l'extrémité supérieure du tuyau d'ascension de nos machines , nous avons 7,100 mètres de distance, vous avez aussi 9,978 mètres depuis le Mas-Rogier jusqu'au point culminant où vos artifices doivent dégorger l'eau ; c'est-à-dire que vous avez 2,878 mètres de plus, qui, d'après le prix que vous acceptez, reviendraient, construits à neuf, à 81,160 fr. ; nous persistons donc à croire qu'arrivés au Mas-Rogier il vaut mieux aller au Mas-Duleau qu'à Lafoux. »

Voilà certes l'argument dans toute sa force ; nous y répondons :

Que sur cette longueur de 9,978 mètres , l'aqueduc présente en général son radier, ses culées dans un très-bon état de conservation ; que dans la direction de Lafoux les matériaux sont abondans et sur place , que les terrains ont peu de valeur, ce qui n'est pas dans la direction opposée , et que la reconstruction étant, en un mot, dans des circonstances très-favorables, on doit bien admettre qu'il y aura une économie notable à profiter de l'antique aqueduc. N'est-ce pas l'estimer avec modération que de ne la porter, pour l'ensemble des travaux, qu'à six francs le mètre courant ? Eh, bien ! sur une longueur de 9,978 m., on gagnerait ainsi une somme de soixante mille francs ; et , si l'on songe à la différence de valeur des terrains et à cette circonstance que l'arcature du projet Surell est précisément à l'origine de son aqueduc, on verra que la direction de Lafoux n'est pas plus coûteuse que celle du Mas-Dulcau.

Ainsi donc, *même en consentant à faire à neuf un aqueduc de petite section, pour remplacer l'aqueduc romain, l'ancienne direction serait aussi avantageuse que celle qu'on a voulu lui opposer.*

M. Dombre a donc raison de dire dans une note qu'il nous a remise ces jours derniers :

« Nous avons la profonde conviction que, si ce n'est dans les quelques points indiqués dans le projet de reconstruction, *il sera toujours plus avantageux de suivre l'emplacement de l'aqueduc antique et de le construire dans ses dimensions, que de changer cet emplacement et d'adopter les dimensions et profils de l'aqueduc de M. Surell.*

En effet, abstraction faite des dimensions sur lesquelles nous allons revenir, un canal nouveau ne peut se construire plus économiquement do Nimes au Gardon que l'aqueduc romain. Rien n'est exorbitant dans l'épaisseur du radier, des culées, de la voûte ; on n'en saurait rien supprimer sans nuire à la stabilité, surtout si l'on s'affranchit de l'encaissement dans le terrain solide.

De Nimes à Lafoux l'aqueduc romain ne présente aucun ouvrage extérieur, rien n'est donc donné au luxe ; point de travaux d'art ; on n'épargnerait pas à construire sur un autre emplacement.

Il ne reste qu'un moyen d'économie, c'est de diminuer les dimensions de l'aqueduc, et ce moyen je le répudie. J'ai déjà parlé ailleurs de l'inconvénient des canaux à petite section, je me borne à les rappeler. Comment visiter, réparer, nétoyer, avec facilité? L'eau du Gardon est souvent trouble, son limon ferrugineux durcit comme un dépôt lithogène; tôt ou tard il faudra en venir à des curages partiels ou généraux; un homme doit pouvoir passer et agir librement à l'intérieur, c'est une condition nécessaire.

Les eaux de la fontaine d'Eure tuffaient beaucoup, dira-t-on, celles du Gardon ne sont pas dans le même cas, et, par conséquent, nous n'avons plus à craindre dans notre système, ces sédimens pierreux qui encroûtèrent l'aqueduc romain...

Cette argumentation ne saurait me satisfaire. Je l'ai déjà dit, je crois les dépôts argilo-ferrugineux que le Gardon laisse en abondance pendant ses crues susceptibles d'acquérir une grande 'dureté avec le temps; premier motif d'avoir, ou de construire un aqueduc à section suffisante.

Mais, de plus, ne voudra-t-on pas profiter des sources qui se trouvent sur le parcours de Nimes jusqu'à Lafoux? Rejettera-t-on celles de Bezouze qui viennent déjà dans l'aqueduc, celles de la plaine de Lognac qui s'y trouvent ou qu'on peut y conduire; rejettera-t-on Font-en-Gourd, la Fontaine-Tartuyé, ce que pourra fournir le vallon de St-Bonnet?

Six mois de l'année, les Canabous ou le Fouze donnent de deux cents à mille pouces d'eau; croit-on que ce soit chose à dédaigner, même pendant l'hiver ? Mais pour les joindre à ce qui nous viendra du Gardon, et peut-être un jour d'Uzès, il faut un aqueduc de grande section, comme l'aqueduc romain qui pouvait débiter 2,400 pouces, tandis que celui de M. Surell n'en pourrait conduire que 1,020.

Les eaux de Bezouce, de Lognac, de St-Bonnet, des Fouzes, du Canabou, déposent et tuffent comme presque toutes les eaux de sources surgissant dans les terrains calcaires ; par leur présence l'aqueduc nouveau sera encroûté aussi certainement, quoique avec plus de lenteur peut-être que l'aqueduc antique ; il faut donc lui donner des dimensions qui permettent de le nétoyer à propos.

Enfin, la ville de Nimes renonce-t-elle à rétablir un jour l'antique aqueduc jusqu'à Uzès ? je ne le pense pas, dès-lors il faut éviter de perdre la trace de la construction romaine ; à prix égal on doit en restaurer la plus grande longueur possible ; il faut surtout conserver ses dimensions qui, pour ses emplois prochains, ou pour un usage qu'on doit prévoir et espérer, n'ont rien d'exorbitant.

Il y a plus, quand le rétablissement du canal romain coûterait plus cher que la construction d'un aqueduc nouveau à petite section, on ne devrait pas s'arrêter à cette circonstance ; mais, comment ne tiendrait-on pas à la restauration de l'aqueduc antique, s'il était prouvé qu'elle doit être moins coûteuse que la construction d'un canal de petite section de solidité pareille.

M. Dombre a établi que, même en admettant un

canal à petite section de 0,90 de hauteur et 0,80 de largeur, la reconstruction de l'aqueduc romain de Nimes à Lafoux présenterait une économie de vingt mille mètres cubes de maçonnerie. Le profil normal de l'aqueduc présente par mètre courant, le cube qui suit :

1° Radier.............. 0^m 84 c.
2° Culées............. 0 86   Total 2^m 65.
3° Voûte 0 95

Ainsi donc, sa reconstruction exige par mètre courant, un cube de maçonnerie égal à :

1° Quand il est entièrement détruit, ce qui est extrêmement rare..................... 2^m 65 c.

2° Quand le radier est conservé........ 1 81

3° Quand le radier et les piédroits sont conservés................................ 0 95

On voit tout de suite qu'en moyenne il en faut davantage pour construire en entier un canal de 0 m. 90 de hauteur et de 0,70 à 0,80 de largeur dans œuvre ; le radier du canal Surell ayant 0,35 d'épaisseur, les piédroits 0,40 et les dalles de recouvrement 0,20, (ce qu'on doit compter pour 0,50, afin de rapprocher le coût de la bâtisse de celui de la pierre de taille), le cube serait dans les proportions données de 2 m. 00. —La moyenne des trois états de l'aqueduc romain ne serait que de 1 m 80 de bâtisse , mais il faut supposer pour cela que les longueurs sont égales, soit pour l'état de destruction complète, soit pour le radier seul soit pour la conservation du radier et des piédroits , conservé ; tandis que nous savons qu'il n'est que très-

peu d'endroits où le radier manque, et que, sur beaucoup de points, au contraire, la voûte même subsiste ;
le cube de maçonnerie à faire pour restaurer l'aqueduc, n'égalerait donc pas évidemment, ce qu'il faudrait pour un aqueduc nouveau, et l'évaluation de M.
Dombre n'a rien d'exagéré.

Au reste, si l'on veut s'en convaincre, je puis
presque dire par l'inspection directe, bien que les
fouilles soient actuellement comblées, on n'a qu'à
consulter le dessin exact qui a été relevé de chacune
d'elles, avec soin, dans les quatre cahiers de profils
en travers qu'à fait dresser M. Dombre, et les quatre
rouleaux de profils en long qui y sont joints, dont
nous avons déjà fait l'analyse.

Mais je dis plus : quand la voûte n'existerait nulle
part, qnand les culées ne pourraient pas servir, quand
on ne conserverait à son emploi primitif que le radier,
il y aurait un grand avantage encore à se servir de
l'aqueduc romain. La valeur des matériaux excellens,
piqués, équarris qu'on trouverait sur place, indem-
niserait du déblaiement et de la démolition, et l'on
aurait toujours gratuitement une tranchée de 28,554
mètres de longueur, taillée dans le rocher ; l'on aurait
gratuitement le radier le plus ferme et le plus imperméable qu'on puisse imaginer.

Nous ne saurions oublier d'ailleurs cette partie si
remarquable de la délibération du conseil municipal :

« La restauration et l'emploi utile de l'a-
queduc romain devront, par préférence, faire
partie des projets présentés... »

Nous concluons de tout ce qui précède : — que pour remplir les vœux de la cité, que sous le rapport de l'archéologie et des souvenirs historiques, sous le rapport de la solidité, sous celui de la facilité tant pour la surveillance intérieure, que pour l'entretien et les réparations, et sous le rapport enfin de l'économie, — la restauration de l'aqueduc romain doit être préférée à la construction de tout autre ; — Premier point capital que nous avions à établir pour l'adoption de notre système.

Si, ce qu'à Dieu ne plaise, on préférait un aqueduc neuf à la restauration de l'ancien ; — si, ce que j'hésite à supposer, répudiant les dimensions de l'aqueduc antique, on voulait un canal de petite section, il reste encore prouvé : — que, pour profiter des matériaux, il vaudrait mieux le placer côte à côte de l'ancien aqueduc que de l'en séparer ; — que, pour profiter des matériaux, du radier et de la tranchée tout à la fois, ce qu'on aurait de mieux à faire serait d'établir la construction nouvelle dans la place même, dans le lit de l'antique ; — donc il faut toujours suivre le parcours de l'ancien aqueduc, et aboutir à Lafoux et non pas au Mas-Duleau.

Une fois décidé en faveur de la restauration du canal romain, je devais prendre pour guide, dans l'exécution, le beau travail de M. Dombre, auquel je ne proposerai que quelques additions ou modifications légères, en prévenant même, que les unes

ne me paraissent pas indispensables , et que les autres , si elles sont nécessaires , pourraient encore être
ajournées pendant longtemps.

Il me serait impossible de rien fournir de mieux à
la commission d'examen que le plan général du
parcours de l'aqueduc , de Nimes jusqu'au Pont-du-
Gard, dressé par cet ingénieur, en une feuille , à l'é-
chelle de 1 à 10,000 , ainsi que les plans parcellaires
de ses quatre sections dressés en sept feuilles à l'échelle
de 1 à 2,500. J'en dis autant des profils en long et en
travers. MM. Didion et Talabot, qui avaient fait sur le
même objet un travail utile , ont été dépassés par M.
Dombre , par la raison toute simple que celui-ci avait
obtenu les autorisations et l'argent nécessaires pour
faire exécuter les fouilles convenables. Comme ces
fouilles sont nombreuses et que je les ai suivies presque jour par jour, je crois connaître suffisamment l'é-
tat de l'aqueduc. Je n'ai ni le temps , ni les moyens
nécessaires pour recommencer sur nouveaux frais, et
je ne vois aucune raison de refaire une chose achevée
et que je ne pourrais fournir meilleure.

Le travail exécuté par M. Dombre sur les fonds
municipaux , appartient au public , et , par conséquent , à tous les concurrens ; M. le maire , sur ma
demande , m'assura qu'il serait tenu à la disposition
de tous ; mais il me semble que , puisqu'il doit son
existence à ce que je l'ai sollicité comme vérification de mon système de fourniture d'eau et de mes
recherches antérieures , il se rattache plus particulièrement à mon projet qu'à tout autre. Au reste,

6

je suis autorisé par M. Dombre lui-même à en faire tel usage que je trouverai convenable , le succès devant être commun entre nous.

Voici l'indication rapide des modifications dont je hasarde la proposition :

Pour mettre les reconstructions et reprises à faire plus en harmonie avec l'ouvrage romain, je voudrais que le parement intérieur de l'aqueduc , tout au moins , fût fait en moellons smillés. La bâtisse aurait ainsi plus de stabilité , et je crois que les enduits feraient une prise plus ferme, comme je l'ai déjà expliqué; p. CVIII.

Quant à ces enduits eux-mêmes , je préférerais au ciment de Pouilly le ciment romain éprouvé par deux mille ans d'existence. Le mélange de fleur de chaux et de briques concassées se raccorderait bien mieux avec ce qui existe déjà et ne coûterait pas certainement plus cher que le ciment proposé par M. Dombre ; je crois que la composition que pratiquaient les Romains serait loin de coûter quatre-vingts francs le mètre cube, et que l'économie sur cet objet fournirait aux frais de la peinture qui recouvrait toujours leurs enduits.

J'adopte les changemens proposés par M. Dombre sur le parcours de l'aqueduc ; ils me paraissent parfaitement motivés pour éviter la traversée des villages de Sernhac et de St-Bonnet ; mais je propose de doubler le nombre des tuyaux de siphon à la traversée du chemin de fer , à cause de la grande quantité

d'eau que nous recevrons à certaines époques par l'introduction des *Canabous*.

Quant à la largeur de six mètres à acquérir pour
l'emplacement du canal ou de ses francs-bords , je la
porte à douze par les raisons que j'ai si souvent alléguées et je veux l'entière propriété et non une simple propriété tréfoncière soumise à mille inconvéniens. Même avec la complète aliénation, les prix de
dix francs l'are pour les bois , quarante francs pour
les vignes et quatre-vingts francs pour les bonnes terres, me paraissent suffisans.

A Dijon , la propriété tréfoncière n'a été payée
que dix-huit à vingt francs l'are pour les terres , et
trente à [quarante francs pour les vignes qui sont
sans doute le meilleur produit du pays. M. Dupont
propose le même taux pour son canal de Cette et
d'Agde ; on voit qu'en renversant les termes nos prix
sont le double de ceux-là. (Voyez , *Etude d'approvisionnement d'eau de la ville de Cette* ; in-4°,
p. 100.)

Pour la surface totale du canal de Marseille , qui
aura environ 22 m. de large y compris les francs-
bords , le prix moyen de l'are sera de 28 francs , ce
qui fait environ six francs par mètre courant. (Voy.
*Rapport sur la situation des travaux du canal de Mar-
seille au* 31 *décembre* 1843. p. 21); et c'est l'entière
propriété qu'on a bien achetée. Le prix moyen de
l'are que je porte pour notre entreprise sera de quarante francs, qui me semble assez élevé.

L'évaluation du terrain faite par M. Dombre sera

ainsi doublée comme je double la surface à prendre. Quant à la somme qu'il alloue pour dommages et indemnités , je l'augmente de cinquante mille francs à cause de l'achat des eaux du parcours et de celle du Canabou qui me paraît inévitable.

Pour tout le reste , je laisse la fixation des prix telle que M. Dombre l'a faite , puisque l'administration des ponts et chaussées traite journellement, sur des bases inférieures , avec des entrepreneurs solvables.

Voici maintenant où nous conduisent les changemens que j'ai cru devoir faire au détail estimatif de la reconstruction de l'aqueduc depuis Nimes jusqu'à Lafoux.

Suivant M. Dombre , la dépense devait être de six cent cinquante mille francs , savoir :

Travaux de déblais intérieurs et extérieurs, maçonnerie , enduits , siphon , déviation à Sernhac et à St-Bonnet.................... 408,607 f. 94 c.
Enlèvement des dépôts et régalement du fond de l'aqueduc........ 55,442 50
Indemnité de terrain et dommages 95,000 00
Somme à valoir pour cas imprévus 110,949 56

Dépense totale.. .... 650,000 00

Après les augmentations que j'ai ci-dessus détaillées , mon propre tableau sera :

Travaux de déblais intérieurs et extérieurs, maçonnerie, enduits, déviations à Sernhac et à St-Bonnet, même prix que sur

l'autre........ .... 408,607 f. 94
    J'ajoute pour un siphon nouveau............ 2,511   77
Pour smillage des moellons destinés à l'intérieur
de l'aqueduc, pour les rendre pareils aux anciens,   59,565   98

        Premier article de M. Dombre porté à.. 450,483   69

2ᵉ *Article.*

Enlèvement des dépôts et régalement du fond
de l'aqueduc, estimé.............. 35,442 f. 50   70,885   00
    Auxquels j'ajoute pour la retouche
des côtés....................... 35,442   50

3ᵉ *Article.*

Indemnité de terrains et dommages
estimés à 95,000   00
    Auxquels j'ajoute à cause de la re-
prise des eaux du parcours 50,000   00
    Plus, pour une largeur de terrain
égale à celle qui est déjà fixée et dont
le montant (68,456 fr. 60) est compris dans l'article de 95,000 fr. ci-
dessus; somme égale à porter...... 68,436   60   213,436   60

Montant général des dépenses.............. 734,805 f. 29
        Somme à valoir................. 65,194   71

        Total général................ 800,000   00

Dont nous allons donner le détail estimatif dans le tableau suivant extrait des cahiers de M. Dombre, mais qui sera plus facile à consulter dans cette ana-lyse.

INDICATION DES OUVRAGES.

PREMIÈRE SECTION.

De la Citadelle de Nimes au chemin de Terre-Blanche, vis-à-vis Marguerites, sur une longueur de 9,342 mètres.

Déblais à ciel ouvert..
Déblais intérieurs...
Maçonnerie ordinaire au mortier...
Frais de cintre au mètre courant..
Enduit intérieur, au mètre courant..
Smillage des moellons du parement intérieur de l'aqueduc pour les pa
   reconstruites, au mètre carré..
Regards...

TRAVAUX DIVERS.

Siphon de la traversée du Chemin de Fer.

Déblais de rocher ....
Maçonnerie ordinaire ....
Superficie de moellons smillés..
Maçonnerie en pierre de taille..
Tuyaux en fonte, au mètre courant...
Pose ....
Autre siphon à cause du grand volume d'eau une partie de l'année..

     Total du coût de la restauration de la première section..

2ᵉ SECTION.

Du chemin de Terre-Blanche à la sortie de Sernhac, sur une long
   de 11,852 mètres.

Déblais à ciel ouvert...
Déblais intérieurs ....
Maçonnerie ordinaire au mortier...
Frais de cintre, au mètre courant...
Enduit intérieur, au mètre carré..
Smillage des moellons du parement intérieur de l'aqueduc pour les pa
   reconstruites ....
Regards...

TRAVAUX DIVERS.

Déviation de Sernhac.

Déblais de rocher à ciel ouvert...
Déblais de rocher en galerie ....
Maçonnerie..
Enduit ....
Smillage des moellons du parement intérieur pour les parties reconstruit
Frais de cintre, au mètre courant...
Rachat des eaux du Canabou, de Bezouce, de Pazac et de Lognac ....

     Total du coût de la restauration de la seconde section.......

NUMEROS des	QUANTITÉS.	PRIX de L'UNITÉ.	PAR ARTICLE.	PAR NATURE D'OUVRAGES.	PAR SECTION.
	m. c.	fr. c.	fr. c.	fr. c.	fr. c.
1	50,006 95	0 38	19.002 64	19,002 64	
4	4,521 86	0 87	3,934 02	3,934 02	
12	10,275 35	6 30	64,734 70	64,734 70	
»	7,125 40	0 50	3,562 70	3,562 70	
17	7,898 93	3 00	23,696 79	23,696 79	
article ajouté.	7,898 93	2 00	15,797 86	15,797 86	
19	47 00	145 00	6,815 00	6,815 00	
3	232 82	2 28	530 82		
12	114 03	6 30	718 39		
»	150 29	2 50	375 72	2,511 77	
14	1 80	35 00	63 00		
20	40 48	80 00	523 84		
»	» 00	» 00	500 00		
art. aj.	» 00	» 00	» 00	2,511 77	
»	»	«	»	142,567 25	142,567 25
1	81,746 00	0 46	»	37,603 16	
4	13,046 82	0 47	»	11,350 72	
12	8,085 13	8 00	»	64.681 04	
»	5,117 00	0 50	»	2,558 50	
17	6,531 38	3 00	»	19,594 15	
article ajouté.	6,531 38	2 00	»	13,062 76	
19	60 00	160 00	»	9,600 00	
3	210 00	2 28	478 80		
5	1,650 00	12 12	19,998 00		
12	758 20	8 00	6,065 60	51,642 40	
17	816 00	3 00	2,448 00		
art. aj.	816 00	2 00	1,632 00		
»	540 00	3 00	1,020 00		
art. aj.	» 00	» 00	» 00	50,000 00	
»	»	»	»	240,092 73	240,092 73

A reporter 382,639 98

Voilà ce qu'exprimait M. Dombre au moment où M. Surell publiait son mémoire ; les objections ont-elles fait impression sur son esprit, son opinion a-t-elle changé ? Nullement, sa conviction est restée la même, comme on le verra par ce qui suit.

Fort de l'appui, de l'assentiment que me donne, au moment même où j'écris, l'ingénieur qui a étudié l'aqueduc romain avec le plus d'exactitude, je continue encore à penser et à dire *que la restauration de l'aqueduc romain vaut mieux que la construction de toutes pièces d'un aqueduc nouveau.*

Les partisans de cette dernière œuvre allèguent : » qu'on peut choisir un parcours moins sinueux et, » par suite, moins long que celui du canal antique ; « que rien n'oblige à se diriger sur Lafoux, que le » Mas-Duleau, par exemple, est plus près de Nimes ; » qu'on peut bâtir plus économiquement qu'en imi- » tant l'œuvre romaine, et qu'enfin, on peut cons- » truire un canal d'une section bien moindre qui » serait toujours suffisant pour le passage de l'eau » que la ville désire..... »

Je vais tâcher de répondre à toutes ces objections :

J'ai déjà discuté la question des petites sinuosités. La marche des Romains fut légitimée par leur volonté de faire une œuvre inébranlable ; la même pensée doit nous diriger aujourd'hui, car nous avons à construire aussi pour les générations futures. Renonçons donc à des rectifications partielles qui nous feraient

gagner un millier de mètres au plus, et qui pour-
raieut avoir quelques inconvéniens.

La question de la direction générale est plus grave ;
*vaut-il mieux s'approcher du Gardon à Lafoux ou au
Mas-Duleau ?*

Il est vrai que ce dernier point est un peu plus
rapproché de Nimes que le premier, et, selon M. Surell, le canal qu'il projette n'aurait que vingt-quatre
mille mètres de longueur, tandis que l'antique aqueduc en a vingt-sept.

Nous comptons bien, dans notre projet de reconstruction, vingt-huit mille trois cent cinquante-quatre
mètres de Nimes à Lafoux, mais, comme nous partons
de la citadelle, tandis que M. Surell le fait de l'entrée
du souterrain de la Crucimèle du côté de St-Baudile,
pour que la comparaison soit juste il faut compter
du même lieu, ou retrancher de notre ligne les 1,350
mètres dont elle dépasse l'autre.

Les deux directions n'offrent donc qu'une différence
de trois mille mètres, dont il faut encore retrancher les
petits redressemens partiels que nous venons de men-
tionner, que nous refusons d'accepter, et dont M. Surell profite sur son plan. Il n'y a donc en réalité qu'environ deux mille mètres de plus de distance de Nimes à Lafoux que de Nimes au Mas-Duleau. Cet avantage est bien peu de chose, on en conviendra, s'il
est le seul qui milite en faveur de cette dernière
position, et nous verrons bientôt que la direction de
Lafoux présente des motifs bien plus puissans de n'en
tenir aucun compte.

D'après son estimation totale de 676,800 fr. et sa longueur de 24,000 mètres, le canal projeté par M. Surell reviendrait à fr. 28 fr. 20 c. le mètre courant. A ce prix, deux mille mètres de parcours de plus n'augmenteraient la dépense que de 56,400 fr., et trois mille mètres, si l'on veut au pis-aller, ne l'augmenteraient que de 84,600 fr. ; des différences aussi faibles pourraient-elles entrer en balance avec les avantages que nous avons énumérés en commençant ce chapitre ?

Examinons la question sous toutes ses faces :

Dans le projet de M. Surell, les dépenses à faire pour un canal de 24,000 mètres s'élevaient déjà à fr. 676,800, mais, comme la longueur réelle sera de 26,350 mètres en répudiant les redressemens partiels, et poussant, comme c'est nécessaire, le travail jusqu'à la citadelle, la somme doit être portée à 750,975 f. auxquels il faut joindre les travaux d'art

estimés par M. Surell (*l. c. p.* 13). . . . 31,500 f.

Dépense totale . . . . 782,475 f.

Comme dans le projet de M. Dombre la dépense de la restauration de l'aqueduc n'est évaluée qu'à six cent cinquante mille francs, cette entreprise offre donc l'avantage d'une moindre dépense, outre ceux que nous avons énumérés.

Mais M. Surell conteste à la fois et la convenance d'un parcours qui conduirait à Lafoux et la justesse du devis de M. Dombre ; pour le convaincre sur ces deux points, il faut donc employer un autre moyen que ces estimations même. Laissons donc, pour un moment, l'aqueduc romain de côté, acceptons par hypothèse les données de M. Surell , combattons avec ses propres armes, c'est-à-dire avec les prix qu'il a posés. Si nous bâtissions un canal entièrement neuf comme le sien , dans les dimensions qu'il fixe , au prix qu'il établit lui-même, c'est-à-dire à 28 fr.50 le mètre courant , tout en le conduisant cependant à La-foux, et non en le tournant vers le Mas-Duleau , en le plaçant par conséquent toujours à côté de l'aqueduc romain , — qu'arriverait-il? — Notre construction n'aurait évidemment que vingt-sept mille mètres de longueur, en partant du souterrrain de la *Cruci-mèle*, et même 26,000 si nous adoptions le système des petits redressemens.

Au prix fixé par Surell lui-même , c'est-à-dire à 28 f. 50 le mètre linéaire, notre canal de Nimes à La-foux ne coûterait que fr. 741,000 dans cette dernière hypothèse, et, dans la moins favorable , qui ne serait pas juste , puisque les conditions du parallèle des directions doivent être égales ,. . . . . 769,500 fr.

Du souterrain de la Crucimèle au Mas-Duleau , M. Surell est forcé de dépenser pour son petit canal construit de toutes pièces , *son arcature , initiale comprise ,*. . . . . 708,300 fr.

La différence entre les deux parcours n'est donc dans l'hypothèse qui lui est la plus favorable que de. . . . . 61,200 fr.

et même , si nous évitons les inflexions comme lui, de
fr. 52,700. — Mais cette surcharge pour le parcours
de Lafoux tendra bientôt à s'effacer, et même à passer
sur celui du Mas-Duleau , si nous faisons attention,
qu'en construisant l'aqueduc nouveau tout à côté de
l'ancien , nous profiterons avec avantage des matériaux que nous fournira la démolition de ce dernier.
Certes, il sera moins coûteux de les prendre là , tout
prêts, tout taillés à pied d'œuvre , que de faire des
charrois pénibles pour les porter de carrières éloignées, où il faudra les arracher de la montagne et les
tailler. C'était du moins ainsi que le pensaient ceux
qui aux dépens de l'œuvre romaine, bâtirent au neuvième siècle les églises de St-Bonnet , de Bezouce ,
de St-Gervazy, et ceux qui les réédifièrent au seizième.

Ne pourrait-on pas encore se servir, avec avantage,
de la tranchée qu'on aurait déblayée pour extraire les
matériaux, — même dans l'hypothèse d'un petit aqueduc fait à neuf ?

Ne pourrait-on pas se servir de la tranchée et du
radier, et même de l'un des piédroits qui serait presque toujours en bon état, vu qu'on réédificrait le plus
mauvais en se rapprochant de celui qu'on laisserait
subsister ?

On agirait sans doute ainsi toutes les fois que la dépense par mètre courant n'irait pas à 28 fr. 50, et
comme ce serait sur les deux tiers du parcours, pense-
t-on qu'on n'aurait pas bientôt regagné et au-delà, par

ces emprunts faits au travail antique, la différence insignifiante de trente ou de soixante-mille francs?

Rien ne s'opposerait au passage alternatif de la construction nouvelle à l'antique, car la profondeur des deux aqueducs serait la même si l'on voulait aller à Lafoux, la même encore si l'on voulait prendre au Mas-Rogier, la direction du Mas-Duleau.

M. Surell annonce que son aqueduc serait enfoui à 2 m. 40 c. en dessous du sol, et la moyenne des côtes du sol au-dessus du radier de l'aqueduc romain, prise par tous les profils de Nimes à Lafoux, est de 2 m. 45.

L'économie d'une tranchée toute faite, de matériaux excellens sur l'œuvre, de portions d'aqueduc qu'on peut utiliser, devra produire évidemment des avantages plus grands qu'une abréviation de parcours de deux à trois mille mètres ; nous pouvons donc conclure que, *même en construisant un aqueduc nouveau et de petite section, il vaut mieux, en partant de Nimes, se diriger vers Lafoux que vers le Mas-Duleau.*

Les partisans de ce dernier lieu pour l'emplacement des machines diront peut-être : Qui nous empêche de construire, comme vous le voulez, notre aqueduc nouveau côte à côte avec l'ancien, dans sa tranchée même jusqu'au Mas-Rogier, et de profiter ainsi, presque sur les trois quarts de notre parcours, des avantages que vous énumérez. Mais, arrivés sur ce point où les deux directions de Lafoux et du Mas-Duleau se séparent, alors nous ne faisons plus aucune concession et nous marchons résolument au lieu que nous avons choisi pour y poser nos machines, car , vous n'en pouvez disconvenir, c'est sur cette dernière portion du parcours que se trouve surtout la différence des longueurs , et si, du Mas-Rogier à l'extrêmité supérieure du tuyau d'ascension de nos machines , nous avons 7,100 mètres de distance , vous avez aussi 9,978 mètres depuis le Mas-Rogier jusqu'au point culminant où vos artifices doivent dégorger l'eau ; c'est-à-dire que vous avez 2,878 mètres de plus, qui, d'après le prix que vous acceptez, reviendraient, construits à neuf, à 81,160 fr. ; nous persistons donc à croire qu'arrivés au Mas-Rogier il vaut mieux aller au Mas-Duleau qu'à Lafoux. »

Voilà certes l'argument dans toute sa force ; nous y répondons :

Que sur cette longueur de 9,978 mètres , l'aqueduc présente en général son radier, ses culées dans un très-bon état de conservation ; que dans la direction de Lafoux les matériaux sont abondans et sur place , que les terrains ont peu de valeur , ce qui n'est pas dans la direction opposée , et que la reconstruction étant, en un mot, dans des circonstances très-favorables , on doit bien admettre qu'il y aura une économie notable à profiter de l'antique aqueduc. N'est-ce pas l'estimer avec modération que de ne la porter , pour l'ensemble des travaux, qu'à six francs le mètre courant? Eh, bien ! sur une longueur de 9,978 m., on gagnerait ainsi une somme de soixante mille francs ; et , si l'on songe à la différence de valeur des terrains

et à cette circonstance que l'arcature du projet Surell est précisément à l'origine de son aqueduc, on
verra que la direction de Lafoux n'est pas plus coûteuse que celle du Mas-Dulcau.

Ainsi donc, *même en consentant à faire à neuf un
aqueduc de petite section, pour remplacer l'aqueduc
romain, l'ancienne direction serait aussi avantageuse
que celle qu'on a voulu lui opposer.*

M. Dombre a donc raison de dire dans une note
qu'il nous a remise ces jours derniers :

« Nous avons la profonde conviction que, si ce
n'est dans les quelques points indiqués dans le projet
de reconstruction, *il sera toujours plus avantageux de
suivre l'emplacement de l'aqueduc antique et de le
construire dans ses dimensions, que de changer cet
emplacement et d'adopter les dimensions et profils de
l'aqueduc de M. Surell.*

En effet, abstraction faite des dimensions sur lesquelles nous allons revenir, un canal nouveau ne peut
se construire plus économiquement de Nimes au Gardon que l'aqueduc romain. Rien n'est exorbitant
dans l'épaisseur du radier, des culées, de la voûte ;
on n'en saurait rien supprimer sans nuire à la stabilité, surtout si l'on s'affranchit de l'encaissement dans
le terrain solide.

De Nimes à Lafoux l'aqueduc romain ne présente
aucun ouvrage extérieur, rien n'est donc donné au
luxe ; point de travaux d'art ; on n'épargnerait pas à
construire sur un autre emplacement.

Il ne reste qu'un moyen d'économie, c'est de diminuer les dimensions de l'aqueduc, et ce moyen je le répudie. J'ai déjà parlé ailleurs de l'inconvénient des canaux à petite section, je me borne à les rappeler. Comment visiter, réparer, nétoyer, avec facilité? L'eau du Gardon est souvent trouble, son limon ferrugineux durcit comme un dépôt lithogène; tôt ou tard il faudra en venir à des curages partiels ou généraux; un homme doit pouvoir passer et agir librement à l'intérieur, c'est une condition nécessaire.

Les eaux de la fontaine d'Eure tuffaient beaucoup, dira-t-on, celles du Gardon ne sont pas dans le même cas, et, par conséquent, nous n'avons plus à craindre dans notre système, ces sédimens pierreux qui encroûtèrent l'aqueduc romain...

Cette argumentation ne saurait me satisfaire. Je l'ai déjà dit, je crois les dépôts argilo-ferrugineux que le Gardon laisse en abondance pendant ses crues susceptibles d'acquérir une grande dureté avec le temps; premier motif d'avoir, ou de construire un aqueduc à section suffisante.

Mais, de plus, ne voudra-t-on pas profiter des sources qui se trouvent sur le parcours de Nimes jusqu'à Lafoux? Rejettera-t-on celles de Bezouze qui viennent déjà dans l'aqueduc, celles de la plaine de Lognac qui s'y trouvent ou qu'on peut y conduire; rejettera-t-on Font-en-Gourd, la Fontaine-Tartuyé, ce que pourra fournir le vallon de St-Bonnet?

Six mois de l'année, les Canabous ou le Fouze donnent de deux cents à mille pouces d'eau; croit-on que ce soit chose à dédaigner, même pendant l'hiver ? Mais pour les joindre à ce qui nous viendra du Gardon, et peut-être un jour d'Uzès, il faut un aqueduc de grande section, comme l'aqueduc romain qui pouvait débiter 2,400 pouces, tandis que celui de M. Surell n'en pourrait conduire que 1,020.

Les eaux de Bezouce, de Lognac, de St-Bonnet, des Fouzes, du Canabou, déposent et tuffent comme presque toutes les eaux de sources surgissant dans les terrains calcaires; par leur présence l'aqueduc nouveau sera encroûté aussi certainement, quoique avec plus de lenteur peut-être que l'aqueduc antique; il faut donc lui donner des dimensions qui permettent de le nétoyer à propos.

Enfin, la ville de Nimes renonce-t-elle à rétablir un jour l'antique aqueduc jusqu'à Uzès? je ne le pense pas, dès-lors il faut éviter de perdre la trace de la construction romaine; à prix égal on doit en restaurer la plus grande longueur possible; il faut surtout conserver ses dimensions qui, pour ses emplois prochains, ou pour un usage qu'on doit prévoir et espérer, n'ont rien d'exorbitant.

Il y a plus, quand le rétablissement du canal romain coûterait plus cher que la construction d'un aqueduc nouveau à petite section, on ne devrait pas s'arrêter à cette circonstance; mais, comment ne tiendrait-on pas à la restauration de l'aqueduc antique, s'il était prouvé qu'elle doit être moins coûteuse que la construction d'un canal de petite section de solidité pareille.

M. Dombre a établi que, même en admettant un

canal à petite section de 0,90 de hauteur et 0,80 de largeur, la reconstruction de l'aqueduc romain de Nimes à Lafoux présenterait une économie de vingt mille mètres cubes de maçonnerie. Le profil normal de l'aqueduc présente par mètre courant, le cube qui suit :

1° Radier.............. 0^m 84 c.
2° Culées.............. 0   86   } Total 2^m 65.
3° Voûte 0   95

Ainsi donc, sa reconstruction exige par mètre courant, un cube de maçonnerie égal à :

1° Quand il est entièrement détruit, ce qui est extrêmement rare...................... 2^m 65 c.

2° Quand le radier est conservé........ 1   81

3° Quand le radier et les piédroits sont conservés............................. 0   95

On voit tout de suite qu'en moyenne il en faut davantage pour construire en entier un canal de 0 m. 90 de hauteur et de 0,70 à 0,80 de largeur dans œuvre ; le radier du canal Surell ayant 0,35 d'épaisseur, les piédroits 0,40 et les dalles de recouvrement 0,20, (ce qu'on doit compter pour 0,50, afin de rapprocher le coût de la bâtisse de celui de la pierre de taille), le cube serait dans les proportions données de 2 m. 00. —La moyenne des trois états de l'aqueduc romain ne serait que de 1 m 80 de bâtisse, mais il faut supposer pour cela que les longueurs sont égales, soit pour l'état de destruction complète, soit pour le radier seul soit pour la conservation du radier et des piédroits, conservé ; tandis que nous savons qu'il n'est que très-

peu d'endroits où le radier manque, et que, sur beaucoup de points, au contraire, la voûte même subsiste ;
le cube de maçonnerie à faire pour restaurer l'aqueduc, n'égalerait donc pas évidemment, ce qu'il faudrait pour un aqueduc nouveau, et l'évaluation de M.
Dombre n'a rien d'exagéré.

Au reste, si l'on veut s'en convaincre, je puis
presque dire par l'inspection directe, bien que les
fouilles soient actuellement comblées, on n'a qu'à
consulter le dessin exact qui a été relevé de chacune
d'elles, avec soin, dans les quatre cahiers de profils
en travers qu'a fait dresser M. Dombre, et les quatre
rouleaux de profils en long qui y sont joints, dont
nous avons déjà fait l'analyse.

Mais je dis plus : quand la voûte n'existerait nulle
part, qnand les culées ne pourraient pas servir, quand
on ne conserverait à son emploi primitif que le radier,
il y aurait un grand avantage encore à se servir de
l'aqueduc romain. La valeur des matériaux excellens,
piqués, équarris qu'on trouverait sur place, indem-
niscrait du déblaiement et de la démolition, et l'on
aurait toujours gratuitement une tranchée de 28,554
mètres de longueur, taillée dans le rocher ; l'on aurait
gratuitement le radier le plus ferme et le plus imperméable qu'on puisse imaginer.

Nous ne saurions oublier d'ailleurs cette partie si
remarquable de la délibération du conseil municipal :

« La restauration et l'emploi utile de l'a-
queduc romain devront, par préférence, faire
partie des projets présentés... »

Nous concluons de tout ce qui précède : — que pour remplir les vœux de la cité, que sous le rapport de l'archéologie et des souvenirs historiques, sous le rapport de la solidité, sous celui de la facilité tant pour la surveillance intérieure, que pour l'entretien et les réparations, et sous le rapport enfin de l'économie, — la restauration de l'aqueduc romain doit être préférée à la construction de tout autre ; — Premier point capital que nous avions à établir pour l'adoption de notre système.

Si, ce qu'à Dieu ne plaise, on préférait un aqueduc neuf à la restauration de l'ancien ; — si, ce que j'hésite à supposer, répudiant les dimensions de l'aqueduc antique, on voulait un canal de petite section, il reste encore prouvé : — que, pour profiter des matériaux, il vaudrait mieux le placer côte à côte de l'ancien aqueduc que de l'en séparer ; — que, pour profiter des matériaux, du radier et de la tranchée tout à la fois, ce qu'on aurait de mieux à faire serait d'établir la construction nouvelle dans la place même, dans le lit de l'antique ;— donc il faut toujours suivre le parcours de l'ancien aqueduc, et aboutir à Lafoux et non pas au Mas-Duleau.

Une fois décidé en faveur de la restauration du canal romain, je devais prendre pour guide, dans l'exécution, le beau travail de M. Dombre, auquel je ne proposerai que quelques additions ou modifications légères, en prévenant même, que les unes

ne me paraissent pas indispensables, et que les autres, si elles sont nécessaires, pourraient encore être
ajournées pendant longtemps.

Il me serait impossible de rien fournir de mieux à
la commission d'examen que le plan général du
parcours de l'aqueduc, de Nimes jusqu'au Pont-du-
Gard, dressé par cet ingénieur, en une feuille, à l'é-
chelle de 1 à 10,000, ainsi que les plans parcellaires
de ses quatre sections dressés en sept feuilles à l'échelle
de 1 à 2,500. J'en dis autant des profils en long et en
travers. MM. Didion et Talabot, qui avaient fait sur le
même objet un travail utile, ont été dépassés par M.
Dombre, par la raison toute simple que celui-ci avait
obtenu les autorisations et l'argent nécessaires pour
faire exécuter les fouilles convenables. Comme ces
fouilles sont nombreuses et que je les ai suivies presque jour par jour, je crois connaître suffisamment l'é-
tat de l'aqueduc. Je n'ai ni le temps, ni les moyens
nécessaires pour recommencer sur nouveaux frais, et
je ne vois aucune raison de refaire une chose achevée
et que je ne pourrais fournir meilleure.

Le travail exécuté par M. Dombre sur les fonds
municipaux, appartient au public, et, par conséquent, à tous les concurrens ; M. le maire, sur ma
demande, m'assura qu'il serait tenu à la disposition
de tous ; mais il me semble que, puisqu'il doit son
existence à ce que je l'ai sollicité comme vérification de mon système de fourniture d'eau et de mes
recherches antérieures, il se rattache plus particulièrement à mon projet qu'à tout autre. Au reste,

je suis autorisé par M. Dombre lui-même à en faire tel usage que je trouverai convenable, le succès devant être commun entre nous.

Voici l'indication rapide des modifications dont je hasarde la proposition :

Pour mettre les reconstructions et reprises à faire plus en harmonie avec l'ouvrage romain, je voudrais que le parement intérieur de l'aqueduc, tout au moins, fût fait en moellons smillés. La bâtisse aurait ainsi plus de stabilité, et je crois que les enduits feraient une prise plus ferme, comme je l'ai déjà expliqué; p. CVIII.

Quant à ces enduits eux-mêmes, je préfèrerais au ciment de Pouilly le ciment romain éprouvé par deux mille ans d'existence. Le mélange de fleur de chaux et de briques concassées se raccorderait bien mieux avec ce qui existe déjà et ne coûterait pas certainement plus cher que le ciment proposé par M. Dombre; je crois que la composition que pratiquaient les Romains serait loin de coûter quatre-vingts francs le mètre cube, et que l'économie sur cet objet fournirait aux frais de la peinture qui recouvrait toujours leurs enduits.

J'adopte les changemens proposés par M. Dombre sur le parcours de l'aqueduc ; ils me paraissent parfaitement motivés pour éviter la traversée des villages de Sernhac et de St-Bonnet ; mais je propose de doubler le nombre des tuyaux de siphon à la traversée du chemin de fer, à cause de la grande quantité d'eau que nous recevrons à certaines époques par l'introduction des *Canabous*.

Quant à la largeur de six mètres à acquérir pour l'emplacement du canal ou de ses francs-bords , je la porte à douze par les raisons que j'ai si souvent alléguées et je veux l'entière propriété et non une simple propriété tréfoncière soumise à mille inconvéniens. Même avec la complète aliénation, les prix de dix francs l'are pour les bois , quarante francs pour les vignes et quatre-vingts francs pour les bonnes terres, me paraissent suffisans.

A Dijon , la propriété tréfoncière n'a été payée que dix-huit à vingt francs l'are pour les terres , et trente à [quarante francs pour les vignes qui sont sans doute le meilleur produit du pays. M. Dupont propose le même taux pour son canal de Cette et d'Agde ; on voit qu'en renversant les termes nos prix sont le double de ceux-là. (Voyez , *Etude d'approvisionnement d'eau de la ville de Cette* ; in-4°, p. 100.)

Pour la surface totale du canal de Marseille , qui aura environ 22 m. de large y compris les francs-bords , le prix moyen de l'are sera de 28 francs , ce qui fait environ six francs par mètre courant. (Voy. *Rapport sur la situation des travaux du canal de Marseille au 31 décembre* 1843. p. 24); et c'est l'entière propriété qu'on a bien achetée. Le prix moyen de l'are que je porte pour notre entreprise sera de quarante francs, qui me semble assez élevé.

L'évaluation du terrain faite par M. Dombre sera

ainsi doublée comme je double la surface à prendre. Quant à la somme qu'il alloue pour dommages et indemnités , je l'augmente de cinquante mille francs à cause de l'achat des eaux du parcours et de celle du Canabou qui me paraît inévitable.

Pour tout le reste , je laisse la fixation des prix telle que M. Dombre l'a faite , puisque l'administration des ponts et chaussées traite journellement, sur des bases inférieures , avec des entrepreneurs solvables.

Voici maintenant où nous conduisent les changemens que j'ai cru devoir faire au détail estimatif de la reconstruction de l'aqueduc depuis Nimes jusqu'à Lafoux.

Suivant M. Dombre , la dépense devait être de six cent cinquante mille francs , savoir :

Travaux de déblais intérieurs et extérieurs, maçonnerie , enduits , siphon , déviation à Sernhac et à St-Bonnet.................... 408,607 f. 94 c.

Enlèvement des dépôts et régalement du fond de l'aqueduc........	35,442	50
Indemnité de terrain et dommages	95,000	00
Somme à valoir pour cas imprévus	110,949	56
Dépense totale..	650,000	00

Après les augmentations que j'ai ci-dessus détaillées , mon propre tableau sera :

Travaux de déblais intérieurs et extérieurs, maçonnerie, enduits, déviations à Sernhac et à St-Bonnet , même prix que sur

l'autre........ .... 408,607 f. 94
   J'ajoute pour un siphon nouveau............ 2,511   77
Pour smillage des moellons destinés à l'intérieur
de l'aqueduc, pour les rendre pareils aux anciens, 59,565   98

      Premier article de M. Dombre porté à.. 450,485   69

2ᵉ *Article.*

Enlèvement des dépôts et régalement du fond
de l'aqueduc, estimé.............. 55,442 f. 50 } 70,885   00
   Auxquels j'ajoute pour la retouche
des côtés....... 55,442   50

3ᵉ *Article.*

Indemnité de terrains et dommages
estimés à 95,000   00
   Auxquels j'ajoute à cause de la reprise des eaux du parcours 50,000   00
   Plus, pour une largeur de terrain } 213,436   60
égale à celle qui est déjà fixée et dont
le montant (68,436 fr. 60) est compris dans l'article de 95,000 fr. ci-
dessus; somme égale à porter...... 68,436   60

    Montant général des dépenses............... 734,805 f. 29
       Somme à valoir................. 65,194   71

      Total général............... 800,000   00

Dont nous allons donner le détail estimatif dans le
tableau suivant extrait des cahiers de M. Dombre,
mais qui sera plus facile à consulter dans cette analyse.

INDICATION DES OUVRAGES.

PREMIÈRE SECTION.

**De la Citadelle de Nimes au chemin de Terre-Blanche, vis-à-vis d[es]
Marguerites, sur une longueur de 9,342 mètres.**

Déblais à ciel ouvert..
Déblais intérieurs...
Maçonnerie ordinaire au mortier.....................................
Frais de cintre au mètre courant....................................
Enduit intérieur, au mètre courant.................................
Smillage des moellons du parement intérieur de l'aqueduc pour les part[ies]
  reconstruites, au mètre carré...................................
Regards...

TRAVAUX DIVERS.

Siphon de la traversée du Chemin de Fer.

Déblais de rocher ....
Maçonnerie ordinaire ....
Superficie de moellons smillés.......................................
Maçonnerie en pierre de taille..
Tuyaux en fonte, au mètre courant...................................
Pose ....
Autre siphon à cause du grand volume d'eau une partie de l'année..

    Total du coût de la restauration de la première section...

2ᵉ SECTION.

**Du chemin de Terre-Blanche à la sortie de Sernhac, sur une longue[ur]
de 11,852 mètres.**

Déblais à ciel ouvert...
Déblais intérieurs ....
Maçonnerie ordinaire au mortier.....................................
Frais de cintre, au mètre courant...................................
Enduit intérieur, au mètre carré...................................
Smillage des moellons du parement intérieur de l'aqueduc pour les par[ties]
  reconstruites ....
Regards...

TRAVAUX DIVERS.

Déviation de Sernhac.

Déblais de rocher à ciel ouvert......................................
Déblais de rocher en galerie ....
Maçonnerie..
Enduit..
Smillage des moellons du parement intérieur pour les parties reconstruite[s]
Frais de cintre, au mètre courant...................................
Rachat des eaux du Canabou, de Bezouce, de Pazac et de Lognac .....

    Total du coût de la restauration de la seconde section ....

NUMEROS des	QUANTITÉS.	PRIX de L'UNITÉ.	PAR ARTICLE.	PAR NATURE D'OUVRAGES.	PAR SECTION.
	m. c.	fr. c.	fr. c.	fr. c.	fr. c.
1	50,006 95	0 58	19.002 64	19,002 64	
4	4,521 86	0 87	3,934 02	3,934 02	
12	10,275 55	6 50	64,754 70	64,754 70	
»	7,125 40	0 50	5,562 70	3,562 70	
17	7,898 95	5 00	23,696 79	23,696 79	
article ajouté.	7,898 95	2 00	15,797 86	15,797 86	
19	47 00	145 00	6,815 00	6,815 00	
3	252 82	2 28	530 82		
12	114 03	6 50	718 39		
»	150 29	2 50	375 72	2,511 77	
14	1 80	55 00	63 00		
20	40 48	80 00	325 84		
»	» 00	» 00	500 00		
art. aj.	» 00	» 00	» 00	2,511 77	
»	»	«	»	142,567 25	142,567 25
1	81,746 00	0 46	»	37,603 16	
4	15,046 82	0 47	»	11,350 72	
12	8,085 13	8 00	»	64.681 04	
»	5,117 00	0 50	»	2,558 50	
17	6,551 58	5 00	»	19,594 15	
article ajouté.	6,551 58	2 00	»	13,062 76	
19	60 00	160 00	»	9,600 00	
3	210 00	2 28	478 80		
5	1,650 00	12 12	19,998 00		
12	758 20	8 00	6,065 60	31,642 40	
17	816 00	3 00	2,448 00		
art. aj.	816 00	2 00	1,632 00		
»	540 00	3 00	1,020 00		
art. aj.	» 00	» 00	» 00	50,000 00	
»	.	»	»	240,092 75	240,092 75
À reporter . . .					582,659 98

INDICATION DES OUVRAGES.

3ᵉ SECTION.

**De la sortie de Sernhac au moulin de Lafoux, sur une longueu[r]
de 7,160 mètres.**

Déblais à ciel ouvert....................................
Déblais intérieurs ....
Maçonnerie ordinaire au mortier ....
Frais de cintre , au mètre courant.......................
Enduit intérieur ....
Smillage des moellons du parement intérieur pour les parties reconstruit[es]
Regards ....

TRAVAUX DIVERS.

Souterrain de St-Bonnet.

Déblais de rocher à ciel ouvert...........................
Id.   en galerie.......................................
Maçonnerie ordinaire....................................
Cintre, au mètre courant................................
Enduit intérieur..
Smillage des moellons du parement intérieur de la même surface.......

Pour l'enlèvement du dépôt sur les parois verticales dans toutes les p[arties]
où la largeur du débouché sera inférieure à 0 m. 70, ou pour le régaleme[nt du]
fond avec du béton , travail à effectuer, suivant M. Dombre, sur la moi[tié de]
la longueur, cet ingénieur a alloué une somme de........ 55,442[ ]

L'aqueduc, depuis Nimes jusqu'à Lafoux, a une
longueur de .... 28,354 m.

Si nous en déduisons moitié, soit pour les parties
détruites, soit pour celles qui sont nettes, soit,
enfin, pour celles où le dépôt n'a pas sur le radier
plus de 0 m. 20 d'épaisseur et sur les piédroits
plus de 0 m. 10; — il restera à nettoyer une longueur de............................... 14,177 m.

J'évalue que cette opération, faite comme je l'entends,
pourra coûter 5 fr. le mètre courant, soit...... 70,885 f 00

Le crédit affecté par M. Dombre est de...... 55,442 50

Il reste à porter en supplément....... 55,442 50   55,442

Montant des terrains à acquérir, suivant M. Dombre........ 68,436

J'ajoute une somme pareille, voulant doubler la surface
acquise 68,436

Dommages, indemnités pour privations de jouissances,
occupations temporaires de terrains.. 26,565

NUMEROS des	QUANTITÉS.	PRIX de L'UNITÉ.	PAR ARTICLE.	PAR NATURE D'OUVRAGES.	PAR SECTION.
	m. c.	fr. c.	fr. c.	fr. c.	fr. c.
	Report du coût des sections précédentes............				382,659 98
1	32,225 69	0 38	»	12,245 76	
4	1,059 84	0 87	»	922 06	
2	7,958 50	6 70	»	53,321 95	
»	6,849 00	0 50	»	3,424 50	
7	3,555 68	5 00	»	1,567 04	
aj.	3,855 68	2 00	»	17,711 36	
9	36 00	150 00	»	5,400 00	
3	958 14	2 28	2,184 56		
6	856 00	16 51	13,802 36		
2	539 66	6 70	3,615 72	23,231 04	
»	242 00	3 00	726 00		
7	580 00	3 00	1,742 40		
aj.	580 00	2 00	1,160 00		

TOTAL du coût de la restauration de la troisième section .... 117,823 71 | 117,823 71

TOTAL pour les trois sections réunies 500,483 69

....,..... 70,885 00

.... 165,436 60

TOTAL de la reconstruction de l'Aqueduc de Nimes à Lafoux 754,805 29
Somme à valoir pour frais imprévus (près du dixième) ... 65,194 71

TOTAL GÉNÉRAL........ .... 800,000 00

On dira peut-être, en voyant ces tableaux : le canal de la compagnie est préférable, au moins sous un rapport, puisqu'il ne doit coûter que 708,300 fr. , tandis que la restauration de l'aqueduc antique s'élèvera , de votre aveu , à 800,000 fr. ; cent mille francs de plus environ que ne demande M. Surell.

Ma réponse est facile :

L'aqueduc , restauré suivant le devis de M. Dombre, ne devait coûter que six cent cinquante mille francs : *économie de cinquante-huit mille francs sur M. Surell.*

Si j'ai ajouté cent cinquante mille francs à l'estimation du premier , c'est que j'ai voulu :

Que tous les paremens intérieurs de l'aqueduc fussent en moellons smillés ;

Qu'on rachetàt les eaux du parcours ;

Que le terrain occupé par l'aqueduc ou ses francs-bords fùt acheté en toute propriété , et porté à une largeur de douze mètres.

Or , ces dépenses sont , ou ne sont pas indispensables.

Si elles sont nécessaires, M. Surell, qui les a omises dans son projet , devra s'y soumettre comme nous et son chiffre montera à 858,300 fr. , le nòtre restant à 800,000 fr.

Si , contre notre avis , on veut rejeter ces trois objets qui nous paraissent essentiels , alors le chiffre de M. Surell redescend a 708,300 fr. ; mais le nòtre revient à 650,000 fr. ; l'avantage nous reste toujours.

Il n'est pas douteux que la restauration de l'aqueduc romain ne soit possible avec le crédit affecté par M. Dombre, et ne dure des siècles ainsi faite. Si j'ai pris quelques précautions de plus, c'est pour aller au-devant de toutes les objections, donner toutes les garanties possibles de stabilité et de durée, jouir sans contestations des eaux du parcours, éloigner, par l'élargissement des francs-bords, l'action destructive des hommes et des végétaux.

Certes, quand l'aqueduc sera ainsi rétabli dans ses conditions antiques, il serait difficile de concevoir rien de plus solide, de plus durable. Nous aurons réédifié l'œuvre romaine comme elle devait l'être ; par elle, nous recevrons, réellement à perpétuité, toute l'eau dont nous pourrons nous rendre maitres, et nous n'aurons dépensé que huit cent mille francs, y compris une réserve de soixante-cinq mille francs pour les cas imprévus.

Outre ce que nous avons déjà publié dans nos livraisons précédentes, en faveur de la reconstruction de l'aqueduc romain, les pièces rédigées ou dressées par M. Dombre, qu'il est essentiel de consulter sont :

1. Son rapport déjà imprimé ;
2. L'estimation des terrains et dommages ;
3. L'analyse des prix de déblais, fouilles et constructions ;
4. L'avant-métré des travaux ;
5. Le détail estimatif desdits ;
6. Les profils en travers. — 1re section.
7. *Idem.* 2e section.
8. *Idem.* 3e section.
9. *Idem.* 4e section.
10. Le plan général de l'aqueduc depuis Nimes jusqu'au

pont du Gard en une feuille;
11. Plan sur une plus grande
échelle
1re section, une feuille.
12. 2e section, première feuille
13. *Id.* seconde feuille.
14. *Id.* troisième feuille
15. Plan de la 3e sect. 1re feuille
16. *Idem* 2e feuille
17. Le plan de la 4e section,
depuis Lafoux jusqu'au
Pont—du—Gard est étranger
à l'objet de ce chapitre;
nous y reviendrons; feuille
unique.
18. Plan du siphon pour la traversée du chemin de fer.
19. Plan de la grande arcature
de l'aqueduc aux environs
du Pont—du—Gard; étran-
gère à ce chapitre.
20. Profil en travers du terrain
entre l'aqueduc et le mou-

lin de Lafoux, pour l'as-
cension de l'eau poussée
par un moteur hydraulique
ou par la vapeur.
21. Profil en long de la première section.
22. Profil en long de la 2e.
23. Profil en long de la 3^e
24. Profil en long de la 4e.

Toutes ces pièces sont déposées à l'Hôtel-de-Ville. Nous y
joindrons le calque des plans
de MM. Didion et Talabot, sur
lesquels M. Bernard a tracé divers accessoires de l'aqueduc
et le percé moderne entrepris
pour vider l'étang de Lognac,
dont le canal romain conduisait
anciennement les eaux à Nîmes.
Plans Didion et Talabot avec
les additions, — 4 feuilles.
Numéros 25, 26, 27 et 28.

CHAPITRE III.

Des Eaux qui se rencontrent sur le parcours de l'Aqueduc.

Je ne répèterai pas ici ce que j'ai déjà dit des *Eaux du parcours* dans le courant de mon ouvrage (p. 169 , 547 , 558 et CLXX) ; je vais me borner au rappel des faits principaux , et, bien que ces eaux me paraissent d'une grande importance, ce chapitre sera court.

Entre Sernhac et Bezouce , l'aqueduc est rempli par une masse d'eau qui , au moyen de norias et de puits à bascule sert à l'irrigation de quinze ou vingt petits jardins. Quelle sera l'abondance de cette fourniture après le déblaiement , c'est ce qu'on ignore ; elle pourra devenir considérable , car on sait que les sources sans issue et dont le pourtour est engorgé par d'anciens attérissemens donnent en général beaucoup plus quand on les déblaie ou qu'on rouvre la voie d'écoulement à son niveau primitif.

La plaine de Pazac contient , à petite profondeur, une nappe d'eau souterraine dont les Romains profitèrent à dessein , car , sans cela , le liquide ne se serait pas introduit dans leur aqueduc, qui , une fois vide , resterait parfaitement à sec , vu l'excellence et l'imperméabililé de la bâtisse. Il sera donc avantageux de reprendre tout ce qu'ils recevaient pour leur usage.

Quand ils voulurent construire leur aqueduc, la vallée plate et élevée de Lognac était un étang fermé qu'on ne voyait jamais à sec. Il fallait pourtant que l'aqueduc passât au-dessous de la partie la plus déclive, et, comme on n'ouvrit alors aucune voie de décharge pareille à celle qui existe aujourd'hui du côté du Gardon et qui ne remonte pas à un siècle, *les Romains durent vider forcément cet étang du côté de Nimes, pour rendre leur travail praticable.*

Cela fait, ne furent-ils pas obligés, tant que leur canal fût en bon état, d'y recevoir l'eau que les pluies et la pente naturelle d'une grande surface de terrain amenaient toute l'année sur l'ancien emplacement lacustre qui n'avait d'autre issue que l'ouvrage qu'on venait de construire.

Non-seulement ils recevaient ces eaux sauvages d'une manière inévitable, *mais ils ne rejetèrent pas de leur aqueduc les eaux d'infiltrations souterraines ou des sources voisines, puisqu'elles s'y trouvent encore;* comme leur qualité est excellente, il est probable qu'ils leur donnèrent accès avec empressement,

Nous ignorons s'ils cherchèrent à se les assurer toutes par des pierrées ou de petits aqueducs collatéraux, procédés qui leur étaient familiers; ce qu'il y a de certain, c'est qu'aujourd'hui il s'en faut bien qu'elles y pénètrent en entier. Nous renvoyons à ce

que nous avons dit ailleurs du puits à roue du Mas-
Rogier et des eaux de cette vallée. (p. CIII à CVII —
CLXX à CLXXII.) Tous les faits , toutes les observations tendent à prouver, qu'il existe dans la plaine de
Pazac , et, depuis Sernhac jusqu'à Bezouce , *des
eaux abondantes à un niveau supérieur à celui de
l'aqueduc*, et qu'il serait important de les recueillir
encore.

Les Romains profitèrent-ils de l'eau de la Bastide
et du Canabou ? Je ne saurais le mettre en doute,
bien que les fouilles n'aient pas fait rencontrer les
ouvertures par lesquelles ils l'ont certainement introduite ; la nature différente des dépôts qui incrustent
l'aqueduc en amont ou en aval de la rencontre de ces
ruisseaux en est pour moi une preuve convaincante.
(p. XIII , XXX et suiv.)

Comment n'auraient-ils pas fait d'ailleurs une chose
aussi facile, puisque l'aqueduc passe au-dessous du lit
de ces cours d'eau ?

Comment ne l'auraient-ils pas fait , lorsqu'ils pouvaient ainsi recueillir pour Nimes, sans peine et sans
frais , pendant six mois de l'année , une eau claire
et abondante ;

Lorsqu'ils pouvaient ainsi , pendant trois mois ,
doubler le produit de la Fontaine d'Eure ;

Surtout, par cette considération importante , que
l'eau du Canabou rencontrait l'aqueduc à dix mille
mètres de la ville , ce qui leur permettait de mettre
le reste du canal à sec sans être privés de leur fourniture accoutumée ; ainsi, l'on pouvait, quand c'é-

tait nécessaire , soit réparer , soit nétoyer les quarante mille mètres d'aqueduc qui se trouvaient entre
St-Gervasy et Uzès , sans que Nimes ressentît aucune
pénurie.

Il est évident qu'il y avait un grand avantage à ce
que l'eau ne manquât qu'au moment où l'on travail-
lait dans le tronçon de l'aqueduc le plus rapproché
de la ville , qui ne faisait qu'un cinquième de la longueur totale, et dans lequel on pouvait employer un
grand nombre d'ouvriers ; cette portion, d'ailleurs ,
étant sans ouvrages d'art, sans substructions , n'a-
vait besoin qu'on y mît la main que bien moins souvent que tout le reste.

Les eaux du parcours étaient donc pour les Romains
trop importantes à la fois et trop faciles à prendre
pour qu'ils les aient rejetées.

Il sera pour nous un peu plus coûteux d'en disposer, car nous ne pourrons le faire sans payer une
indemnité convenable ; aussi , dans le chapitre précédent , ai-je porté cinquante mille francs en ligne
de compte pour cet objet. Mais nous en avons un
besoin plus grand encore que les Romains , et jusqu'à ce que nous ayons repris les fontaines d'Eure et
d'Airan , nous ne pouvons nous en passer sans beaucoup plus de gêne qu'eux.

Tant que notre alimentation principale viendra du
Gardon, les eaux du parcours et celles du Canabou
nous seront nécessaires.

1° Pour soulager pendant six mois de l'année nos
machines hydrauliques ou autres à établir à Lafoux.

2° Pour permettre d'y faire les réparations convenables, ainsi que sur la plus grande partie de la longueur de l'aqueduc sans aucune interruption de service, car on attendrait toujours pour appeler les ouvriers, le moment où les évents de Fouze et les sources de Bezouce donnent abondamment, ce qui est souvent le tiers de l'année.

3° Enfin, lorsque l'eau du Gardon est trouble et limoneuse à l'époque des crues du printemps et de
l'automne, lorsqu'elle est impropre aux usages domes-
tiques, qu'elle détruirait les pompes par le sable fin
qu'elle charrie, et qu'elle obstruerait l'aqueduc par
le limon gras et tenace qu'elle dépose, il est essentiel d'arrêter les machines et d'avoir une provenance
plus saine à sa disposition ; les eaux du parcours nous
offrent cet avantage. A l'époque où les pluies abondantes dans les Cevennes y font déborder les rivières
et les torrens, le Canabou, le ruisseau de la Bastide,
les sources de Bezouce ne sont jamais à sec tous à la
fois. Ces sources ne se troublent jamais, et les ruisseaux pendant quelques heures seulement s'il survient
de violens orages.

Les Romains savaient fort bien que l'évent du Fouze
ne donnait plus d'eau à l'étiage par son embouchure,
*bien que dans ses cavités souterraines il y en eût tou-
jours à une hauteur supérieure à celle de l'aqueduc.*
Ont-ils eu l'idée d'attaquer la caverne à ce niveau
d'eau permanent, par une tranchée qui serait partie
du radier de leur propre canal ? — Je n'oserais l'affir-
mer. Peut-être furent-ils arrêtés par une roche trop

BIBLIOTHÈQUE ROYALE

7

dure pour leurs moyens d'attaque , obstacle sans importance pour nous.

On peut espérer un résultat avantageux de cette entreprise, qui , ainsi que je l'ai dit dans mon premier volume, ne coûterait que cinquante mille francs environ. Quoi qu'il en soit , comme les eaux qui coulent naturellement à la surface du sol , suffisent à l'époque des inondations et des pluies pour suppléer à celle du Gardon qui devient alors impotable, on peut ajourner à longtemps encore l'entreprise de la tranchée de douze mètres de profondeur qu'il faudrait pour saigner le Fouze à la hauteur de son eau pérenne , et je ne fais pas état dans mon projet actuel de ce que ce travail coûterait. (Voy. p. 563 , 894 , 949.)

Pendant six mois de l'année , les ruisseaux qui entourent St-Gervasy donnent de cent à mille pouces d'eau ; ne voudra-t-on pas acquérir le droit de les joindre aux cinquante pouces d'eau pérenne qu'on tirera tôt ou tard des sources de Bezouce , de Pazac , de Lognac ou de la dérivation du Fouze à *l'horizontale* de l'aqueduc ?

Ne sera-t-il pas aussi important qu'agréable pour Nimes de jouir de ces eaux pures , en petite quantité à l'étiage il est vrai, mais abondantes le reste de l'année ? Ces eaux dans leur force, bien que temporaires, ne seraient-elles pas un moyen puissant pour nétoyer la voie publique , pour assainir nos lavoirs infects ? N'y a-t-il pas un grand avantage de salubrité et d'économie , à donner , de temps en temps, de fortes chasses dans les cloaques , comme Agrippa l'exécuta pour ceux de Rome, qu'il parcourut lui-même en bateau après y avoir dérivé sept torrens? J'ai déjà dit qu'il serait très-utile de pouvoir donner du repos aux machines qui élèveront l'eau du Gardon, et surtout de fournir un liquide pur à la ville pendant chaque débordement de la rivière.

Les arbres de nos promenades et de nos boulevarts n'ont-ils pas souvent besoin d'être arrosés, même au commencement du printemps ou à la fin de l'automne ; — ne sera-t-on pas bien aise d'alimenter *pendant six mois au moins, avec profusion et sans plus de frais,* des fontaines monumentales comme celle qu'on va construire à l'Esplanade? Dans notre beau jardin public, une cascade de mille pouces, se précipitant de la plate-forme du bassin ovale dans le creux de la source de Némausus, ne serait-elle pas une chose admirable, quand même elle ne coulerait qu'une portion de l'année?....

« Quel moyen y aurait-il donc, disais-je, dans
» mon premier volume, (p. CLIV) d'avoir à Nimes
» de l'eau limpide pendant les crues et les inonda-
» tions du Gardon? — J'en connais un bien simple ,
» le seul efficace, mais qu'il faut payer ; — c'est le
» rachat des eaux du parcours de l'aqueduc. Ces ruis-
» seaux, ces sources donnent abondamment à l'épo-
» que convenable, et peuvent alors suppléer au pro-
» duit de la rivière, et si la pureté du Canabou
» s'altère momentanément quelquefois, les sources
» depuis Bezouce jusqu'à Sernhac sont toujours
» limpides. — Malheureusement, pour profiter de

» cet avantage, il faut ajouter une centaine de mille
» francs au projet de la compagnie, comme je l'ai
» fait dans le mien (p. CLV). »

Le montant du rachat des eaux sera une dépense immédiate que, dans tous les projets, on doit tenir en ligne de compte.

Quant aux frais de la tranchée du Fouze, on peut les ajourner, sans inconvénient.

CHAPITRE IV.

Etude du canal de dérivation entre St-Privat et Lafoux (1).

Ce canal aura son origine au moulin de St-Privat dont le barrage sera réparé et légèrement exhaussé ; il sera établi sur les talus du chemin qui va de St-Privat au Pont-du-Gard, entre la rivière et cette voie dont il suivra à peu près la direction, ne s'en éloignant tout au plus que de quinze à vingt mètres.

A partir du Pont-du-Gard, le bief d'amenée restera également au-dessous de la route royale, à laquelle il viendra s'appliquer exactement sur une longueur de cent cinquante mètres environ, entre les bornes 438 et 440, espace où le Gardon dans ses grandes crues, vient baigner le mur de soutènement.

De là, le canal s'éloignant peu à peu jusqu'à une distance de deux cents mètres de la route, ira passer à quarante mètres en amont de la ferme de la *Couasse,* et, se rapprochant ensuite, petit à petit de nouveau du chemin, il viendra le côtoyer à peu près parallèlement depuis la borne 450, jusqu'au moulin de Lafoux.

La longueur totale de ce bief sera de quatre

1) Presque tout ce chapitre appartient à M. Dombre,

mille cent quarante-sept mètres seulement 4,147 m.

Sa pente sera uniforme et de......... 0,00014 , soit 0 m. 14 par kilomètre.

Il sera exécuté suivant deux types différens :

Dans la partie comprise entre St-Privat et la borne n° 440 , sur une longueur totale de 2,466 m. 50 où il est établi en revers et généralement sur un talus de rocher il sera maçonné ;

Son profil sera rectangulaire et de six mètres de largeur sur 1 m. 50 de profondeur ; mais l'eau n'y aura normalement qu'une hauteur de 1 m.

Sur le reste de la longueur , soit 1,680 m. 50, où le bief sera creusé dans la plaine de la *Couasse* , il ne sera pas maçonné ;

Son profil aura cinq mètres de largeur au plafond ; — ses talus seront inclinés à 1 m. 1|2 de base sur 1 de hauteur ; — sa profondeur sera aussi de 1 m. 50 , mais l'eau ne s'élèvera qu'à 1 m. , de sorte que la largeur sera de huit mètres au niveau du plan de flottaison.

Ce canal, creusé dans le terrain, sera revêtu sur les paremens d'une couche de béton dont l'épaisseur aura 0 m. 30 sur le fond et 0 m. 25 seulement sur les talus.

Avec les profils que nous venons d'indiquer et la pente de 0 m. 14 par kilomètre, la vitesse sera de 0 m. 51 d'après les tables de M. Prony, et le canal pourra débiter plus de trois mètres cubes par seconde.

La différence de niveau entre le dessus des déversoirs de St-Privat et le canal de fuite de Lafoux est , d'après une opération faite avec beaucoup de soin et vérifiée (1) de.......................... 6^m 17

En réparant le déversoir de St-Privat on l'exhaussera de...................... 0   45

Ce qui donne un résultat de............ 6^m 60

La pente totale du canal, à raison de 0 m. 00014 par mètre, sur une longueur de 4,147 m. sera de..................... 0   58

Reste pour la chute disponible à Lafoux... 6^m 02
Soit six mètres en nombre rond.

Il n'y a pas de pente à déduire pour le canal de fuite, car les machines ne seront pas éloignées de plus de trente à quarante mètres de la rivière.

Quand le Gardon fournira trois mètres cubes d'eau par seconde, la force disponible sera de 18,000 kilogrammètres ou 240 chevaux ;

Quand il ne donnera que 2 mètres cubes, elle ne sera plus que de 12,000 kilogrammètres 160 chevaux.

La hauteur à laquelle il faudra élever les eaux, en supposant qu'on les pousse à 1 m. 66 au-dessus du radier de l'aqueduc, sera de 44 mètres, et, par conséquent, en supposant qu'on utilise seulement 0,55

(1) Le nivellement du capitaine Bernard, répété aussi deux fois, donne 6 m. 611. — différence 0,44; — mais il faut remarquer que son point *aval* n'est pas au pied de la chaussée de Lafoux, il est plus bas, à la jonction du ruisseau de St-Bonnet et du Gardon ; — son point *amont* est sur quelques pierres, débris de l'ancien couronnement de la chaussée de St-Privat, qui sont restées en place à côté de la maison. Si l'on tient compte de ces circonstances, les nivellemens concordent.

de la force disponible on pourra obtenir dans l'aqueduc :

Avec un débit de 3 mètres cubes.... 650 pouces.

Avec un débit de 2 mètres cubes.... 433 pouces.

M. Surell a admis qu'il utiliserait les 0,47 de la
force disponible, et son produit en eau montée est
par conséquent augmenté en proportion ; mais
comme toute comparaison doit être faite sur des bases identiques, si nous réduisons, pour la compagnie
comme pour nous, le résultat à obtenir aux 0,35 de
la force dépensée,

La compagnie n'élèvera que :

Avec 5 mètres cubes d'eau motrice. 702 pouces.

Avec 2 mètres cubes............ 471 pouces.

On voit que la différence est bien faible, et d'ailleurs
on peut la racheter en portant un peu plus haut le
couronnement de la chaussée de St-Privat. Ainsi, à
l'étiage, moment le plus important à considérer, nous
aurions trente-huit pouces de moins que la compagnie,
ce qui n'est pas le douzième de notre fourniture d'eau
(433 pouces). — Or, puisqu'avec six mètres de chute
nous obtenons 433 pouces, il ne faudrait pas augmenter tout-à-fait cette chute d'un douzième pour
égaler le produit de la compagnie ; il suffirait donc
pour cela de relever le barrage de St-Privat de 0,50
de plus que nous n'avions projeté, ou, en tout, de
0 m. 90 à un mètre, ce qui serait facile, comme nous
l'avons déjà dit.

Avec cet exhaussement d'un mètre, au maximum,
la force que nous aurions disponible à Lafoux au

moyen d'une chute d'eau de 6 m. 50, serait au moins égale, eu égard aux résistances, à celle que la compagnie se propose de créér au Mas-Duleau avec une chute de 8 mètres.

Suivant le devis de M. Dombre, la dépense de notre canal d'amenée et de ses accessoires, depuis St-Privat jusqu'à Lafoux, doit s'élever à trois cents mille francs, savoir :

Travaux de déblais de terre et de rocher, béton pour radier et corroi, maçonnerie du canal   221,799 f. 49

Réparation et exhaussement du barrage 20,000   00

Acquisition des terrains. 19,271   50

Somme à valoir. 58,929   01

Total, ... Fr.   300,000   00

Je crois convenable d'ajouter quelques articles aux objets compris ci-dessus :

D'abord, un vannage transversal placé en tête de la prise d'eau, à l'effet d'intercepter l'entrée du Gardon dans le bief pendant les grosses crues. On use de cette précaution sur toutes les rivières torrentielles, et, sans cela, la vase, le gravier, des pierres même, plus ou moins grosses, poussés par l'impétuosité du courant, entreraient dans le canal et l'engorgeraient de manière à rendre nécessaires des curages à la pelle toujours très-coûteux.

Il faudrait encore un vannage de décharge à l'autre extrémité du bief, à l'endroit où l'eau s'apprête à tomber sur les roues hydrauliques. Des ouvertures

latérales auraient pour but, d'abord de se débarrasser du liquide chaque fois qu'il pourrait y avoir
quelque réparation à faire aux machines ou au bâtiment d'enceinte, puis d'éconduire l'eau qui pourrait
arriver par le canal aux temps de débordement de la
rivière malgré le vannage supérieur ; car les grandes
crues s'élèveront plus que les murs du bief, et, depuis
St-Privat jusqu'au Pont-du-Gard et même jusqu'à la
borne 440, il sera constamment rempli. On ne doit
pas craindre qu'aucun gravier puisse y être jeté à cette
hauteur par cet envahissement latéral ; mais, quant
au limon que le Gardon charrie et tient en suspension
dans des proportions très fortes, il se déposera,
sans contredit, au fond du bief et formera des dépôts incommodes si l'eau n'a pas de tirant.

En supposant qu'à une époque quelconque, du
sable menu, du limon, de la vase entrent dans le
canal, il sera très-économique de le nétoyer au moyen
de l'eau, et, pour cela, quand la rivière ne charriera
plus, on remuera le fond avec des pelles et des râ-
teaux, et les substances déposées seront entraînées
en aval. Mais, comme elles ne pourraient passer, sans
inconvénient, dans le coursier des roues et verser ce
qu'elles charrient dans les augets, le courant chargé
de matières étrangères sera rejeté dans la rivière par
le vannage qui précèdera le château-d'eau.

Comme M. Surell le propose pour sa compagnie, il
pourra être convenable à notre système d'établir un
bassin de repos à côté des pompes, afin que l'eau restant quelque temps immobile, le sable fin en suspen-

sion se dépose et n'use pas trop promptement les pistons et les tuyaux dans lesquels ils agissent.

De la borne 438 à la borne 440, il peut être essentiel de construire un massif en maçonnerie soutenu par un pilotage afin de protéger les fondations du mur du canal contre les affouillemens de la rivière.

Enfin il est, entre St-Privat et l'entrée de la plaine de la *Couasse*, quelques parties de ce mur de soutènement lui-même qui, moins protégé par les rochers que les autres, auront besoin qu'on leur donne une plus grande épaisseur.

Aux trois cent mille francs de dépense portés par M. Dombre, j'ajouterai donc :

Pour le vannage supérieur......... 5,000 f.

Pour le vannage inférieur......... 5,000

Pour le bassin de repos........... 20,000

Pour le batardeau en aval du Pont-du-Gard........................ 10,000

Pour renforcer les portions du mur du canal les plus exposées............. 10,000

Soit en augmentation........ 50,000 f.

La dépense totale de mon bief d'amenée serait donc de trois cent-cinquante mille francs.

DÉBLAIS.

Les déblais peuvent être classés, eu égard à leur nature, de la manière suivante :

Depuis St-Privat jusqu'au profil n° 50, leur cube

est d'environ 52,000 mètres dont les neuf dixièmes seront en rocher à exploiter à la mine,

soit.............................. 46,800 m.

Et le dixième restant en déblais de terre , soit....................... 5,200

Depuis le profil n° 50 jusqu'à Lafoux , le canal étant ouvert dans les alluvions du Gardon, tous les déblais seront en terre et en gravier ; le calcul les porte à........................... 56,557 m.

En résumé :

Le cube de déblais de rocher exploitable à la mine sera de........................... 46,800 m.

Et celui de déblais de terre , sable et gravier , de...................... 61,557

Total des déblais............ 108,357

BÉTON.

Dans le profil maçonné, le cube de béton pour radier par mètre courant est de $6,60 \times 0,25$ soit 1 m. cube , 65.

Ce profil s'appliquant sur une longueur de 2,466, 50 mètres courant, le cube de béton pour radier dans cette partie , sera de 2,466 m. 50×1 m. 65 ce qui donne........... 4,069 m. c. 72

Dans le profil non-maçonné , le cube du béton pour le corroi du fond et les talus , sera par mètre courant de 1 m. 77.

A reporter........... 4,069 m. 72

Report. . . . . 4,069 m· 72

Ce profil s'appliquant à
une longueur de 1680 m.
50 × 1,77, nous aurons. . 2,974 m. 48.

Cube total du béton. . . . 7,044 m.c. 207,044 m. c. 20

MAÇONNERIE.

La maçonnerie ne peut être que très-peu coûteuse, la pierre, l'eau le sable et la pierre à chaux étant constamment offerts par la nature *à pied-d'œuvre*, depuis Saint-Privat jusqu'à la borne 440. De ce point jusqu'à Lafoux il n'y a plus de maçonnerie proprement dite, on n'a plus que du béton à poser, mais on trouve encore à proximité dans la plaine de la *Couasse*, et les fouilles donneraient probablement sur place le sable et les cailloux nécessaires. La chaux sera voisine et le ruisseau de St-Bonnet, déjà utilisé pour l'irrigation, fournira l'eau aux lieux convenables.

Le cube total de la maçonnerie est de 4,496 m. 49.

TERRAINS.

Entre Saint-Privat et le profil n° 49, c'est-à-dire dans la partie où le canal est maçonné sur une longueur de 2,466 m. 50, la largeur du terrain à acquérir sera de dix mètres en moyenne, et l'on aura pour surface totale de ce parcours : 2466 m. 50 × 10, ce qui fait. . . . . 246 ares 65

Ce sol n'a absolument aucune valeur n'étant qu'une bande de rochers com-

A reporter. . . . . 246 ares 65

Report. . . . . 246 ares 65

plètement stériles , situés entre le chemin public et la rivière.

Depuis le piquet , n° 49 , jusqu'à
Lafoux ", sur une longueur de 1680 m.
50 , la largeur du terrain à acquérir
sera de 20 mètres , et la surface totale
de cette partie de 1680 m. 50 $\times$ 20 ,
ce qui fait. 336   10

Cette seconde portion traverse des
fonds de bonne , mauvaise et médiocre
qualité, de sorte qu'en somme , c'est
un sol de valeur moyenne.

Total des terrains à acquérir. . . 582 ares 75

Le tableau suivant offre un résumé synoptique des
travaux et des dépenses.

TRAVAUX ET DÉPENSES DU CANAL D'AMENÉE
de Saint-Privat à Lafoux.

DÉSIGNATION DES OUVRAGES.	Quantités.	PRIX de L'UNITÉ.		MONTANT	
				par ARTICLE.	par nature DE DÉPENSE.
1° Travaux.		fr.	c.	fr.	c.	
Déblais de Rocher.............	46,800 00	2	00	93,600 00	
Déblais de terre.............	61,557 10	0	50	30,778 55	
Béton pour radier et corroi......	7,044 20	10	00	70,442 00	
Maçonnerie ordinaire avec moel- lons des déblais............	4,496 49	6	00	26,978 94	
Réparation et exhaussement du barrage de St-Privat........	....	....	20,000 00	
Vannages supérieur et inférieur..			10,000 00	
Bassin de repos................	Art{ }^s ajoutés.	....	20,000 00	
Soutènement des murs.........			20,000 00	
TOTAL des Travaux...	....	....	291,799 49	291,799 49
2° Terrains.	arcs.			
Entre St-Privat et le profil n° 49.	246 65	10	00	2,466 50	
Entre le profil n° 49 et Lafoux...	336 10	50	00	16,805 00	
TOTAL des Terrains......	....	Fr..	19,271 50	19,271 50

Total des dépenses prévues... 311,070 99

Somme à valoir pour cas imprévus..................................... 38,929 01

TOTAL GÉNÉRAL..................... 350,000 00

La restauration de l'aqueduc romain de Nimes jusqu'à Lafoux, et la reprise des eaux du parcours devant coûter, comme nous l'avons vu dans les chapitres précédens.. 800,000 »

Le canal d'amenée, comme on le voit ci-dessus.................. 350,000 »

Les moulins de St-Privat et de Lafoux........................ 500,000 »

La dépense totale fixée jusqu'à ce moment est de................. 1,450,000 »

Il ne reste plus à supputer que l'achat et l'établissement des machines dont nous nous occuperons dans les chapitres qui vont suivre.

CHAPITRE V.

Comparaison du Mas-Duleau et de Lafoux, au point de vue de l'emplacement des machines (1).

Pour l'établissement d'un aqueduc entre Nimes et le Gardon, nous avons vu, dans le second chapitre, qu'il n'y avait aucun avantage à se diriger plutôt vers le Mas-Duleau que vers Lafoux ; bien au contraire. A la vérité la longueur du canal serait moindre (25,450 mètres au lieu de 28,450), mais cette différence de trois mille mètres, au taux de 28 fr. 50 fixé par M. Surell lui-même, n'en fait qu'une de 85,000 francs dans le prix de l'entreprise ; et de cette somme il faut distraire le montant de l'arcature initiale nécessaire dans le projet de la Compagnie et qui n'existe pas dans le nôtre. Cette économie, réduite alors à soixante mille francs environ, n'est-elle pas rachetée, et bien au-delà, par les avantages de toute

---

(1) M. Dombre m'a fourni plusieurs notes dont j'ai profité dans ce chapitre. — On ne doit pas oublier, pour l'intelligence de ce qui va suivre, que je veux établir ma dérivation du Gardon à St-Privat et mes machines élevatoires à Lafoux, tandis que M. Surell établit sa dérivation à Lafoux et ses machines au Mas-Duleau.

nature qu'on trouve à profiter de ce qui subsiste encore de l'aqueduc romain ?

N'est-ce rien d'ailleurs que de se conformer au vœu que le conseil municipal a formellement exprimé ; et , quelque éloignée que puisse être l'époque de la restauration complète de l'aqueduc antique, *n'est-ce pas une chose avantageuse que de se rapprocher d'Uzès de plus de neuf mille mètres* , c'est à dire du cinquième de l'ancien parcours , dont les trois cinquièmes seront rétablis si l'on arrive à Lafoux , tandis qu'on n'en restaure que les deux cinquièmes en se dirigant vers le Mas-Duleau ?

La considération des trois mille mètres qu'il y a de moins entre ce lieu et Nimes ne doit donc avoir aucune influence sur le problème qui va nous occuper, problême qui, simplifié et réduit ainsi à ses propres élémens n'offrira plus que les points suivans à résoudre :

1° Est-il plus convenable d'opérer la dérivation de la rivière à St-Privat ou à Lafoux ?

2° Sera-t-il plus facile et plus avantageux d'établir lo canal d'amenée de St-Privat jusqu'à Lafoux ou de Lafoux jusqu'au Mas-Duleau ?

3° Qu'en sera-t-il du canal de fuite dans les deux positions ?

4° A quelle hauteur faudra-t-il pousser l'eau sur l'un ou l'autre emplacement ?

5° Quels seront les avantages ou les inconvéniens des machines plus ou moins rapprochées de la rivière , et de la longueur si différente des tuyaux d'ascension sur les deux points ?

8

6° Dans quel cas le dommage sera-t-il moindre, si l'on emploie les eaux excédantes à l'irrigation ?

7° Quel est enfin la somme des avantages de l'emplacement de Lafoux, même sous le rapport de l'économie ?

I.

Convient-il mieux d'établir la prise d'eau sur la rivière, à St-Privat ou à Lafoux ?

Dans les deux localités un barrage solide existe et permet de dériver tout ou partie du Gardon dans un bief qu'on creuserait à cette intention sur la rive droite ; pour aquérir ces barrages, on n'a qu'à s'entendre avec le propriétaire unique des moulins de St-Privat et de Lafoux.

Mais je trouve, dès l'abord, un grand avantage en faveur du premier de ces emplacemens. Si l'on avait besoin d'exhausser, de relever d'un mètre, et, même plus, la chaussée de St-Privat, aucune opposition ne serait fondée, car si l'on causait quelques dommages, on les réparerait par une juste indemnité, qui ne serait jamais importante, puisque l'exhaussement n'amènerait que, deux ou trois fois l'année, la submersion très-passagère, d'une zone étroite de terre arable sur la rive droite ; la rive gauche n'est formée que de rochers.

A Lafoux, au contraire, si l'on voulait élever le barrage, il n'en résulterait pas seulement la submersion nuisible des terres sur une rive, car les deux sont également fertiles ; il s'agirait surtout du salut du bourg de Remoulins et de ses habitans ; tout exhaussement augmenterait pendant les crues la submersion des bas étages des maisons de cette localité, peuplée de 1,370 habitans et déjà bien assez exposée aux attaques de la rivière. Toute tentative, même de simples projets, amèneraient des réclamations aussi vives que fondées de la part d'une commune importante plaidant pour son existence.

On objectera peut-être : — que, dès le commencement de notre entreprise, nous avons besoin de surhausser le barrage de St-Privat, comme nous l'avons dit dans le chapitre précédent, tandis que la compagnie ne songe à rien faire à celui de Lafoux...

Ceci demande quelques explications :

Que nous élevions le barrage de St-Privat, de 0 m. 43 ou même d'un mètre, tout l'inconvénient consiste dans une légère dépense additionnelle ; — la compagnie laissera le barrage de Lafoux en l'état ; mais l'établissement de ses machines va consacrer à jamais son existence et sa conservation... Qui ne voit pourtant que sa destruction serait un avantage immense pour la commune de Remoulins, et cette destruction, facile dans notre système, est impossible dans l'autre.

Mais il y a plus ; — on sait que le lit des rivières, qui charrient autant de gravier que le Gardon, s'exhausse d'une manière rapide, surtout depuis le défrichement malheureusement trop actif de nos montagnes. Ce relèvement du fond du torrent tend, sans cesse, à diminuer la hauteur de la prise de la compagnie, aussi bien que la nôtre ; mais nous pouvons y remédier tandis qu'elle ne le peut pas. Tous les trente ans, par exemple, nous relèverons, s'il le faut, la crête de notre barrage de cinquante centimètres sans avoir d'indemnité à payer; car, les bords de la rivière s'élevant autant que le fond par suite des dépôts limoneux de chaque crue, la différence respective de la hauteur du barrage et de celle des bords sera la même après chaque addition de bâtisse. Quant à la compagnie, à quelque époque que le besoin de relever son barrage se fasse sentir, elle n'en aura pas la faculté, à cause du voisinage d'un bourg considérable. Les propriétaires de maisons ne les laissent pas enfouir par les dépôts des eaux comme les arbres de leurs champs ; ils repoussent ces crémens tant qu'ils le peuvent, et les rues des lieux habités placés sur le bord d'une rivière, nétoyées après chaque crue, tenues soigneusement au même niveau, finissent par ne plus se trouver au-dessus de celui du courant qui s'exhausse d'une manière incessante.

Les citoyens ne consentent à abandonner et à combler les étages inférieurs de leurs maisons que quand les inconvéniens sont devenus intolérables ; mais ils n'auraient garde de permettre que ce moment si redouté fût amené d'avance par l'exhaussement artificiel d'un barrage voisin. Telles sont les circonstances qui font disparaître peu à peu tous les barrages et prises d'eaux, non-seulement de l'enceinte des villes et villages, mais même d'un rayon assez étendu.

La compagnie veut dériver du Gardon deux mètres cubes par seconde en temps ordinaire , et un mètre cube seulement aux étiages extrêmes ; nos prétentions sont égales aux siennes, mais nous ne prévoyons à notre égard aucune opposition raisonnable, tandis que les plaintes les mieux fondées doivent s'élever contre elle.

D'après son mémoire : — « Le volume d'eau qu'elle » empruntera au Gardon à Lafoux lui sera rendu à » Montfrin , et comme, dans cet intervalle d'environ » deux lieues , il n'existe sur les bords de la rivière » ni usine, ni village, l'affaiblissement que la dériva- » tion apportera dans son débit ne peut soulever au- » cune opposition sérieuse.... »

Je répondais ce qui suit au mois d'août dernier (p. cxxxviii), et mon opinion n'a pas changé depuis :

« Je crains bien que la compagnie ne se fasse une » grande illusion. J'admets avec elle que , pendant » les étés ordinaires, le Gardon débite à Lafoux deux » mètres cubes par seconde ; sa fourniture n'en des- » cend pas moins à un mètre et demi aux étiages ex- » trêmes, à la vérité fort rares.

» Or, pour élever les six cents pouces promis , il » faut prendre toute l'eau aux étiages communs , ce » qui serait intolérable pour les riverains auxquels » on doit laisser au moins un mètre cube. Dans les » cas de sécheresse extrême, la compagnie propose » de prendre un mètre sur le débit de 1 m. 50 et de » laisser 0 m. 50 dans le lit du Gardon ; mais, si l'on » ne dérive qu'un mètre, les machines ne peuvent

» plus élever que trois cents pouces , *et l'on ne rem-*
» *plit que la moitié des engagemens pris avec la ville*
» *de Nimes*; d'autre part , les riverains seront tou-
» jours en souffrance ; ils ne verront pas une goutte
» d'eau , car, si l'on réduit à un demi-mètre la por-
» tion laissée dans le Gardon au-dessous de Lafoux
» en temps de sécheresse , cette eau ne coulera pas à
» jour, elle filtrera sous le sable , le gravier et les
» pierres, comme il arrive partout où le volume d'eau
» de cette rivière est subitement amoindri en été
» d'une portion notable.

» La position est bien différente depuis St-Privat,
» ou même depuis le moulin Carrière jusqu'à La-
» foux. Là , le fond est tout de rochers et l'eau ne
» peut ni se cacher ni se perdre ; ce serait d'ailleurs
» sans inconvénient, car il n'y a ni village , *ni habi-*
» *tans*, et , sauf dans le petit vallon de St-Privat , le
» sol n'offre qu'une roche dont les bois sont le seul
» revenu. Mais la rivière baignera ce vallon encore
» si la dérivation ne se fait qu'au moulin de St-Pri-
» vat, et le canal d'amenée traversera la propriété
» presqu'à fleur de terre , si la prise s'effectue plus
» en amont ; mon projet ne détourne donc les eaux
» que dans un véritable désert , tandis que celui de
» la compagnie met la rivière à sec dans la portion la
» plus belle et la plus riche de la contrée.... »

II.

*Sera-t-il plus facile et plus avantageux d'établir le canal
d'amenée de St-Privat à Lafoux, ou de Lafoux au Mas-
Duleau.*

Dans le projet de la compagnie, le développement
du canal d'amenée est de......... 9,246 mètres.
Il n'aura dans mon projet que...... 4,147 m.
c'est-à-dire pas la moitié en longueur.

Le premier est évalué, par M. Surell lui-même,
à fr............................. 356,500 ;
dans mes avant-projets, et à première
vue, j'avais estimé le mien à fr 200,000,
mais après des études plus détaillées, et en y joignant
un grand bassin de repos et de dépuration pour les
eaux, et divers accessoires dont je parlerai tout à
l'heure, j'avais porté la dépense à fr..... 350,000.

M. Dombre ayant fait, à ma prière, une étude
complète de ce canal et un projet détaillé de construction, avec plan, profil en long, des profils en
travers de 40 en 40 mètres, un métré et un devis de
déblais, remblais et de la bâtisse, le coût s'est élevé à
fr. 261,000.

Dans cette somme se trouve compris un corroi de
béton sur toute la longueur du bief afin de le rendre
parfaitement étanche. Si cette disposition était ajou-
tée au projet de la compagnie, le montant de son travail s'élèverait certainement à quatre cent mille
francs.

Ainsi que la compagnie le donne à entendre dans son mémoire, le bief que je propose est-il plus exposé que le sien aux attaques de la rivière?

Dans les deux projets, le canal est situé, sur une grande partie de sa longueur, dans des lieux bas et submersibles ; mais, l'avantage me paraît se trouver de mon côté puisqu'à l'endroit de ma prise de dérivation le Gardon chute au moins de 2 m. 60, différence qui se trouvera à St-Privat entre les eaux d'amont et les eaux d'aval une fois que le barrage aura été restauré et mis à la hauteur que j'indique. Le bief de la compagnie, au contraire, n'aura sa prise au-dessus de la rivière qu'à 1 m. 82 seulement, différence entre l'eau d'amont et celle d'aval du barrage de Lafoux. Nous savons déjà qu'on n'a pas la faculté de faire varier ce niveau et nous en avons développé les motifs dans le paragraphe qui précède.

A la vérité, sur une portion de son parcours, notre canal est plus rapproché du Gardon que celui de la compagnie, mais qu'importe, puisque, tant qu'il se trouve dans cette position, il est taillé dans le rocher et non pas creusé, comme l'autre l'est le plus souvent, dans un terrain de transport d'une corrosion facile.

Si, vers l'amont, le premier tiers de notre bief n'est rétabli qu'à vingt ou trente mètres de la rivière qu'il cotoie même quelquefois, sa cunette n'est-elle pas constamment ouverte dans une roche solide, comme les profils en travers le démontrent? C'est à peine si, quelquefois, le piédroit du côté de la rivière n'est pas formé par la roche elle-même ; mais alors on a donné une épaisseur et un talus suffisans à la maçonnerie qui est toujours fondée sur le rocher.

Tout affouillement est donc impossible par l'effet des eaux , aussi bien que tous tassemens et dislocations , et l'on sait que quand les ouvrages périssent au bord des rivières c'est généralement parce que le courant remue le terrain sur lequel ils sont établis; la ruine provient des creusemens qui se font au pied , effet complètement impossible ici.

Quelle action peut avoir la rivière, même dans ses débordemens les plus furieux , sur une bâtisse épaisse, peu élevée, ayant un talus prononcé du côté du courant auquel elle est constamment parallèle, ne présentant par conséquent aucun obstacle , n'occasionnant aucun remou , et constamment assise sur le rocher ?

Il ne faut pas perdre de vue qu'il n'y a que des portions minimes du piédroit externe du bief en projet qui ne soient pas plus ou moins encaissées dans la roche. D'ailleurs , ces parties sont toujours précédées ou suivies, à petites distances, par des points mieux garantis qui les soutiennent et les protégent. Les roches en saillie produisent le même effet que des épis inébranlables et nombreux qu'on aurait construits à dessein pour protéger le canal.

Tout l'effort des eaux s'épuisera sur ces contreforts naturels, et la bâtisse isolée, se trouvant nécessairement en arrière , sera baignée par une eau presque immobile. En temps ordinaire, le mur du canal, constamment parallèle au cours de la rivière, supportera le poids de l'eau que les machines réclameront, mais, en temps de crue, cette charge, au lieu d'augmenter, sera de fait amoindrie, car alors les flots gonflés du Gardon feront équilibre au liquide qui se trouvera dans le canal, et le mur, pressé par ces deux forces opposées, n'aura pour ainsi dire rien à supporter.

La compagnie n'a-t-elle pas d'ailleurs, dans son projet, des travaux voisins de la rivière au-devant et au-dessous de Lafoux? Un fond aussi ferme que le nôtre est-il toujours à sa disposition? ne faut-il pas aller le chercher beaucoup plus bas, même sous l'eau ?

Nous n'avons jamais plus de trois mètres de hauteur de bâtisse hors de l'abri de la roche, et c'est toujours sur des longueurs peu considérables. Si l'on compare les profils de la compagnie aux nôtres, on verra de quel côté se trouve l'avantage pour la facilité d'atteindre une base solide et le peu de hauteur des substructions.

De notre profil nº 7 au nº 9, nous n'avons pas soixante mètres à découvert, ci.......... 60 m.

Des numéros 31 à 32, il n'y en a pas... 30

Au profil nº 36, il peut y en avoir..... 40

Et au profil nº 48 50

Total......... 180 m.

où le mur sera découvert du côté de la rivière ;

mais ce n'est pas sur toute la hauteur , et cette longueur sera fractionnée en quatre parties distinc- tes, éloignées l'une de l'autre et, tant en amont qu'en aval de chaque intervalle , on retrouve la roche en- caissante , ce qui, pour la stabilité des ouvrages, dif- fère bien du cas où les cent quatre-vingts mètres se suivraient sans interruption , sans que rien les pro- tégeât sur toute cette ligne.

A partir du barrage de Lafoux jusqu'au delà du ruisseau de St-Bonnet et de la Bergerie de Castille, la compagnie a des passages plus difficiles sans con- tredit, des percés à faire sous le hameau, une chaus- sée au-delà, au-devant de l'embouchure du ruisseau.

Dans un canal d'amenée on peut craindre l'en- gravement ou l'envasement à la suite des inondations. Les dépôts fâcheux produits par la rivière n'arrivant que par l'embouchure du bief, on peut y mettre obs- tacle dans les deux projets que nous comparons , en établissant, en tête, des vannes qu'on manœuvrera à propos. Si l'on redoutait les dépôts que pourraient laisser dans le béal les déversemens latéraux de la rivière , nous ferions observer que le nôtre y sera moins exposé que celui de la compagnie parce que notre barrage dominera de 2 m. 60 c. à 3 m. la ligne de flottaison ordinaire du Gardon à côté de notre canal , tandis que le barrage de Lafoux ne donnera jamais qu'une chute de 1 m. 82 qui tendra même cons- tamment à diminuer.

On sait , au reste, que le gravier , mis en mouve- ment par la violence des eaux et qui peut sérieusement engorger un bief, n'est soulevé qu'à une faible hauteur, il n'entrera donc que par l'embouchure ; il n'y a que la vase dont les particules soient assez déliées pour se tenir en suspension dans toute la hauteur d'eau d'une rivière débordée, elle seule peut pénétrer dans un canal par dessus les murs latéraux, mais il est assez facile de s'en débarrasser.

Quant aux eaux sauvages produites par les orages et les pluies, il sera d'autant plus important de les écarter du canal d'amenée qu'il sera plus long et qu'il traversera des terrains mieux fumés, mieux cultivés, plus gras et plus fertiles ; des contre-canaux peuvent être nécessaires ; et sous ce rapport, comme sous celui de l'entretien et de la conservation des berges et des talus, l'avantage nous reste évidemment, puisque notre canal est plus court et notre fond plus solide et moins submersible que l'autre.

III.

Le projet de la Compagnie a-t-il un avantage sous le rapport du canal de fuite?

Le canal de fuite est chose complètement insignifiante, on peut dire nulle dans notre système. En quittant nos roues, l'eau aura tout au plus vingt ou trente mètres à parcourir pour retrouver le lit de la rivière et s'y jeter dans un endroit où son cours est parfaitement fixé ; là, le barrage de Lafoux, et, au besoin, le courant des vannes de décharge de ce moulin s'opposent à tout attérissement. On pourra conserver celles-ci comme moyens de *chasse.*

La compagnie, bien loin de se trouver dans des circonstances aussi favorables, est obligée de construire un canal de fuite *de près de huit cents mètres de longueur* que M. Surell estime lui-même à 190,000 f.

Ce canal débouche en un point où, si le lit général de la rivière est fixé, le thalweg des eaux ordinaires ne l'est nullement. On dit, avec raison sans doute, que les piles du pont de Montfrin empêchent que le Gardon ne se déplace, mais une distinction est ici très-nécessaire ; les limites fixées par le pont offrent bien moins de garantie qu'on ne le suppose : leur distance étant calculée sur les plus fortes crues, elles ne peuvent déterminer d'une manière invariable l'emplacement des basses eaux.

Un torrent comme celui qui nous occupe ne recouvre à l'étiage qu'une fraction de son lit de cinq à six mètres de largeur, mais, pour l'époque des débordemens, il serait très-imprudent de ne pas laisser de quatre-vingts à cent mètres entre les deux piles extrêmes d'un pont.

Après avoir eu pendant quelques jours, d'autres fois pendant quelques heures seulement une impétuosité et un volume étonnant, l'eau revient peu à peu à ses minces proportions ordinaires et le courant se fixe tantôt au milieu du lit général, tantôt vers la rive droite, ou bien au pied de la berge opposée.

Cependant, les terrains bouleversés se déposent à mesure que la rapidité des flots diminue. Quand le thalweg s'établit au milieu du lit, un banc de gravier se forme sur chaque rive ; si l'eau se jette au contraire sur l'un des bords, la relaissée s'établit du côté opposé et vient, en pente douce, aboutir à la surface du liquide. Ces berges, de formation nouvelle, ont souvent un mètre et plus d'épaisseur et occupent en largeur une grande portion du lit général de la rivière.

C'est un état de choses que je ne connais malheureusement que trop, et contre lequel luttent péniblement tons les propriétaires d'usines et de moulins sur les rivières torrentielles. Quand on possède un canal de décharge sur l'un des bords du Gardon, et qu'on n'a pas, par une circonstance heureuse, comme à Lafoux, un moyen de déblaiement et de chasse puissant et gratuit, il faut lutter, après chaque crue, contre les envasemens qui remontent dans le canal et contre les bancs de gravier qui se déposent à l'embouchure.

Constamment exposée à cet inconvénient, la compagnie aura besoin de recourir à des travaux de déblaiement et de curage longs et dispendieux.

Son canal de fuite a 796 mètres de développement depuis les roues jusqu'à la rivière; la pente totale n'est que de 0 m. 80, et comme le sol de la plaine est plus élevé de dix mètres que le Gardon, il faut enfouir ce canal d'autant et lui donner, sur 612 mètres de longueur, la forme d'un égout ayant 2 m. 40 d'ouverture et 3 mètres de hauteur sous clé de voûte.

Aux approches du rivage, le niveau de la plaine s'abaisse et l'égout peut être remplacé par une tranchée à ciel ouvert dont les talus seront revêtus par un perré. On sent tout ce que des constructions pareilles doivent entraîner de difficultés et de dépense, *à cause des eaux qui impreignent ce terrain à dix mètres de profondeur....* Tel est l'aveu de la compagnie elle-même.

Je disais déjà (page CXLVIII), à propos de cet ouvrage :

« La pente de 0,80 pour le canal de fuite depuis » les roues jusqu'au Gardon est loin d'être suffisante ; » au moindre ensablement, à la moindre crue les » roues perdront une grande partie de leur force.

» La Garonne ne charrie ni autant de gravier, ni » autant de vase que le Gardon , ses crues sont moins » fortes et moins subites ; et cependant , à Toulouse, » pour un canal de fuite de 1,150 mètres de long , on » a donné :

» Chute immédiatement après les roues.. 0 m. 70

» Pente du canal couvert ou aqueduc de » fuite qui a 730 mètres de longueur....... 1   13

» Pente de la portion découverte longue de » 400 mètres........................... 0   37

» Chute sur le bord de la rivière , pour être » à l'abri des petites crues.............. 1   07

Total........ 3 m. 07

Je sais que les roues à augets peuvent marcher, bien que le remou de l'eau de fuite tienne une portion de leur circonférence submergée ; on ne perd qu'une portion proportionnelle de la force , ce qui n'aurait pas un grand inconvénient si ce n'était que pendant les crues, parce qu'elles sont courtes sur le Gardon ; mais si le torrent, revenant à son état ordinaire, laisse tout le long du canal de fuite un dépôt de vase et de gravier, la perte de force sera permanente, et c'est là un inconvénient intolérable, même en admettant que les roues puissent tourner encore comme pendant l'inondation.

Voudra-t-on avoir recours à des *chasses* hydrauliques comme à Lafoux ? — On n'a pas ici toute l'eau de la rivière à sa disposition, on n'a que celle que peut fournir le canal d'amenée. On a bien une chute considérable, mais elle est verticale ce qui rend l'effet nul pour nétoyer un canal ; il ne reste d'autre moyen que l'emploi des hommes, de la pèle, de la houe, ressources lentes et ruineuses.

IV.

A quelle hauteur faut-il monter l'eau dans l'une et l'autre position?

La compagnie se procure une chute de 8 mètres pour élever les eaux à 54 ; pour obtenir le même effet utile à Lafoux, il suffirait d'avoir une chute de 6 m. 50, car la hauteur où il faut porter l'eau n'est que de 44 mètres, et les deux rapports $\dfrac{8}{54}$ et $\dfrac{6,50}{44}$ sont égaux.

Au lieu d'exhausser, comme nous le proposons, le barrage actuel de St-Privat de 0 m. 43, on n'aurait donc qu'à l'élever de 0 m. 93 pour avoir identiquement le même effet utile que la compagnie.

Cet exhaussement pourrait même être réduit de
0 m. 20, c'est-à dire, porté seulement à 0 m. 75 , si
nous adoptions les mêmes élémens qu'elle pour la
pente et le canal d'amenée. En effet, pour réduire
le tirant d'eau à un mètre, nous avons porté la pente
de notre bief à 0 m. 14 par kilomètre ; — la compagnie adopte un tirant d'eau de 1 m. 50 avec une pente
de 0 m. 096 seulement ; si nous faisions comme elle ,
la pente totale de notre canal d'amenée, qui est de
0 m. 60, serait réduite à 0 m. 40 , — et la chute disponible à Lafoux étant alors de 6 m. 20 , y compris
l'exhaussement d'abord projeté du barrage de St-Privat , — il suffirait d'y ajouter encore 0,30 , pour
avoir les 6 m. 50 de chute désirée.

Les roues de 7 m. 50 de diamètre utilisent bien un
peu plus de la force motrice que celles de 5 m. 50 ,
et cette donnée de la théorie entre en considération pratique , surtout quand les différences
de diamètre sont plus grandes que celles-ci ; mais ,
dans le cas qui nous occupe , les constructeurs auxquels il faudrait recourir garantiraient certainement
le même effet utile, et , comme chaque médaille a son
revers, on doit compter que des roues plus grandes
ayant beaucoup plus de poids et de volume, leur établissement et leur entretien seraient plus difficiles et
plus coûteux.

La hauteur à laquelle il faut élever l'eau me paraît
le point capital de la question. Je le disais déjà dans
mon premier volume, p. CXLV : « Sur l'emplacement
» choisi par la compagnie, il est nécessaire de por-

» ter l'eau à 54 mètres au-dessus du bief d'amenée ;
» sur notre emplacement, à Lafoux, il ne faut l'élever
» que de quarante-deux ; force dissipée en pure perte
» dans le projet de la compaguie *douze mètres*, c'est-
» à-dire entre le tiers et le quart de ce que nous em-
» ployons.

» Et si nous portions en amont de Lafoux notre
» bief à 9,226 mètres de distance comme la compa-
» gnie le fait en aval ; si , par suite, notre canal affé-
» rent se trouvait rehaussé de dix mètres, les pompes
» n'auraient à élever l'eau que de 58 m., c'est-à-dire
» que nous gagnerions *seize mètres* sur la compa-
» gnie….. Un pareil avantage doit être, sans aucun
» doute, une circonstance déterminante dans le choix
» et l'adoption d'un emplacement…. »

V.

*De la longueur des tuyaux d'ascension et de l'avantage ou
de l'inconvénient de poser les roues motrices plus ou
moins près de la rivière.*

Quand des roues de 7 m. 50 de diamètre auraient
quelque avantage dans la pratique sur des roues de
5 m. 50, n'y aurait-il pas une large compensation
dans l'excès de résistance dû au frottement de l'eau
dans les tuyaux d'ascension de la compagnie, résistance proportionnelle à leur longueur, et, par conséquent, trois fois plus grande dans son projet que dans
le nôtre (540 mètres au lieu de 180). Il demeure donc
bien établi que, sous le rapport de la force motrice

comparée aux résistances, il n'y a pas de préférence à donner à l'un des deux emplacemens.

Mais, si l'un nécessite un développement de tuyaux ascensionnels triple de l'autre, dès-lors les frais d'établissement augmentent dans la même proportion ainsi que les chances de fuite et les frais d'entretien.

A 111 fr. seulement par mètre courant, une seule conduite à Lafoux nous coùterait vingt mille francs, et, comme il en faut deux, ce serait pour nous un déboursé de quarante-mille francs.

Une double conduite, sur une longueur de 540 mètre, ne coùterait pas à la compagnie moins de cent vingt mille francs, ce qui fait une surcharge de quatre-vingt mille.

La compagnie pense que l'emplacement des machines à Lafoux est mauvais, parce que, trop rapprochées de la rivière, elles seront souvent submergées, arrêtées par les crues. Cet argument est exprimé d'une manière confuse dans sa *Note*, p. 3 et 5. Nous y répondîmes tout d'abord, p. CXXXIV, CXXXVI et CXLVIII, et nous n'en sentons pas mieux aujourd'hui la portée.

Veut-on parler des pompes ou des roues? L'eau conduite de St-Privat se trouvant à Lafoux à 6 mètres au moins au-dessus du niveau de l'étiage du Gardon, et les plus hautes crues en ce point étant de 6 m. 56, il sera très-facile de disposer les pompes et les transmissions de mouvement au-dessus de leur atteinte ; et, comme d'ailleurs tout le système sera établi sur la plate-forme de rocher située en aval du moulin, il n'y aura nul obstacle à ce qu'on le renferme dans une enceinte de maçonnerie inattaquable et insubmersible.

Quant aux roues en particulier, il est très-vrai qu'elles seront arrêtées par l'exhaussement du niveau du Gardon à l'époque des inondations ; mais l'inconvénient sera le même, sans aucun doute, à l'emplacement choisi par la compagnie. Une élévation de terrain de dix mètres au-dessus du niveau d'étiage de la rivière couvre bien son usine en apparence ; toutefois, c'est par le canal de fuite que l'eau remontera à la moindre crue et arrêtera le mouvement, absolument comme à Lafoux.

Pour échapper à cet inconvénient, il faudrait que, tant nous que M. Surell, nous posassions nos roues motrices de manière à ce que la plus grande partie de leur circonférence fût encore au-dessus du niveau des plus hautes eaux de la rivière. Mais, qu'on ne s'y trompe pas, il n'y aurait aucun avantage à s'établir au-dessus des crues du Gardon, et voici pourquoi :

Dès que la rivière débordera, il faudra arrêter les roues *où qu'elles soient établies*, car alors l'eau est trouble, chargée, et les pompes seraient sitôt usées par le sable fin que le courant charrie, les conduits, les aqueducs seraient si promptement envasés qu'il faudrait toujours être en réparation.

L'eau du Gardon, pendant les crues, est d'ailleurs complètement impropre à toute espèce de service ; on devra la refuser pour la ville quand la ligne de flottaison sera tout au plus à un mètre au-dessus de l'étiage ; à ce point même elle sera louche, mais deviendra potable après quelque temps de repos. Dans cette limite que la qualité de l'eau impose, les roues tourneront tout aussi bien à Lafoux qu'au Mas-Duleau, et ce qu'elles pourront perdre de force, parce qu'elles plongeront d'un mètre, sera bien compensé par le volume plus considérable d'eau motrice qui arrivera par le bief d'amenée.

L'ascension du niveau de la rivière n'est donc pas la considération principale ; c'est la mauvaise qualité du liquide qui obligera tout d'abord à mettre les machines au repos ; et, pour remédier à cet inconvénient, il serait inutile de changer l'emplacement des roues, il n'y a qu'une chose efficace à faire, *c'est de racheter les eaux du parcours*, pour en user en temps opportun à l'exclusion de celle du torrent.

VI.

Quelles facilités chaque projet offrirait-il pour employer à l'arrosement les eaux excédantes de sa dérivation ?

Si, contre mon avis, ainsi que je l'expliquerai plus tard, on voulait employer à l'irrigation des terres, en aval de Lafoux, une portion de l'eau qu'on aurait dérivée du Gardon, portion qu'on prendrait dans le bief d'amenée avant la chute sur les machines, ne vaudrait-il pas mieux trouver cette eau, comme mon projet la donnera, *à Lafoux et à six mètres au-dessus de l'étiage du Gardon,*—que de ne l'avoir *au même lieu qu'au niveau du barrage actuel.*

D'après la position où je la livrerais, l'eau pourrait fertiliser la terre à partir de Lafoux et dès l'entrée de la plaine, sur laquelle un petit bief spécial pourrait côtoyer la route de Beaucaire ; tandis que la compagnie ne peut pourvoir aux arrosages que vers Meynes et Montfrin, à cause de l'infériorité du niveau de sa prise.

Mais, soit qu'on dérive le Gardon à St-Privat ou à Lafoux, il n'importe, mon opinion est que, dans ces deux cas, la chute n'est pas suffisante pour qu'on puisse sagement rien distraire de l'eau motrice ; la ville de Nimes doit tout employer à son profit pendant l'étiage, c'est-à-dire quand l'arrosage a quelque valeur.

Depuis le Pont-du-Gard jusqu'à Montfrin, on n'obtiendra jamais l'autorisation de dériver dans un bief latéral toute l'eau de la rivière ; l'administration ne saurait consacrer une atteinte pareille aux droits naturels des riverains, et, dès-lors, Nimes ne peut rien concéder, à ses propres dépens, pour l'arrosage..

L'injustice d'une dérivation *totale* ou trop considérable, serait d'ailleurs plus vivement sentie et combattue à plus juste titre contre la compagnie que contre nous. Il faut remarquer que le premier détournement des eaux aurait lieu sur une longueur de *neuf mille mètres* ; tandis que le nôtre ne serait effectué que sur *quatre mille* : mais on doit se souvenir encore que la moitié de notre canal d'amenée sera tracée au milieu de rochers déserts, où personne n'aura même le moindre prétexte pour s'y opposer, tandis que le projet de la compagnie priverait de l'eau du Gardon un pays riche et fertile. Ce n'est qu'à cinq cents mètres au-dessous du Pont-du-Gard que les riverains pourraient commencer à élever quelques plaintes contre nous : ces plaintes ne s'appliqueraient, dès-lors, qu'à un parcours de quinze cents mètres seulement. Quant au projet de la compagnie, il donnerait naissance à des oppositions légitimes sur l'énorme parcours de neuf mille mètres, dans la portion la plus belle et la plus riche du pays.

Je pense donc que , *tant que les canaux de dérivation respectifs ne prendront pas leur origine plus en amont que Lafoux ou même que St-Privat, il faudra positivement exclure tout projet de dérivation lié à celui de la fourniture d'eau pour la ville de Nimes.*

L'administration ne peut autoriser le détournement de toute l'eau de la rivière ; et le volume qu'on obtiendra de sa justice paternelle ne sera pas assez considérable, en été , pour élever l'eau nécessaire à la ville de Nimes et pour fournir encore à l'irrigation de territoires étendus.

Supposons qu'on nous permette de dériver, *à partir do St Privat jusqu'à Lafoux , les deux tiers de l'eau du Gardon* ; certes , nul ne réclamerait dans les gorges de St-Privat, et ce serait tout au plus sur un parcours de quinze cents mètres , entre Lafoux et les approches du Pont-dn-Gard, que quelques plaintes pourraient se faire entendre....... L'administration penserait , sans doute , *que le tiers du courant laissé dans son lit ordinaire suffirait à la satisfaction d'intérêts aussi peu nombreux.*

Mais si c'était à Lafoux que la prise des deux tiers du Gardon dût être opérée , et si , sur une longueur de neuf mille mètres , cette masse d'eau, détournée de son lit naturel , devait être emprisonnée dans un canal artificiel sur un seul des côtés de la vallée ; le gouvernement le permettrait-il , les riverains le supporteraient-ils sans se plaindre ?

Si l'on veut, par la même entreprise, fournir de l'eau à Nimes et de l'eau pour arroser la plaine , *il faut, de toute nécessité , que la dérivation ait son origine en amont de St-Privat* , comme nous nous réservons de l'expliquer dans le chapitre suivant.

VII.

Quels sont les avantages de l'emplacement de Lafoux, même sous le rapport de l'économie ?

Ce qui précède prouve qu'au point de vue des convenances de l'art et des localités, notre projet, mis en parallèle avec celui de la compagnie, présente de grands et sérieux avantages ; il n'est inférieur d'aucun côté , même sous le rapport de la force motrice , et les six mètres de chute obtenus par un canal d'une lieue de long produiront autant d'effet que les huit mètres créés par une dérivation double, parce que , par une disposition particulière des lieux, la résistance , au Mas-Duleau , croit dans la même proportion que la puissance , et qu'on manque ainsi le but ordinaire d'une prise d'eau éloignée , celui d'améliorer le rapport entre ces deux termes.

La différence entre les deux projets est surtout sensible au point de vue capital de l'économie. Mais , si l'on veut établir une comparaison équitable , il faut partir des mêmes bases, il faut fixer les mêmes prix pour les élémens respectivement identiques.

Nous ne reviendrons pas sur le rétablissement de l'aqueduc romain déjà assez longuement traité, nous laissons même à nos lecteurs le choix de prendre pour cela, les estimations de M. Dombre, ou les nôtres, ou le prix que M. Surell lui-même a fixé *pour la construction de son aqueduc tout neuf.*

Quant aux tuyaux d'ascension, nous accepterons les bases qu'il a aussi posées, et puisque, d'après ses propres estimations, 540 mètres de développement de doubles tuyaux doivent coûter cent vingt mille francs, nous n'en aurons que quarante mille à payer pour une longueur de cent quatre-vingts mètres.

La compagnie adopte pour ses machines et leur établissement le chiffre de 255,000 francs qui me paraît trop faible ; pour des artifices de moindre dimension et sur un emplacement plus favorable, j'ai estimé les miennes seules à.......... 200,000 fr.
et les bâtimens qui doivent les recevoir
et les protéger à................. 80,000
$$\text{Total....... } 280,000 \text{ fr.}$$

A la vérité, la compagnie ne comprend pas, dans son chiffre, les dépenses à faire pour un vrai château-d'eau, elle projette d'établir ses artifices dans une simple enceinte découverte. Mon intention n'est pas la même, mais enfin, si cette idée était bonne, je pourrais en profiter comme elle, et, dès lors, calculant sur les mêmes erremens je trouve : — que puis-

que des roues de 7 m. 50 de diamètre et des pompes
élevant l'eau à 54 mètres , coûtent, enceinte comprise.. 255,000 fr.

Des roues de 5 m. 50 seulement et des
pompes qui n'ont à pousser l'eau qu'à
44 mètres , devront coûter tout au
plus... 200,000 fr.

Il faut remarquer que mon mur d'enceinte , bâti
sur un rocher et élevé à découvert , sera d'une construction bien moins coûteuse que celui de la compagnie qu'il faut établir dans une coupure du sol de
dix mètres de profondeur, non compris les fondemens. Et sur quoi cette bâtisse sera-t-elle assise ? —
Sur des graviers baignés par des infiltrations abondantes et difficiles à maîtriser, ou , ce qui serait bien
pire encore , sur un fond limoneux et délayé. On ne
peut fixer d'avance les frais d'une entreprise pour laquelle il faut faire beaucoup de déblais dans des terrains mouvans , boiser de larges et profondes tran-
chées , fonder et élever des murs qui puissent résister
à la poussée des terres et à la présence de l'eau souterraine.

Pour rendre plus saisissables , surtout sous le rapport de la dépense , les avantages que notre projet
nous paraît offrir sur celui de la compagnie , nous
allons dresser des tableaux comparatifs de l'un et de
l'autre système , nous pensons que c'est le moyen le
plus convenable de convaincre de la supériorité du
nôtre.

TABLEAU *comparatif de la dépense à effectuer pour amener les eaux d'après le projet Sureil et d'après le projet Teissier.*

DÉSIGNATION DES OUVRAGES.	MONTANT		AUGMENTATIONS produites par le	DIMINUTIONS produites par le
	par le PROJET SUREIL	par le PROJET TEISSIER	PROJET SUREIL	PROJET SUREIL
	f. c.	f. c.	f. c.	
Canal d'amenée, terrain compris (mais non l'exhaussement du barrage de notre projet)	356,500 00	241,000 00	115,500 00	
Aqueduc	708,500 00	539,050 00	169,250 00	
Canal de fuite	190,000 00	»	190,000 00	
Tuyaux d'ascension	120,000 00	40,000 00	80,000 00	
Machines et constructions	255,000 00	200,000 00	55,000 00	
Achat du moulin de St—Privat inutile à M. Sureil		150,000 00		150,000 00
Achat de Lafoux et prise d'eau (1)	500,000 00	250,000 00		
Vannage, bassin de repos, murs de soutènement, exhaussement de notre digue		70,000 00		
Totaux	1,929,800 00	1,470,050 00	609,750 00	150,000 00
A défalquer des économies du projet Teissier, celles du projet Sureil			150,000 00	
Reste à l'avantage du projet Teissier			459,750 00	

(1) Cet article me paraîtrait beaucoup trop fort s'il ne s'agissait que de l'achat du moulin ; il contient probablement la réparation de la digue et les vannages, bassins de repos, etc., que je sépare dans ma colonne, mais je fais que le total soit le même pour niveler les choses identiques ; on sait que je n'estime ailleurs Lafoux que 150,000 francs.— Si les estimations de ma colonne ne sont pas les mêmes qu'au tableau no 2 ci—après, c'est que j'ai accepté momentanément, ici, les bases de la Compagnie, et, malgré cela, l'avantage est toujours de mon côté.

Ainsi, d'après ce tableau, la différence entre les deux projets serait de 459,750 fr., mais nous devons faire observer que le canal d'amenée de la compagnie ne comprend pas le corroi en béton porté au nôtre. Si, comme nous le croyons, cette mesure est jugée indispensable, il faudra y ajouter cet objet qui coûtera au moins 10 fr. par mètre courant; ce serait, pour la longueur totale de son bief,...   92,260 fr.

qui, ajoutés à la somme ci-dessus de . 459,750

feraient bien pour le projet de la compagnie une surcharge de............ 552,010 fr.

Soit, en nombre rond, cinq cent cinquante mille francs.

Si l'on nous disait que, dans le tableau qui précède, nous n'évaluons la restauration de l'aqueduc romain depuis Nimes jusqu'à Lafoux qu'à 559,000 f., tandis que M. Dombre la porte à 650,000 fr., et nous-même dans notre second chapitre, à 800,000 fr., la réponse à cette objection serait bien facile.

Si aux 559,000 fr. ci-dessus, on joint la somme mise en réserve par M. Dombre pour les cas imprévus, on aura les 650,000 fr.; nous avons dû, dans notre tableau, distraire *la somme à valoir de M. Dombre* parce que nous n'y avons pas compris celle de M. Surell.

Quant à mon estimation de 800,000 fr., je suis prêt à la rétablir, si l'on augmente en même temps la colonne de la compagnie de la dépense nécessaire pour fournir des objets équivalens, tels sont : —

le rachat des eaux du parcours , — la bâtisse en moellons smillés , — *l'acquisition en toute propriété de douze mètres de largeur de terrain sur tout le trajet de l'aqueduc.*

Au reste, pour mettre à la fois sous les yeux de nos lecteurs les dépenses comparatives nécessaires dans les deux systèmes et pour chaque hypothèse , nous allons dresser plusieurs tableaux qui nous paraissent propres à dissiper plus facilement tous les doutes.

Pour l'intelligence des quatrième et cinquième chapitres on devra consulter :

1º Le plan général du projet d'un canal de dérivation entre St-Privat et Lafoux dressé pour nous par M. Dombre, en une feuille , à l'échelle de 1 à 2500 ;

2º Le profil en long du même canal sur une feuille ;

3º Le cahier de profils en travers du même canal ;

4º Le cahier d'avant-métré et d'estimations du même ouvrage ;

Le tout dressé par M. l'ingénieur Dombre sur notre demande.

(Tableau n. 1.)

Projet de la Compagnie Mourier.

ESTIMATIONS DE M. SURELL.

1re Section. — Canal d'amenée.

Dépense de la prise d'eau à La-foux 500,000		
Ouverture du canal 320,000	656,500	00
Ouvrages d'art accessoires 36,500		

2e Section. — Aqueduc.

Construction de l'aqueduc 676,800	708,300	00
Ouvrages d'art accessoires 31,500		

3e Section. — Etablissement hydraulique.

Canal de fuite 190,000		
Tuyaux d'ascension 120,000	565,000	00
Machines et constructions accessoires 255,000		

Total .... Fr.	1,929,800	00 c.
Intérêts à 5 p. 0	0 des sommes dépensées pendant la durée des travaux	105,000	00
Somme à valoir	215,200	00
Total Général	2,250,000	00 c.

(Extrait de la *Note* publiée par la compagnie au mois d'août dernier).

(Tableau n. 2.

Projet de M. Teissier.

ESTIMATIONS DE M. DOMBRE.

1re Section. — Canal d'amenée.

Achat des moulins de Lafoux et Saint-Privat 300,000

Achat des terrains du canal... 19,271

Déblais du canal et maçonnerie........................ 241,800

} 561,071 00

2e Section. — Aqueduc romain.

Indemnités de terrains et dommages 95,000

Trav. de déblais et maçonnerie 444,050

} 539,050 00

3e Section. — Etablissement hydraulique.

Canal de fuite............... »

Tuyaux d'ascension........ 50,000

Machines et constructions accessoires...................... 280,000

} 330,000 00

TOTAL........ Fr. 1,450,191 00 c.

Dépenses imprévues.

Réserve pour l'aqueduc...... 110,950

Réserve pour le canal d'amenée 38,929

Réserve pour les machines.... 20,000

Intérêts à 5 p. 0|0 des sommes dépensées

} 169,879 00

pendant la durée des travaux............. 75,000 00

TOTAL GÉNÉRAL....... Fr. 1,675,000 00 c.

Total de M. Surell........ 2,250,000

Total d'après M. Dombre... 1,675,000

Economie que présente le projet

Teissier............. Fr. 575,000   575,000 00 c.

(Tableau n. 3)

Projet de M. Teissier.

ESTIMATIONS DE M. DOMBRE, AVEC ADDITIONS DE
M. TEISSIER.

1re Section. — Canal d'amenée.

Achat des moulins de Lafoux et de Saint-Privat	300,000	00	⎫
Achat des terrains du canal	19,271	00	⎬ 600,000 00
Déblais du canal et maçonnerie	280,729	00	⎭

2e Section. — Aqueduc romain.

Indemnités des terrains et dommages	163,436	60	⎫
Travaux de déblais et maçonnerie	520,868	69	⎬ 734,305 29
Rachat des eaux du parcours	50,000	00	⎭

3e Section. — Etablissement hydraulique.

Canal de fuite	»		⎫
Tuyaux d'ascension	50,000	00	⎬ 330,000 00
Machines et constructions accessoires	280,000	00	⎭

Total ...... Fr.	1,664,305	29 c.
Intérêts à 5 p. 0|0 des sommes dépensées pendant la durée des travaux	85,000	00
Somme à valoir pareille à celle de M. Surell	215,694	71
Total Général .... Fr.	1,965,000	00 c

Toutes les estimations de ce tableau sont cotées très-haut, et
la dépense réelle n'en atteindra certainemeut pas le chiffre ; cependant, si au tableau n° 1 (dépenses de la Compagnie), nous
ajoutons les articles importans qu'elle a omis et qui figurent ici,
la dépense de la Compagnie, s'élèvera plus haut encore, ainsi
que va le prouver le tableau n° 4.

(Tableau nᵒ 4.)

Projet de la Compagnie Mourier;

ESTIMATIONS DE M. SURELL, AVEC LES ADDITIONS NÉ-
CESSAIRES POUR RENDRE LE PARALLÈLE JUSTE AVEC
LE PROJET TEISSIER.

Au tableau nᵒ 1, le total de la dépense
prévue est de........................... 1,929,800 f. 00

Mais nous rachetons de plus les eaux du
parcours, ce qui est indispensable........ 50,000   00

Nous restaurons en moellons smillés les
piédroits de l'aqueduc, et, pour construire en
matériaux pareils ceux de la Compagnie, il
lui faudrait au moins un supplément de dépense de............................... 50,0000   00

Nous faisons l'acquisition complète de l'emplacement de l'aqueduc et des francs-bords
sur une largeur de douze mètres ; si la Compagnie en faisait autant, elle aurait au moins
un supplément de dépense de............ 100,000   00

    TOTAL..........Fr. 2,129,800   00 c.

Intérêts à 5 p. 0|0 des sommes dépensées
pendant la durée des travaux............. 105,000   00
Somme à valoir......................... 215,200   00

    TOTAL GÉNÉRAL...... Fr. 2,450,000   00 c.

On voit que le projet de la Compagnie, *avec les additions indispensables, coûterait 500,000 fr. de plus que le nôtre ; et
qu'on ne restaurerait pas l'aqueduc romain ; qu'on ne se rappro-
cherait pas d'Uzès ; qu'on n'aurait enfin qu'un canal de petite
dimension.*

CHAPITRE VI.

SECOND PROJET DE M. TEISSIER.

Emploi combiné de l'action hydraulique et de celle de la vapeur comme forces motrices (1).

J'ai exposé, dans le chapitre qui précède, le moyen qui me paraît le meilleur pour donner de l'eau à Nimes dans le cas où l'on ne voudrait pas plus de 400 à 450 pouces d'eau, dans le cas où l'on n'aspirerait qu'à l'approvisionnement de la cité. La question grandira sans doute au sein de la commission, devant le conseil municipal et l'administration supérieure; — on s'occupera alors :

De la possibilité de donner à Nimes plus de quatre cents pouces d'eau;

De celle de pourvoir, en même temps, aux besoins de la ville et à l'arrosement de la plaine qui s'étend depuis Lafoux jusqu'à Comps.

On a pu voir aux pages 52 et 53 de ce volume, que, pour satisfaire à toutes ces conditions, je vou-

---

(1) Ce chapitre a été écrit après coup pour le substituer à un autre que j'ai cru devoir supprimer ; de là quelques discordances que je signale dans la note suivante et que j'aurais fait disparaître si l'ouvrage n'avait déjà été imprimé. Je n'ai eu ni le temps, ni le courage de tout recommencer....

lais porter la tête de mon canal d'amenée à deux mille
cinq cents mètres en amont de St-Privat, et profiter
de l'ancien barrage du moulin Carrière ; le nivellement que j'avais fait exécuter me promettait à Lafoux
une chute d'eau suffisante.

Malheureusement que ce travail avait été exécuté
très à la hâte au mois de décembre dernier, pour
que le projet pût être remis immédiatement à la commission d'après le désir de M. le maire. Nos juges
ayant bien voulu nous accorder postérieurement le
temps nécessaire à une révision, et des doutes s'étant
élevés dans mon esprit sur l'exactitude d'opérations
faites précipitamment dans la saison la plus défavorable, au travers des oseraies, au milieu de rochers
presque inabordables surtout quand les eaux de la
rivière sont hautes et froides, je me suis décidé à
faire reprendre le nivellement et les profils.

Cette seconde opération, à laquelle j'ai constamment assisté, a été faite avec la plus grande exactitude et a prouvé : — *qu'entre le bief inférieur du
moulin de Lafoux et le bief supérieur du moulin Carrière, la différence de niveau était beaucoup moins
considérable qu'on ne l'avait d'abord pensé.*

Dès lors, pour obtenir l'effet désiré, il fallait, re-
hausser de beaucoup le barrage du moulin Carrière,
ce qui devenait difficile, chanceux, et n'était pas
sans inconvénient pour les fonds supérieurs ;

Ou sacrifier une portion notable de la chute sur
laquelle on avait compté, c'est-à-dire, de la puissance hydraulique.

Certainement cette puissance eût été suffisante encore ; mais comme il fallait dans ce cas rabaisser le
canal d'amenée, en raison de la moindre élévation
de la prise, les travaux devenaient beaucoup plus
coûteux, seraient exposés aux attaques de la rivière,
et bien plus difficiles à établir par suite de la forme
et de la nature particulière de la rive.

J'ai dû complètement renoncer à ce système.

Bien que le sommaire de mon projet, dressé sur
des élémens fautifs, fût déjà imprimé, ne reculant ni
devant le travail, ni devant la dépense, pour trouver
le meilleur moyen de satisfaire aux besoins de la
ville, et regardant comme un devoir impérieux soit
de supprimer une erreur dès que je la reconnais et
que la chose est possible, soit au moins de la signaler quand il n'est plus temps de la faire disparaître,
je me suis décidé, sur-le-champ, à détruire les deux
feuilles que j'avais consacrées à l'exposition de ce système, pour substituer à des faits inexacts des choses
plus dignes de l'examen de la commission.

Mais, si je pouvais arracher et remplacer cette portion du volume (de la page 146 à la page 176), je ne
pouvais supprimer aussi facilement les quelques passages épars, où ce projet est incidemment rappelé.
Heureusement qu'ils sont courts et peu nombreux.
J'en donne l'indication exacte au bas de la page,
afin qu'on les annulle (1).

---

(1) On doit considérer comme n'existant pas les passages que
je vais indiquer :

Page 56, — ligne 5 à 14 ;

Je demande pardon à tous mes lecteurs, et spécialement à MM. les membres de la commission de la peine que ces quelques rectifications pourront occasionner ; mais je ne pouvais mieux faire. La suppression et le remplacement de ce chapitre leur prouveront du moins que, dès qu'une erreur quelconque vient à ma connaissance, je surmonte les obstacles pour y remédier ; si j'ai besoin d'une grande indulgence sous tant de rapports, je m'efforce d'y acquérir quelques droits par ma persévérance et ma sincérité.

Moyens de fournir constamment de six à neuf cents pouces d'eau à la ville de Nimes.

Si l'on voulait arriver pour Nimes à une limite aussi élevée, c'est-à-dire, doubler ou tripler la quantité d'eau que le conseil municipal a demandée, je ne

---

Page 57, — les quatre dernières lignes ;
Page 58, — les deux premières ;
Page 59, — le quatrième paragraphe ;
Page 51, — les deux derniers paragraphes ;
Toute la page 52 ;
Les sept premières lignes de la page 53 ;
Le tableau de la page 265,
Et le premier paragraphe de la page 268.

La composition du neuvième chapitre était faite, mais non pas le tirage, ce qui m'a permis de le modifier à-peu-près convenablement.

pense pas qu'il fût possible de réussir au moyen de l'action hydraulique toute seule.

Je ne connais que trois manières d'atteindre ce but, qui sont :

La restauration complète de l'aqueduc romain, entreprise qui a toujours ma plus vive sympathie et que j'expose en détail au chapitre suivant ;

L'emploi de machines à vapeur de force suffisante établies à Lafoux, artifices beaucoup trop dispendieux, comme je cherche à le prouver au chapitre huitième ;

Enfin, la combinaison, dans des proportions déterminées, de l'action hydraulique et de celle de la vapeur, dont je vais maintenant m'occuper.

Ce système n'est point inusité et doit rationnellement être employé partout où l'on ne dispose que d'une force hydraulique insuffisante. On utilise ainsi gratuitement tout ce que peut donner une action naturelle, et l'on n'a recours aux effets artificiels et coûteux de la vapeur que quand on ne peut faire autrement.

J'ai déjà dit qu'on allait tenter dans la capitale de l'Espagne l'emploi de ce système sur une grande échelle. — J'en connais un exemple déjà réalisé ; c'est à Reims. Cette ville ne pouvait disposer pour son usage que d'une force hydraulique insuffisante, prise sur le courant dit *Rivière-Neuve*, dérivation de la Vesle, parce que les eaux en sont peu abondantes en été et que presque toute la chute existante est depuis longtemps concédée aux industries manufactu-

rières qui font la vie et la richesse du pays. On sen
tait pourtant qu'on ne pouvait plus se contenter des
quelques fontaines alimentées par les roues hydrauliques dues aux libéralités, je dirai plus, à la munificence de l'abbé Godinot de si respectable mémoire (1), et, dans ces dernières années, M. Cordier, ingénieur-mécanicien de Béziers, fut chargé :

1° De reconstruire les anciennes roues hydrauliques ;

2° D'augmenter la chute dont on disposait, au
moyen de quelques acquisitions et de quelques modifications dans le lit du courant ;

5° De disposer des machines à vapeur qui suppléc-
raient, quand ce serait nécessaire, à la faiblesse de
l'action hydraulique.

Toutes ces prescriptions ont été exécutées avec
succès.

Je puis, à l'autorité de ces exemples pris loin de
nous, joindre une autorité bien respectable pour le
cas spécial qui nous occupe. M. Mary, ingénieur en
chef chargé du service municipal de la ville de Paris,
que j'ai tenu au courant de la question locale, m'a
fait l'honneur de m'écrire ces jours derniers :

« Il me semble que si j'avais à faire un projet pour
» fournir de l'eau à Nimes, j'adjoindrais à la machine

---

(1) M. l'abbé Godinot, chanoine à l'église de Reims, a donné
sur sa fortune privée 150,000 fr. de son vivant, et légué de quoi
parfaire la somme de 700,000 fr. après sa mort, pour l'établissement premier ou l'augmentation des fontaines de cette ville.

» hydraulique une machine à vapeur ; par cette com-
» binaison, je n'userais du charbon que pendant les
» sècheresses, quand la machine hydraulique ne four-
» nirait pas le volume nécessaire, ou dans les crues
» du Gardon, ou en cas de réparation à l'autre artifice.

» Je pense que, dans ce système mixte, on dépense-
» rait beaucoup moins que de toute autre manière et
» que l'on serait en mesure de faire face à toutes les
» éventualités.......»

Ce projet complexe aurait le grand avantage :

1° De donner beaucoup plus d'eau à l'étiage que celui de la compagnie Mourier ;

2° A égalité de fourniture, de coûter beaucoup moins que celui de M. Dombre, dans lequel on doit faire un emploi continu de la vapeur.

Le premier point n'a pas besoin d'être prouvé : jamais la compagnie Mourier n'aura une chute assez considérable et ne sera autorisée à dériver du Gardon, pendant la sècheresse, une quantité d'eau suffisante pour élever dans l'aqueduc romain de six à neuf cents pouces d'eau.

Quant au second point, nous allons l'examiner en détail.

I.

Comparaison de la dépense entre le système mixte et celui où l'on emploie exclusivement la vapeur.

1° **Pour obtenir six cents pouces d'eau.**

Nous avons vu dans le chapitre qui précède que, pour 1,664,305 fr., on pouvait : — acquérir le barrage de Saint-Privat , — supprimer le moulin de ce nom et celui de Lafoux , — creuser le canal d'amenée , — rétablir l'aqueduc romain , — enfin , organiser les appareils hydrauliques qui , au moyen d'une chute franche de six mètres , pousseraient dans le canal antique, au-dessus du moulin de Lafoux , l'eau nécessaire à la fourniture de Nimes.

La pente et la section du canal d'amenée permettent qu'il conduise plus de trois mètres cubes par seconde. Or, pendant neuf mois de l'année , le volume de la rivière est tel , que rien ne s'oppose à ce qu'on en dérive deux, trois mètres cubes et même davantage, sans que personne en souffre et puisse se plaindre.

Si donc la ville de Nimes voulait élever NEUF CENTS POUCES d'eau pour son usage et les pousser dans l'aqueduc romain , elle n'aurait qu'à dériver, hors du temps de l'étiage, trois mètres cubes par seconde du Gardon , pour se donner une force hydraulique suffisante.

Si l'on ne veut que SIX CENTS POUCES, on ne dérivera que deux mètres cubes ; jusqu'ici, nulle difficulté ; le volume de la rivière suffira largement à tout.

Mais c'est pendant la sècheresse qu'il faudra recourir à la vapeur comme force supplémentaire , car alors on ne sera certainement autorisé à dériver ni trois mètres cubes, ni même deux du lit du Gardon , en supposant toutefois qu'ils s'y trouvent. Force sera de se réduire à 1 m. 50 aux étiages moyens, à 1 m. 20 dans les années de sècheresse, et à 1 m. seulement dans des cas de pénurie extrème , qui, comme nous l'avons dit ailleurs , ne se présentent que de siècle en siècle.

Pour que nos calculs n'aient rien d'exagéré , plaçons-nous dans la condition la plus défavorable et supposons que l'administration ne permette de dériver à l'étiage qu'un mètre cube par seconde pour fonctionner sur, nos roues hydrauliques. Il résultera de cet état de choses que , pendant les trois mois d'été , ces appareils n'élèveront plus que trois cents pouces d'eau dans l'aqueduc, et qu'il nous faudra pendant ce temps demander à la vapeur trois cents pouces d'eau, si Nimes veut en avoir six cents ; un supplément de six cents pouces, si Nimes en demande neuf cents.

Voyons à quelle dépense nous serons entraînés dans la première de ces hypothèses.

300 pouces d'eau équivalent à 6,000 mètres cubes dans la journée, et ce volume poussé à 44 mètres , c'est comme 264,000 mètres cubes élevés à un seul. Ce nombre, admis dans les 24 heures , donne :

11,000 mètres cubes par heure ;

183 1|3 par minute ;

3 1|20 par seconde ;

3,000 kilogrames ou litres d'eau à élever à 1 mètre , réclament la force de 40 *chevaux-vapeur* qui, à trois kilogrammes de consommation de houille par heure et par force de cheval, appelleront la fourniture suivante :

120 kilogrammes de houille par heure ;

2,880 par jour ; soit pour trois mois ou cent

jours en nombre rond , 288,000 kilog. , ou 288 tonnes qui , à 25 fr. la tonne , exigent   7,200 fr.

Nous devons augmenter cette dépense de 30 p. 0[0 , représentant la
quantité d'eau que les machines em-
ploient pour fonctionner , les pertes et
fuites , les résistances passives , soit   2,160

Coût du combustible .... Fr.   9,360

On peut compter dans les trois mois,
pour chauffeurs , mécanicien , menus
frais. . . . .   10,640 fr.

                    Fr.   20,000

Qui, capitalisés , représentent fr...   400,000

Une machine de 40 chevaux que
nous portons à 60, pour disposer au besoin d'un excès de force, coûtera au
plus. . . . .   60,000 fr.

Etablissement, pose, tuyaux d'as-
cension   40,000

Coût total du système de la vapeur
appliqué pour élever, en été seulement,
un supplément de 500 pouces d'eau   500,000

Rappel du coût du système hydrau-
lique fondamental.   1,664,305

Intérêts pendant les travaux.   108,695

Somme à valoir pour cas imprévus   227,000

        Dépense totale... Fr.   2,500,000

Pour avoir constamment à Nimes SIX CENTS *pouces d'eau*, c'est-à-dire, *le double de ce que le conseil municipal a demandé.*

Certainement, en opérant dans la ville la vente des trois cents pouces d'eau de surplus, on en retirerait au moins un million (3,333 fr. le pouce); l'opération serait donc fructueuse au point de vue pécuniaire, soit pour une compagnie, soit pour la ville; mais elle le serait toujours pour celle-ci, au point de vue de l'agrément, de l'industrie et de la salubrité.

Si, au lieu du système mixte que nous conseillons, on voulait s'en tenir à l'emploi constant et exclusif de la machine à vapeur, si l'on répudiait les appareils hydrauliques, qu'en coûterait-il pour obtenir six cents pouces d'eau ?

C'est ce que nous allons examiner.

Dans ce système, nous n'avons besoin ni de l'achat des moulins de Lafoux et de Saint-Privat, ni du canal d'amenée, ni des artifices mus par le courant; mais il uous faut ce qui suit :

Restauration de l'aqueduc romain depuis Nimes jusqu'à Lafoux, estimée, pag. 144 . .   734,305 fr.

Deux machines de 60 chevaux chaque.   120,000

Pompes, fonçage du puisard et de la galerie, bâtimens et hangards.   230,000

Droit de puisage dans le bief de Lafoux.   30,000

A reporter.   1,114,305

$$Report \dots \dots \dots \quad 1,114,505$$

Mécanicien, chauffeurs, menus frais, pour 600 pouces d'eau et pour l'année, 25,352 fr. 50 c. (estimation de M. Dombre), qui, capitalisés, donnent 467,250

Le combustible, à trois kilog. par heure et par force de cheval, coûtera par an fr. 52,560
Les 50 p. 0⟨0 à ajouter... 15,768

Fr... 68,528

Qui capitalisés représentent..... 1,380,016

Fr. 2,961.571
Intérêts pendant les travaux.... 148,079
Somme à valoir........... 190,350

Dépense totale........... Fr. 5,500,000

On le voit, pour une fourniture constante de de SIX CENTS POUCES, *le système mixte est préférable et offre une économie de huit cents mille francs sur celui où la vapeur est employée toute seule.*

On trouvera au chapitre huitième l'exposé des motifs pour lesquels nous fixons la dépense des bonnes machines à vapeur à trois kilogrammes par heure et pas force de cheval. Au reste, quand nous admettrions que cette dépense pût se réduire à deux, les avantages du système mixte seraient encore incontestables.

2ᶜ **Pour obtenir neuf cents pouces d'eau.**

Si la ville de Nimes veut obtenir neuf cents pouces d'eau pour son usage, il faudra qu'elle dérive
trois mètres cubes par son canal d'amenée depuis
St-Privat jusqu'à Lafoux, ce qui ne présente aucune espèce d'inconvénient pendant neuf mois de
l'année.

Mais, comme nous continuons à admettre que,
pendant les trois mois d'été, il ne sera permis de
dériver qu'un mètre cube par seconde, alors les
machines hydrauliques n'élevant plus que trois cents
pouces dans l'aqueduc romain, il faudra demander
à la vapeur un supplément de six cents pouces.

Abordons cette seconde hypothèse au point de vue
de la dépense ; elle nous donnera nécessairement
des nombres doubles de ceux qu'a fournis la précé-
dente, ainsi nous aurons :

12,000 mètres cubes à élever dans la journée à
44 mètres, — ou 528,000 à un seul ; — 22,000 par
heure ; —366 2[3 par minute ; — 6 1[10 par seconde;

6,100 kilogrammes réclament 81 1[3 chevaux-
vapeur, qui, à trois kilogrammes de consommation
font : 244 par heure ; — 5,856 par jour ; et pour
cent jours, 585 tonnes coûtant . . . . . 14,625 fr.

30 pour cent à ajouter 4,387
____
Combustible. 19,012
Chauffeurs et menus frais. 10,988
____
Ci. . . . . 30,000 fr.

Qui capitalisés représentent...... 600,000

Deux machines de quarante chevaux chacune , que nous portons à
soixante , ci, les deux ensemble..... 120,000

Etablissement, tuyaux d'ascension. 80,000

Coût total du supplément de force
nécessaire et demandé à la vapeur
pour obtenir en tout 900 pouces d'eau
(sur lesquels la vapeur en donne 600
pouces pendant trois mois)......... 800,000

Rappel du coût du système hydraulique fondamental qui doit fonctionner seul pendant neuf mois , et fonctionner seulement au tiers de sa force
pendant le reste de l'année......... 1,664,305

Intérêts pendant les travaux...... 123,215

Somme à valoir................. 212,480

Dépense totale.......... 2,800,000 fr.

Pour avoir constamment à Nimes NEUF CENTS *pouces d'eau* , c'est-à-dire , *le triple de ce que le conseil
municipal a demandé.*

Pense-t-on que les six cents pouces d'excédant ,
vendus, ou mieux encore , loués dans la cité, ne rap-
porteraient pas plus que ce qu'ils auraient coûté?

Croit-on qu'une ville à l'état d'ascendance , de
progrès, d'augmentation rapide de population comme
Nimes , et dont la surface grandit d'une manière si
remarquable par la construction de quartiers nou-

veaux ; croit-on qu'une ville manufacturière n'ait pas le plus grand intérêt , sous tous les rapports , à se procurer un élément pareil de prospérité , par une dépense qui ne sera réellement qu'une avance de fonds.

Examinons maintenant ce que coûterait à la ville cette même fourniture de *neuf cents pouces d'eau* , si , au lieu d'employer le système combiné de l'hydraulique et de la vapeur , on voulait s'en tenir exclusivement à cette dernière.

Dans ce cas , on aurait à dépenser :

Pour la restauration de l'aqueduc.	734,305 fr.
Deux machines à vapeur de quatre-vingt-dix chevaux chaque.........	180.000
Pompes , puisards , bâtimens.....	260,000
Droit de puisage dans le bief de Lafoux	50,000
Personnel et menus frais 25,000 fr. au capital de....................	500,000
	1,724,305 fr.

Pour le combustible :

900 pouces d'eau font 18,000 mètres cubes à élever à 44 mètres , — soit 792,000 à un seul par jour; — 33,000 par heure ; — 550 par minute ; — 9 1|6 par seconde.

9,166 kilogrammes ou litres d'eau élevés à un mètre , réclament la force de 122 chevaux qui consommeront :

366 kil. par heure , — 8,784 par jour , — 3,206

tonnes, qui à 25 fr. chaque, coûteront   80,150 fr.

Pertes et résistances 30 p. 0|0, ci.   24,000

Dépense annuelle de combustible.   104,195 fr.

qui capitalisée représente   2,083,200

Rappel des frais d'établissement..   1,724,305

Intérêts à 5 p. 0|0 sur les travaux..   86,205

Somme à valoir...............   106,290

Dépense totale.......   4,000,000 fr.

On voit quelle économie l'adjonction du système hydraulique apporte dans l'entreprise, puisque, *pour une fourniture de neuf cents pouces, la différence s'élève à douze cent mille francs.*

Quand nous accorderions , ce que nous sommes bien éloigné de faire, que les machines à vapeur fonctionneraient à Lafoux avec deux kilogrammes de houille seulement, c'est-à-dire , quand nous réduirions d'un tiers la dépense du combustible , nous aurions toujours :

Pour une fourniture de neuf cents pouces :

Dépense par le système où la vapeur serait exclusivement employée............... 3,300,000 fr.

Tandis que, quand la force hydraulique agira concurremment avec la vapeur , nous ne dépenserons que... 2,600,000 fr.

Pour une fourniture de six cents pouces, — il en serait de même :

Nous avons vu qu'à trois kilogrammes , il fallait dépenser par le système exclusif de la vapeur .... 3,500,000 fr.

Et par le système mixte seulement. 2,500,000

Si , dans chacun de ces cas, nous diminuons d'un tiers la dépense en combustible , il restera , en nombre rond , avec le moteur unique.... 2,900,000 fr.

Et seulement avec les deux moteurs combinés........................ 2,370,000

Il résulte de tout ce qui précède, que pour une fourniture de 400 à 466 pouces d'eau , notre système hydraulique *pur*, avec prise à St-Privat et chute à Lafoux (chap. IV et V), est préférable à celui de la compagnie sous un grand nombre de rapports , et notamment sous celui d'une moindre dépense et de la restauration de l'aqueduc romain. On sait qu'il ne coûtera pas plus de 1,675,000 fr. , ou 1,965,000 fr., si l'on y joint les eaux du parcours et plusieurs autres améliorations.

Si l'on veut une fourniture d'eau plus considérable , il faut alors recourir à la vapeur , mais il convient d'en combiner l'usage avec celui des roues mues par le courant, ce qui sera bien moins dispendieux que de l'employer toute seule ; ainsi nous aurons à notre choix.

Pour

1,675,000 fr. 466 pouces d'eau ;			système
1,965,000 — 466	—	et celle du parcours	hydraulique.
2,370,000 — 600	—		système mixte, à 2 kilogr.
2,600,000 — 900	—		
2,500,000 — 600	—		système mixte, à 3 kilogr.
2,800,000 — 900	—		
2,900,000 — 600	—		vapeur seule, à 2 kilogr.
3,300,000 — 900	—		
3,300,000 — 600	—		vapeur seule, à 3 kilogr.
4,000,000 — 900	—		

A l'aspect de ce tableau , personne ne méconnaîtra que l'emploi exclusif de la vapeur doit être absolument rejeté ; et que si l'on veut plus de 450 pouces d'eau , c'est le système mixte qu'il faut employer , et nous pourrons avoir ainsi de 6 à 900 pouces dans les limites de 2,570,000 fr. à 2,800,000 fr.

II.

Question de l'Arrosement.

Il paraît sans importance pour la ville de Nimes que le territoire de Meynes, de Comps et de Montfrin soit arrosé ou non , et je laisserais cette question dans le silence , si le gouvernement n'en devait pas faire une clause de la concession à la ville d'une partie de l'eau du Gardon , ou même s'il n'était pas convenable de réserver la faculté d'irrigation pour rendre possible la formation d'une compagnie exécutante; je suis donc forcé de pourvoir à ces deux éventualités.

Dès le moment où nous reconnaissons qu'on ne peut créer à Lafoux une chute d'eau qui suffise à donner l'impulsion à l'appareil hydraulique de la cité , et à l'irrigation (le canal de fuite restant à une hauteur convenable); dès ce moment , dis-je , l'emploi du système mixte devient nécessaire, il faut que la vapeur supplée à la faiblesse du courant.

Dans la pensée de la compagnie Mourier , une portion de l'eau prise dans le canal d'amenée , devait servir à mouvoir les pompes de la ville , une autre portion , détournée avant la chute , devait servir à l'irrigation. Ce système présente de très-graves inconvéniens.

On ne peut prendre au Gardon que pendant neuf mois de l'année , assez d'eau pour les deux emplois.

En été , quand la rivière commencerait à baisser, les irrigateurs tâcheraient d'abord d'empiéter clandestinement sur les droits de la ville ; mais quand la disette deviendrait plus grande , ce serait la ville qui nécessairement enlèverait tout à l'agriculture , car l'administration ne pouvant pas permettre de dériver plus de 1 m. 20 du Gardon à l'époque des basses eaux , ce volume serait nécessaire pour faire marcher les pompes de la cité.

L'irrigation de la plaine et la fourniture d'eau pour Nimes ne peuvent donc pas réussir ensemble par un système hydraulique pur, quel qu'il soit ; pour obtenir les deux résultats à la fois il faut recourir à la vapeur , et voici comment on devra opérer.

Système mixte ; — dérivation à St-Privat, appareils hydrauliques et machines à vapeur à Lafoux.

Pendant neuf mois de l'année , on détournera à St-Privat, trois mètres cubes d'eau qui seront conduits à Lafoux. Là , deux mètres cubes seulement chutant de six mètres , élèveront pour Nimes six CENTS POUCES D'EAU qui s'y rendront par l'aqueduc

romain , *ce sera la fourniture municipale, et le mètre
cube d'eau restant sera dirigé par une rigole convenable vers les propriétés inférieures.*

Ce projet a , sur celui de la compagnie Mourier ,
le grand avantage de donner l'eau pour l'arrosement
à plus de quatre mètres au-dessus du niveau du bief
de cette compagnie , puisque nous créons à Lafoux
une chute de six mètres , tandis que celle-ci n'y
prend l'eau qu'au moyen du barrage existant qui n'a
guère que 1 m. 80. Notre canal d'irrigation sera
donc tout-à-fait hors de l'atteinte des débordemens
de la rivière et arrosera les fonds de la plaine , dès
l'aval du monticule de la bergerie de *Castille* et de
l'auberge du *Gué*.

La superficie à arroser devient ainsi plus considérable en se rapprochant de la prise d'eau , et ce système, facile à réaliser , ne présente aucun inconvénient pendant les neuf mois de l'année où la sécheresse
ne se fait pas sentir.

Mais , comment avoir de l'eau quand elle est vrai-
ment précieuse , quand la rivière est basse , à l'étiage
en un mot , où nous soutenons qu'elle doit man-
quer à la compagnie Mourier ? Voici le seul moyen,
selon nous , de satisfaire à tous les besoins.

Nous admettons que l'administration supérieure
permettra, pendant neuf mois de l'année, de dériver
trois mètres cubes d'eau dans notre canal adducteur;
nous admettons que pendant les trois mois d'exception , du 15 juin au 15 septembre , nous pourrons
prendre au moins 1,20 mètres cubes d'eau , conces-

sions qni ne porteront préjudice à aucun intérêt légitime ; — *Eh ! bien , pendant les trois mois d'été ,
tout ce dernier volume de liquide coulera dans
la rigole d'irrigation , tandis que les machines à vapeur élèveront seules alors les six cents pouces d'eau
destinés à la ville de Nimes.*

Ainsi, la cité recevra le double de ce que le conseil municipal a demandé, et *trois cents pouces d'eau*
pourront être vendus ou loués à son profit dans son
enceinte ; — ainsi, 1 m. c. 20 d'eau (5,184 pouces),
sera dirigé dans la plaine fertile qui s'étend depuis
Lafoux jusqu'à Comps, et plus de douze cents
hectares de terre pourront être largement arrosés....

Pour deux bienfaits d'une si grande importance ,
il ne faudra que 2,600,000 fr., si les machines ne
consomment que deux kilog, et 2,800,000 fr., si,
comme nous le pensons, la consommation s'élève à
trois. On peut s'en assurer par les calculs que nous
avons déjà faits, dans l'hypothèse où l'on dirigerait
neuf cents pouces d'eau sur Nimes par le système
mixte, ce qui en laissait, comme dans le cas présent,
six cents pendant trois mois à la charge de la vapeur.

Dans les conditions où nous nous plaçons maintenant, la force hydraulique agirait seule neuf mois de
l'année, et les machines à vapeur seraient au repos ;

Quand viendraient les trois mois d'été, le courant
d'eau serait entièrement cédé à l'agriculture , les
appareils hydrauliques suspendraient leur mouvement, et la vapeur entrerait en action.

Pense-t-on que *trois cents pouces d'eau de plus pour Nîmes que n'a demandé le conseil municipal, et cinq mille pouces livrés à l'agriculture, à un niveau supérieur de plus de quatre mètres à la crète du barrage de Lafoux, ne vaillent pas les six à huit cents mille francs qu'il faudra de plus que ne promet la ville ?*

Je crois que le conseil municipal et l'administration supérieure penseront tout le contraire.

Même système exécuté avec plus d'économie.

Si la compagnie qui se formerait, si la ville de Nîmes, si le gouvernement, voulaient toujours lier la fourniture municipale à celle de quatre ou cinq mille pouces d'eau pour l'arrosement de la plaine, mais sans que la dépense se portât aussi haut ;

Si l'on craignait qu'aux approches du moulin de Saint-Privat, la construction du bief adducteur ne présentât de trop grandes difficultés ; si l'on désirait conserver cette usine à son usage actuel ; si l'on voulait, malgré cela, donner toujours à Nîmes six cents pouces d'eau sans trop de frais.... il ne serait pas impossible de satisfaire à toutes ces conditions.

Nous allons examiner les moyens d'exécution, les produits et la dépense de ce projet nouveau, mais toujours *dans le système mixte*, c'est-à-dire, empruntant la force de la vapeur et celle du courant, car, en dehors de cette combinaison, il faut absolument renoncer à l'irrigation, rivale trop dangereuse pour la fournitnre municipale.

1° *Moyens d'exécution.* — A la hauteur du profil n° 36 du projet qui précède, c'est-à-dire, à dèux cents mètres en amont du Pont-du-Gard, il serait construit une chaussée ou barrrage au travers de la rivière ; cet ouvrage serait d'une exécution facile, attendu que, sur ce point, le courant s'étant ouvert par corrosion son lit dans la montagne, il se trouve encaissé, canalisé, pour ainsi dire, et que la bâtisse serait, tant aux fondemens qu'à ses deux extrémités, établie sur la roche vive. On ne pourrait donc concevoir aucun doute sur la stabilité d'un ouvrage, si peu considérable, qu'en certains endroits il n'y a pas plus de trente mètres de distance d'une rive à l'autre.

On n'élèverait le barrage que de cinquante centimètres au-dessus de la surface actuelle de l'eau, ce qui n'amènerait la submersion d'aucune parcelle de terrain de la moindre valeur, car, de ce point jusqu'à Saint-Privat, la rivière n'est bordée que de rochers arides.

Le moulin de ce nom conserverait même toute sa force ; en effet, si nous prenons aujourd'hui pour zéro la ligne de flottaison d'étiage de la rivière à l'endroit où nous projetons notre barrage .... 0 m. 00

Le bief inférieur du moulin de St-Privat
se trouve plus relevé de................ 0 75
Et le bief supérieur de................ 2 90

Après l'établissement du barrage que nous propo-

sons, le bief inférieur de St-Privat se trouverait encore au-dessus de l'encrètement du barrage nouveau,
de. . . . . 0 m. 25

Et le bief supérieur, de. . . . . 2 m. 40

De sorte que le moulin disposerait toujours de sa
chute actuelle de 2 m. 15.

Le canal d'amenée à construire offrirait d'ailleurs
à la rivière un moyen de dégorgement qui n'existe
pas aujourd'hui et qui débiterait au moins 1 m. c. 20 à
l'étiage, et 3 m. c. le reste de l'année; ce qui remédie-
rait bien à ce faible relèvement de 0 m. 50 sur la
ligne de flottaison. Pendant les basses eaux, le
remou serait certainement insensible pour le moulin,
et la force motrice ne manque jamais dans les autres
saisons.

La distance entre les deux barrages serait d'environ
quatorze cent cinquante mètres.

Il n'existe donc nulle objection à faire contre ce
système, et la prise d'eau à construire ne coûterait
pas trente mille francs.

Quand notre dérivation s'opérait au moyen du barrage de St-Privat, nous pouvions disposer à Lafoux
(p. 103), d'une chute de. . . . . 6 m. 17

Comme nous abandonnons dans le système
actuel. 2   40

Il nous reste à disposer de. 5   77

Pour un canal de 4147 mètres de longueur, nous
avions donné 0,62 de pente; — si nous en réservons 0,46 pour le canal actuel, qui n'aura plus que

2700 mètres de développement, la vitesse sera plus grande, et il nous restera 3 m. 50 de chute franche à Lafoux.

Afin que le canal nouveau soit aussi bien garanti que l'ancien contre l'action de la rivière, nous le creuserons sur le même emplacement, depuis le profil n° 36, jnsqu'au profil n° 49, c'est-à-dire sur une longueur de neuf cents mètres.

Comme la plaine des Couasses s'élargit, en aval du Pont-du-Gard, entre les profils n° 49 et 55, nous pourrons, sans danger, rapprocher notre bief de la rivière sur une longueur de 1200 mètres, de telle sorte que les déblais ne soient pas plus considérables que dans le projet précédent.

Au profil n° 55, nous reprendrons l'ancien tracé et nous approfondirons encore notre canal de la quantité suffisante sur une longueur de six à sept cents mètres, à moins que nous ne trouvions un fond de rocher dont la solidité supprime toute crainte de corrosion par le torrent. Dans ce cas, nous nous rapprocherions de la rive pour chercher la ligne de moindre déblai dans un terrain fortement incliné.

Dans le projet actuel, l'emplacement des machines restera le même que dans celui où nous avions remonté la dérivation jusqu'à St-Privat.

2° *Produit en eau.* — Nous devons distinguer dans ce système le produit de l'été de celui des trois autres saisons.

Pendant l'étiage nous ne prendrons, comme dans le projet qui précède, que 1 m. 20 dans la rivière, ce qui , sur un parcours aussi peu étendu que 2700 mètres , et en partie complètement aride et désert , ne peut porter de préjudice à personne. Comme alors , la machine à vapeur élèvera seule la fourniture d'eau destinée à la ville (600 pouces) ; comme les machines hydrauliques seront complètement au repos , toute la fourniture sera livrée à l'agriculture sans qu'il en soit distrait autre chose que ce que les pompes élèveront ; c'est-à-dire que sur 5,184 pouces, 4,584 seront dirigés vers la plaine , partant d'une hauteur plus grande de deux mètres que dans le pro-jet Surell , ce qui offre les plus grands avantages.

Voilà donc l'arrosage de plus de mille hectares de terres, assuré en été, au moment où il a le plus grand prix ; on ne peut certes mieux faire.

Et , quant à la ville de Nimes , les machines à vapeur fonctionnant pendant trois mois , élèveront six cents pouces d'eau , quantité qui nous paraît suffisante et qu'on pourrait d'ailleurs augmenter à volonté.

Reste à s'occuper de l'approvisionnement municipal pendant les autres neuf mois de l'année. Sauf pendant les mois de juillet , août et septembre , il y sera pourvu par les machines hydrauliques dont la marche peu dispendieuse assure au système mixte un avantage incontestable sur l'emploi continu de la vapeur.

Mais quelle quantité d'eau pourrons-nous élever dans l'aqueduc romain avec une chute franche de 5 m. 50 et un volume moteur de 5 m. c. par seconde; c'est ce que nous allons examiner.

J'ai déjà fait connaître l'opinion de M. l'ingénieur en chef Mary, en faveur du système mixte ; il ne tient pas, dans sa lettre, à une chute d'eau très-considérable.

« Il me semble, dit-il encore, que si j'avais à faire un projet pour fournir de l'eau à Nimes, *j'adopterais une chute de* 3 m. 40 au plus..... »

Le volume dont nous disposons (3 mètres cubes par seconde) pèse 3,000 kilogrammes ; si nous le faisons tomber de 3 m. 30, la puissance absolue sur la roue sera de 9,900 kilogrammes tombant de un mètre, et son effet utile de $9,900 \times 0,65 = 6,435$ kilogrammes élevés à un mètre.

La hauteur ascensionnelle étant maintenant de 46 mètres, les roues élèveront par seconde $\frac{6435}{46}$ $= 139$ kilog. ou 139 litres d'eau, soit 630 pouces qui, joints à ce que la *Fontaine* fournit et à ce qu'on trouvera sur le parcours de l'aqueduc, seraient plus que suffisans pour les besoins de Nimes.

Si le rendement de 0,65 paraissait exagéré, nous citerions encore le passage suivant de la lettre de M. Mary :

« Pour obtenir de grands volumes d'eau sur des rivières sujettes à des crues, j'ai imaginé une roue à aubes facile à exécuter partout et qui rend au moins autant que les roues à augets. J'en ai fait un essai en 1845 sur une chute de deux mètres, force de quatre chevaux environ, et j'ai constaté plus de 80 pour cent d'effet utile sur l'axe. Cette roue sert à faire mouvoir des pompes en ce moment, mais les corps de pompe étant trop petits de plus de moitié, ne permettent d'utiliser que 0 m. 97 sur 2 m. 30 de chute, de sorte qu'elle marche dans de mauvaises conditions. Cependant, et avec cette position, elle rend en effet utile, *mesuré par le volume d'eau monté dans un réservoir, 60 pour cent de la force absolue du moteur.* Si elle utilisait toute la puissance de la chute, les pertes d'eau restant à-peu-près les mêmes ainsi que le frottement dû au poids de la roue, on peut admettre qu'elle rendrait au moins 65 p. 0|0.

« J'ai été forcé de m'occuper sérieusement des roues hydrauliques, pour l'étude d'un projet d'élever les eaux de la Seine à Paris, dans les quartiers que n'atteignent pas celles de l'Ourcq..... »

M. Abadie ne nous garantit pas des produits aussi avantageux, mais, en nous en tenant à ses offres, nous aurions encore :

Avec la chute de 3 m. 30 et le débit de trois mètres cubes, aux environs de cinq cents pouces, ce qui, avec les eaux du parcours et celles de la *Fontaine*, qu'on ne peut évaluer ensemble à moins de trois cents pouces, les trois mois d'étiage exceptés, ferait un volume de huit cents pouces d'eau, bien suffisant, sans doute pour Nimes, à des époques où elle n'est ni rare, ni recherchée.

Ainsi, sous le rapport du produit, ce système mixte satisfait, quoique restreint, à tout ce qu'on peut raisonnablement désirer. Nous n'avons plus à l'examiner qu'au point de vue de la dépense.

3° *Dépense.* — Si, pour ce projet qui donnera de

cinq à six cents pouces d'eau dans l'aqueduc romain pour l'usage de la ville, et quatre mille six cents pouces pour l'arrosage de la plaine, à deux mètres plus haut que le bief supérieur de Lafoux ; si , pour ce projet , dis-je , nous voulons nous en tenir aux dépenses strictement nécessaires , voici à quoi elles se monteront :

1re SECTION. — *Prise d'eau et Canal d'amenée.*

Achat du moulin de Lafoux seul....	150,000	
Achat des terrains du canal........	18,000	400,000 f. 00
Déblaiement du canal et maçonnerie.	200,000	
Chaussée et vannages.............	32,000	

2e SECTION. — *Aqueduc romain.*

Comme au tableau de la page 143, ci....... 559,050 00

3e SECTION. — *Établissement hydraulique.*

Comme au tableau de la page 143, ci........ 550,000 00

	1,269,050	00
Intérêt pendant la durée des travaux........	63,500	00
Somme à valoir.........................	167,450	00
Montant du service hydraulique........	1,500,000	00

Reste à supputer la dépense de la vapeur.

600 pouces d'eau équivalent dans la journée à 12,000 mètres cubes. Ce volume, poussé à 46 mètres, c'est 552,000 mètres cubes à un seul. Ce nombre, pris dans les 24 heures, donne :

23,000 par heure ;

383 1|3 par minute ;

6 1|3 par seconde.

6,333 kilogrammes ou litres d'eau élevés à un mètre réclament la force de 84 1|2 chevaux de vapeur, qui, à trois kilogrammes de consommation de houille par heure et par force de cheval, demanderont la fourniture suivante :

254 kilogrammes par heure ;

5,986 par jour ;

soit, pour trois mois ou cent jours, en nombre rond, 600 tonnes,

qui, à 25 fr. la tonne, exigent...............	15,000 fr.	00
Pour résistance et pertes, 30 p. 0|0, ci......	4,500	00
Combustible...............	19,500	00
Chauffeurs et menus frais, pour trois mois..	10,500	00
Ci...............	30,000	00
Qui, capitalisés, représentent.............	600,000	00
Deux machines de 60 chevaux chacune......	120,000	00
Etablissement, tuyaux d'ascension..........	80,000	00
Coût total du service par la vapeur...........	800,000	00
Rappel du système hydraulique et de l'aqueduc.	1,500,000	00
Total général...........	2,300,000	00

Telle sera la dépense totale du système mixte établi de manière à avoir *cinq cents pouces d'eau à Nimes pendant neuf mois et six cents pouces pendant l'été*, en même temps qu'on livrerait pendant cent jours (du 5 juin au 15 septembre) 4,500 *pouces d'eau à l'agriculture pour l'arrosement* (1).

Si , contre notre attente , la machine à vapeur ne consommait que deux kilogrammes de houille , alors l'entreprise ne reviendrait qu'à 2,174,000 fr. , et, en ne tenant pas compte de l'intérêt des sommes avancées pendant les travaux, à 2,100,000 fr. en nombre rond. On voit qu'on ne peut pas approcher davantage des limites posés par le Conseil municipal.

---

(1) Si cent jours d'arrosement ne suffisaient pas , on n'aurait qu'à introduire dans le bief adducteur la quantité (en plus des trois mètres cubes que nous avons spécifiés), qu'on trouverait convenable , tant au printemps qu'en automne , et l'on pourrait ainsi, sans aucun frais , répondre aux demandes des propriétaires qui voudraient prolonger leurs irrigations, car rien n'empêcherait de prendre dans la rivière plus de trois mètres cubes avant et après la sècheresse. On peut compter qu'à St-Privat, pendant neuf mois de l'année, le Gardon débite au moins de six à dix mètres cubes d'eau.

Si l'on était persuadé que les additions portées au tableau de la page 144 sont utiles et qu'on doit adopter son contenu, de préférence à celui de la page 143 bien que moins économique, il faudrait ajouter aux sommes ci-dessus 300,000 fr. en nombre rond, ce qui porterait le projet à 2,600,000f. ou à 2,474,000 fr., suivant la consommation en combustible.

Assurément, — obtenir dans l'enceinte de la ville, en hiver *deux cents pouces d'eau*, et en été *trois cents pouces* de plus que le Conseil-municipal n'a demandé;

Rétablir dans son état primitif la construction romaine avec la pleine propriété du sol et des francs-bords;

Reprendre les eaux du parcours abondantes pendant neuf mois ;

Pouvoir disposer de quatre mille cinq cents pouces d'eau à un niveau supérieur de quatre mètres à celui du bief de fuite de Lafoux, pour les consacrer à l'arrosement d'une plaine étendue et fertile, depuis Lafoux jusqu'à Comps...

Tout cela est d'une valeur bien grande.

La ville peut se contenter des trois cents pouces qu'elle a demandés pour le service municipal, et comme l'excédant vendu ou loué pour l'industrie ou pour l'agriculture représentera plus d'un million, elle n'aura pas réellement dépensé plus de douze à seize cent mille francs pour satisfaire à ses besoins.

(D)

Lettre de M. Valz au Rédacteur du COURRIER DU GARD *, sur les eaux du parcours et le débit de l'aqueduc romain.*

Marseille , le 19 décembre 1845.

MONSIEUR LE RÉDACTEUR ,

Une considération qui me paraît présenter quelque intérêt dans le moment actuel , relativement au rétablissement partiel, sinon total, de l'aqueduc romain , m'engage à en faire l'objet d'une simple communication à votre journal.

Lorsque j'exécutai le nivellement d'une portion du parcours de l'aqueduc , on ne pouvait guère y présumer des différences notables de pente , et je dus prendre les deux points les plus distants de ma ligne, qui étaient la *Fontaine* de Nimes et Sernhac, pour en conclure la pente sur la base la plus large. Je la trouvai ainsi de 0 m. 30 par kilomètre , à très-peu près , ce qui , d'après les dimensions de l'aqueduc , permettrait un écoulement d'environ trois milles pouces.

Postérieurement , ayant eu connaissance du nivellement exécuté avec soin par M. Didion , je fus fort surpris d'apprendre que la pente du canal antique , depuis le Pont-du-Gard jusqu'à *Font-en-Gourd* , n'était que de 0 m. 11 par mille mètres , c'est-à-dire un peu plus du tiers de celle de Nimes à Sernhac.

Sans attacher alors à ce fait, cependant bien remarquable , toute l'importance qu'il devait avoir

12

pour moi à la suite des recherches auxquelles je m'étais livré sur ce bel ouvrage des Romains , *dont toutes les particularités m'avaient toujours semblé répondre à un but bien déterminé*, je me proposai de revenir plus tard sur une circonstance qui devait avoir aussi son motif légitime.

Je n'ai pas eu , depuis , la liberté de m'en occuper, ma vie se trouvant désormais consacrée par devoir à la science que j'ai le plus affectionnée. Mais les travaux persévérans de M. Teissier, dignes du plus heureux succès, et les intéressantes recherches de M. Dombre m'ont rappelé mes anciennes investigations, et j'ai vu cette fois, avec moins de surprise que la première , que le nivellement fait par ce dernier, confirmait, même sur une plus large échelle, ce qui m'avait frappé dans celui de M. Didion, et que la pente , depuis le Pont-du-Gard jusqu'au droit du moulin de Lafoux, n'était que de 0 m. 07 par kilomètre ; mais je n'ai pu partager l'opinion émise, *que les variations de pente ne provenaient que de négligences d'exécution*.

Les idées que j'avais acquises sur le grand œuvre des Romains n'étant pas favorables à cette manière de voir, j'aurais accusé plutôt l'imperfection des anciens instrumens de nivellement. Toutefois , l'établissement régulier d'aussi faibles pentes doit porter à croire que, dans l'exécution, les Romains rectifiaient pratiquement leurs nivellemens, soit par des rigoles, des goutières , ou même des tuyaux répondant aux fossés d'épreuve employés encore aujourd'hui dans l'exécution des canaux.

Je ne saurais, non plus, attribuer ces variations de pente aux obstacles qui se présentaient, car il ne s'agissait ici que d'un abaissement de demi-mètre qui ne pouvait guère augmenter les difficultés locales.

Le percé de St-Bonnet semblerait offrir plus d'inconvéniens pour cela ; mais, comme il n'y avait encore, au plus, qu'un mètre d'abaissement à opérer, il n'existait pas en réalité d'obstacle sérieux. J'imagine que la préoccupation que de pareilles opinions laissait à des personnes aussi zélées pour la restauration de l'aqueduc, ne leur a pas permis de reconnaître ce qui semble cependant si manifeste par la seule exposition des faits ; — c'est-à dire : — *Que si la pente depuis Sernhac jusqu'à Nimes, était quadruple de celle qu'on a donnée à l'aqueduc entre le Pont-du-Gard et Lafoux, c'est parce que le débit, dans le premier intervalle, était double de celui qui avait lieu dans le second....*

L'aqueduc étant donc construit de telle sorte qu'il pouvait conduire, de Sernhac à Nimes, le double de l'eau qu'il aurait débitée aux approches du Pont-du-Gard, *il est probable que, remplissant le rôle auquel sa construction le destinait, il recevait, pendant la seconde partie de son parcours, un supplément d'eau proportionnel, qu'on doit retrouver en le restaurant et en rétablissant l'ancien état des choses, particulièrement à l'étang de Lognac.*

Pour arriver à connaître le débit ancien de l'aqueduc, M. *Dombre* a employé la pente moyenne dans son calcul et il a trouvé ainsi 2,420 pouces ; mais il paraît que, dans ce cas , comme dans celui de débouchés successifs , c'est la moindre pente qu'on doit choisir et non la pente moyenne ; car , sur les parties les moins déclives , l'excès de vitesse est bientôt absorbé pour parvenir à l'uniformité qui se rapporte à leur faible pente. Le produit serait ainsi réduit à 1,500 pouces au maximum , et environ 1,000 pouces au minimum.

Dans l'état actuel des choses , et sur le parcours de l'aqueduc , on ne pourrait trouver qu'une partie du volume de l'eau qui faisait le complément de celle qui venait d'Uzès , à cause de la déviation moderne de celle de l'étang de Lognac , et ce ne serait qu'en rétablissant l'écoulement de celle-ci dans l'aqueduc , comme il avait lieu autrefois , qu'on pourrait retrouver la totalité. Quant aux eaux qui remplissent encore le canal romain , et qui doivent provenir du plateau ou *Crau* qu'il traverse , elles doivent être considérables, à en juger par les belles sources qui surgissent sur son revers méridional , telles que la *Fontaine du Roi* et autres.

Le moyen le plus sûr de s'en éclairer, serait de rétablir le passage de Bezouce à St-Gervazy et jusqu'au ravin du Mas-Belot , où la mesure des eaux s'effectuerait alors par écoulement continu au travers de pertuis convenables.

Dans la supposition que quelques-unes de ces remarques pourraient offrir de l'intérêt dans les cir-

constances actuelles, je vous prierais de les accueillir
dans votre estimable journal, et d'agréer l'expression
de ma considération distinguée.

Benjamin VALZ,

Directeur de l'Observatoire astronomique de Marseille.

Occupé de rédiger un mémoire que je veux présenter à MM. les ingénieurs que la ville a chargés
de désigner *le meilleur projet pour lui donner de
l'eau,* j'ai, depuis quelque temps, interrompu mes
communications aux lecteurs du *Courrier du Gard* ;
on conçoit que les convenances l'exigent, et que mes
publications doivent maintenant être, avant tout,
adressées au tribunal spécial qui a bien voulu se
former.

Je ne puis, cependant, laisser passer sans quelques
réflexions la lettre si intéressante et l'idée si ingé-
nieuse de M. Valz, *pour rendre compte de la différence de pente de l'aqueduc romain en amont et en
aval de Sernhac.* Loin de s'expliquer ce fait remarquable par la négligence des auteurs de cet admirable
ouvrage comme l'avait dit M. Dombre, ou par la dif-
culté des lieux comme je l'avais pensé, M. Valz croit
que si, depuis Sernhac jusqu'à Nimes, la pente de
l'aqueduc est triple ou quadruple de celle qn'on trouve
en amont, c'est qu'à partir de ce village, la quantité d'eau à conduire augmentait considérablement ;
qu'elle était double peut-être, et que, dès-lors, le
moyen répondait parfaitement au but.

Cette idée paraitra heureuse et plausible à tous ceux qui connaissent bien l'ouvrage des Romains ; elle fera sentir de plus *toute l'importance des eaux du lparcours* que j'ai si souvent proclamée.

Entre Bezouce et Sernhac, la restauration de 'aqueduc doit nous fournir une quantité précieuse d'eaux vives qu'il est difficile d'estimer avant de leur avoir donné une issue qui permette de les mesurer. La pente plus grande de l'aqueduc, à partir du lieu où on les rencontre, est, pour notre savant compatriote, une preuve de leur importance lorsque le canal fut construit, et leur volume doit être le même encore, *à moins qu'il ne soit survenu des changemens essentiels dans l'état des lieux.* On n'en peut trouver qu'un seul, c'est le percé qu'on a pratiqué vers le Gardon pour mettre à sec l'étang de Lognac ; mais, attendu qu'une simple vanne fermerait cette galerie moderne, l'étang se remplirait comme par le passé.

On dira peut-être que l'eau, retenue dans une dépression de terrain étendue et peu profonde, sera marécageuse et saumâtre. Il n'en sera rien pendant les six mois où la chaleur ne se fait pas sentir, comme le prouvent les réservoirs d'approvisionnement pour les villes, établis avec succès en Angleterre et aux Etats-Unis ; dès-lors, cette réserve ne sera pas sans importance pour la cité qui doit se servir de machines afin d'élever du Gardon la fourniture qui lui est nécessaire ; on trouvera autant d'avantages que d'économie à laisser reposer les artifices une moitié de l'année.

Il n'est pas possible que les Romains , si jaloux de la qualité de leurs eaux , eussent conduit à Nimes un liquide saumâtre et malsain , et comme ils ne l'avaient pas supprimé par une galerie artificielle, il fallait , ou qu'ils lui refusasssent tout accès dans leur aqueduc , ou qu'ils eussent trouvé le moyen de le purifier. Je préfère cette dernière hypothèse , et voici , je pense , comment les choses se passaient :

L'aqueduc, enfoui d'un ou deux mètres sous la partie la plus déclive de l'étang, n'en recevait pas l'eau directement, avec liberté, mais seulement après qu'elle avait filtré au travers de la masse du terrain superposé qui s'en imbibait peu à peu. Recueillant le stillicide d'une plaine étendue et des montagnes voisines, l'étang de Lognac se remplissait à chaque époque de pluie, puis il augmentait, par instillation souterraine , dans les temps de sècheresse , le produit des sources voisines et le volume d'eau dans l'aqueduc dont les côtés ou la voûte avaient été faits perméables à dessein.

L'eau qui fuit maintenant dans le Gardon se divisait en deux parts ; — l'une s'évaporait sur place ; mais celle qui pénétrait dans le terrain avec une lenteur avantageuse, augmentait proportionnellement la fourniture du parcours. C'est ainsi probablement que la masse, depuis Sernhac jusqu'à Bezouce, en était devenue assez importante pour réclamer une augmentation sensible dans la pente de l'aqueduc dont on n'avait pas voulu changer les dimensions.

Ce qui reste encore dans ce canal n'est pas à dé-

daigner ; mais si l'on rétablissait dans son état primitif l'étang de Lognac , dont on ne recevrait l'eau
toutefois que par infiltration , on aurait un liquide
potable comme celui qu'on puise encore dans l'aqueduc , seulement la quantité augmenterait probablement d'une manière notable. M. Valz pense que ce
qu'on recueillait sur le parcours équivalait à ce que
fournissait la fontaine d'Eure.

J'ai toujours cru que la construction de l'aqueduc
n'avait pas été poussée , en une seule fois de Nimes
jusqu'à Uzès , — qu'elle résultait de deux entreprises
successives, dont la première s'était arrêtée à l'étang
de Lognac , et l'étimologie la plus naturelle de ce
nom me paraît *locus aquarum, le lieu des eaux*, Pazac
serait aussi *Pagus aquarum , la contrée aquatique.*
Les désignations de Pazac et de Lognac pouvaient
exister avant la construction de l'aqueduc ; mais,
quand on l'eut effectuée , il est naturel de penser que
les lieux habités qui se formèrent peu à peu sur son
parcours, prirent leur nom de quelques-unes des
particularités de cet admirable ouvrage.

Ainsi, Bezouce (*Besocia*), put dériver du mot *be-
salus* ou *besalis ,* béal dans la basse latinité. Ce serait
donc *Besalium locus* , le lieu des biefs , et l'ingénieur
Gautier prétend y avoir remarqué une bifurcation de
l'aqueduc.

Sernhac , autrefois Sargnac et Saragnac (*Sarnha-
cum*) serait *sera aquarum*, la serrure ou la fermeture des eaux, apparemment parce qu'on arrêtait là
celles d'Uzès , quand on voulait empêcher qu'elles

arrivassent à Nimes ou même à l'étang de Lognac. Comme on m'a assuré que l'aqueduc était double dans les environs, l'un des deux canaux aurait pu servir à débarrasser des eaux excédantes.

Lafoux, *locus fugarum*, le lieu de décharge, était, sans aucun doute, le point où l'on rejetait les eaux d'Uzès, soit dans le Gardon, soit dans le ruisseau de St-Bonnet lorsqu'on voulait mettre le reste du canal à sec. L'avoué Perrin disait connaître l'*emplacement de martelières antiques près de Lafoux;* nos fouilles ne les ayant pas mises à jour, il est probable qu'on en aura détruit l'encastrement pour s'emparer des matériaux.

La ruine du monument a pu, comme sa construction et ses usages, donner lieu à quelques dénominations locales. Près de Vers, nous connaissons le quartier de *Pont-rou*, nom qui tient au renversement de la belle arcature qui franchissait la route d'Uzès, *Pons-ruptus.* On prononçait alors *Pons-rouptous*, et la dernière syllabe seule s'est perdue.

En plaçant leur aqueduc sous l'étang de Lognac, les Romains avaient habilement profité d'un filtre naturel de trente-six hectares qui, par l'étendue des versans qui contribuent à le remplir, ne pouvait avoir qu'une grande utilité....

Si cette conjecture est fondée, ce serait le plus important et le plus ancien de tous les filtres connus.

Suivant M. Genieys (*Des Moyens de conduire, d'é-
lever et de distribuer les Eaux*, p. 30), « les Romains
» avaient donné à la plupart de leurs aqueducs une
» pente telle que la vitesse de leurs eaux *devait être de
» plusieurs mètres par seconde* ; mais, à cette époque,
» ajoute-t-il, l'hydraulique n'était pas assez avancée
» pour que des principes sûrs servissent à la détermi-
» nation de cette vitesse........ Il est probable qu'ils
» avaient l'intention de donner au liquide, dans ces
» canaux, une vitesse à peu-près égale à celle des
» eaux vives que la nature répandait avec abondance
» autour d'eux, et qu'ils durent adopter pour cela des
» règles pratiques que l'expérience leur suggéra.......

Ce passage me semble peu conforme à la vérité.

M. Genieys cite immédiatement la pente de l'aqueduc sur le Pont du Gard, qui, bien que de 0,40 par
kilomètre, ne donnerait pas une vitesse de plusieurs
mètres par seconde ; mais il y a plus, cette pente est
exceptionnelle et ne se trouve, aussi forte, que sur
les arcatures.

Nous avons vu que la pente générale, trouvée par
M. Valz entre Sernhac et Nimes, était de 0 m. 30 par
kilomètre ;

Celle observée par MM. Didion et Talabot entre le
Pont-du-Gard et *Font-en-Gourd*, de 0 m. 11 ;

Celle que M. Dombre a relevée entre le Pont-du-
Gard et Lafoux, de 0 m. 07, ce qui a conduit M. Valz
à penser, *qu'entre Bezouce et Sernhac, les Romains
avaient trouvé une masse d'eau considérable, et que
celle que leur canal versait à Nimes était loin de venir*

toute d'Uzès, sans quoi leur admirable construction n'aurait pas été logiquement exécutée.

Il paraît que , puisque l'aqueduc ne débitait que mille, ou tout au plus quinze cents pouces, depuis la fontaine d'Eure jusqu'à Font-en-Gourd , les Romains n'avaient voulu prendre qu'une partie de ce que fournissait de leur temps la rivière d'Alzon ; auraient-ils usé envers leur ville fortifiée d'Uzès (*castrum Ucetiæ*), des mêmes ménagemens auxquels nous serions forcés aujourd'hui ? La justice est de tous les temps.

Quoi qu'il en soit, nous avons un exemple frappant sous les yeux, que la grande vitesse des eaux, donnée par M. Genieys et bien d'autres auteurs à tous les aqueducs romains, est une supposition purement gratuite.

Mais, pourquoi la pente sur le Pont-du-Gard était-elle six fois plus forte qu'en aval, 0,40 par kilomètre, au lieu de 0,07 qu'elle a seulement jusqu'à Lafoux ? par une raison toute simple : — c'était pour que l'eau passât beaucoup plus vite sur les parties où elle était plus exposée à se refroidir en hiver et à s'échauffer en été. Une précaution pareille a été prise par M. Darcy aux ponts-aqueducs de Dijon; la trouver ici, c'est avoir une preuve nouvelle des soins intelligens que les Romains apportaient à leurs entreprises.

Cette observation se trouve confirmée, sur une plus grande échelle, par un fait que MM. Valz et Dombre n'ont pas connu et que nous devons aux dernières investigations de M. le capitaine Bernard. Sur les massifs de bâtisse et sur les arcatures, qui avaient deux mille mètres de longueur et qui s'étendaient depuis les abords du village de Vers jusqu'au Pont-du-Gard, la pente de l'aqueduc était encore de 0,40 par kilomètre, évidemment pour soustraire l'eau, par une vîtesse plus grande, à l'influence de la température extérieure.

C'est pour n'avoir pas fait attention à cette différence d'inclinaison que les Romains avaient soin de donner à leurs aqueducs, suivant qu'ils étaient enfouis ou en surélévation et suivant la quantité d'eau introduite, que les pentes, prises sur certaines portions, n'ont pas pu concorder avec la hauteur connue des points de départ et d'arrivée, et que, par exemple, Delorme, Rondelet, Flacheron, n'ont pu s'accorder, ni sur la pente des anciens aqueducs de Lyon, ni sur la quantité d'eau qu'ils fournissaient à la métropole des Gaules.

CHAPITRE VII.

TROISIÉME ET DERNIER PROJET DE M. TEISSIER.

Restauration complète de l'aqueduc romain.

(Explorations faites avec M. Bernard).

Si la fontaine d'Eure et le ruisseau d'Airan appar-
tenaient encore aujourd'hui à la ville de Nimes , il
n'existerait aucune incertitude sur le moyen d'avoir
de l'eau ; les avis seraient unanimes pour demander
une seule chose , *la restauration complète de l'aqueduc
romain* ; il n'y aurait qu'une seule opinion parmi les
citoyens et les gens de l'art , au sein du conseil municipal , dans l'administration , et , non-seulement le
gouvernement accorderait , sans hésiter , les autorisations nécéssaires , mais encore , il viendrait spontanément , généreusement à notre secours , pour rétablir un monument aussi utile qu'admirable.

Pour renoncer à une entreprise qui s'exécuterait
aux applaudissemens du monde savant tout entier ,
il faudrait rencontrer , sans doute , des obstacles in-
surmontables ; — en existe-t-il ici de pareils ? Je me
suis déjà occupé de cet examen ; je vais y revenir
pour la dernière fois , sous les yeux des juges *les*
plus compétens ; peut-être que des réflexions nou-

velles faciliteront la solution d'une affaire qui offre autant d'intérêt que d'importance.

On le sait déjà, le plus grand empêchement n'est pas celui de la dépense, *c'est celui de la reprise des eaux* ; cependant, comme dans une opération pareille, les considérations d'argent ne sont pas à dédaigner, je vais traiter d'abord, dans un premier paragraphe, *des frais de reconstruction de l'aqueduc*, et je m'occuperai, dans celui qui terminera ce chapitre, *des moyens de reprendre les eaux*

Avec les modifications que j'indiquerai, la restauration complète du canal antique et la reprise de son service deviennent un projet exécutable, que beaucoup d'excellens esprits préfèreront, je le pense, à tout autre.

I.

Dépense que réclamerait la reconstruction totale de l'aqueduc.

J'ai tâché de faire cette évaluation avec toute l'exactitude possible, de la page 915 à la page 968 de mon premier volume. Tant sur les observations de mes prédécesseurs que d'après celles que j'avais faites dans ce but spécial avec M. le capitaine Bernard, j'estimais, l'année dernière, à deux millions le rétablissement complet de l'ouvrage romain depuis la Fontaine de Nimes jusqu'à celle d'Eure, c'est-à-dire, le rachat du sol et des francs-bords convenables, le rachat des eaux du parcours, le rétablissement de la prise d'eau du vannage de tête à Uzès, et toutes les maçonneries nécessaires ; il ne restait en dehors de cette supputation générale , que le rachat des eaux d'Uzès même (p. 941).

Depuis lors, M. Bernard et moi , nous avons continué nos recherches ; — M. Dombre a pratiqué des explorations détaillées sur les deux tiers du parcours de l'aqueduc , — et je dois , sur de nouveaux renseignemens , modifier mes estimations premières.

M. Dombre évalue la restauration à 650,000 fr. depuis Nimes jusqu'à Lafoux , et 800,000 fr. si l'on pousse les travaux de Nimes jusqu'au Pont-du-Gard, c'est-à-dire , sur plus des deux tiers du parcours. Entre la Citadelle de Nimes et l'arcature qui franchit le Gardon , le canal a un développement de 33,426 mètres, et , du Pont-du-Gard jusqu'à Uzès , il n'en reste que 15,850.

Si nous mettons pour un moment de côté la longue arcature de Vers, nous ne trouverons aucune différence entre les circonstances d'établissement , l'état de l'aqueduc sur les deux premiers tiers de son parcours et les mêmes choses observées sur le dernier tiers dont nous nous occupons. On est donc en droit de penser, sans crainte d'erreur grave , que la dépense proportionnelle sera la même sur les deux parties , et , dès-lors, si nous adoptons les bases posées par M. Dombre , les deux premiers tiers coûtant . . . . 800,000 fr.

Le dernier devra coûter 400,000

En ajoutant , pour le rétablissement de l'arcature de Vers. 200,000

On aura pour dépense totale . . . . 1,400,000 fr.

J'ai donné , à la page LXXXI de mon premier volume , les dimensions détaillées des arcatures qui existaient du Pont-du-Gard jusqu'à Vers, et dont la longueur totale était de 2,000 mètres , l'épaisseur moyenne de trois et les hauteurs diverses de 1 , 2 , 4 , 5 , 6 , 8 et 12 mètres.

A la page 956 , j'ai dit, que le cube de maçonnerie ordinaire pour cet ouvrage était , en comptant le vide comme le plein, d'environ vingt-deux mille mètres , et la surface de moellons smillés d'environ 15,000 mètres carrés. La construction du tout à neuf s'élèverait à 200,000 fr. , attendu que les fondations subsistent partout et que l'aqueduc qui surmontait l'arcature est compté à part.

Ce qui reste sur pied des ouvrages apparens pourrait épargner le quart de la dépense , je le laisse comme somme à valoir.

On peut comparer l'arcature de Vers en petit , au viaduc qu'on vient de construire au-dessous de l'Esplanade de Nimes. Le viaduc est , à la vérité plus court d'un quart (1,500 mètres au lieu de 2,000) , mais il est trois fois aussi épais , et , en moyenne deux fois plus haut ; — une portion notable de l'arcature de Vers peut servir encore , ce qui fait que sa restauration ne coûtera que 200,000 fr. , tandis que le viaduc de Nimes coûtera six fois autant.

Au reste , j'ai plusieurs fois formulé le vœu , que M. Dombre fût chargé par la ville de terminer jusqu'à Uzès l'exploration de l'aqueduc qu'il a si brillamment commencée. Quand ce ne serait que sous le

rapport scientifique , cette recherche aurait assez
d'intérêt pour légitimer la minime dépense de trois
ou quatre mille francs qu'elle devrait coûter. Tant
que des fouilles nombreuses n'auront pas été faites
des deniers de la ville ou du gouvernement avec l'autorisation expresse de l'administration , on ne pourra
pas fournir , sur le rétablissement de l'aqueduc , des
renseignemens plus précis que ceux que j'ai déjà donnés à la suite de mes observations directes qu'on
peut modifier , en concluant par analogie d'après les
fouilles opérées par M. Dombre sur les deux tiers de
la longueur et ajoutant au prix quelques augmentations que les circonstances réclament. Mais , je le
répète , l'intérêt de la ville veut que les fouilles
soient reprises et complétées.

La fourniture d'eau est chose trop importante à
Nimes pour que le conseil municipal néglige aucun
moyen de se renseigner , et mieux vaut retarder encore, que de prendre une décision mauvaise. Quand
on adoptera la meilleure , personne ne se plaindra
qu'on l'ait préparée avec trop de maturité , et l'exploration , qu'on terminerait avec une dépense de trois
ou quatre mille francs , pourrait jeter de nouvelles
lumières sur ce projet de restauration complète de
l'aqueduc, que tant d'hommes éminens réclament
depuis des siècles.

En attendant qu'une satisfaction si facile soit donnée à l'opinion publique et à tous les admirateurs des
travaux de l'antiquité , je suis forcé de m'en tenir à
une estimation, basée tant sur l'analogie, que sur des

observations persévérantes et consciencieuses sans
doute, mais qui laissent encore quelque chose à désirer, parce que je ne pouvais appeler les fouilles à
mon aide.

Je l'ai déjà dit, avant les explorations partielles
de M. Dombre, j'avais estimé la restauration totale
de l'aqueduc à deux millions ;

Sur les bases adoptées par cet ingénieur pour les
deux premiers tiers, la dépense totale ne s'élèverait
qu'à quatorze cent mille francs ;

Mais on sait que, par suite de diverses améliorations que j'ai cru devoir joindre aux travaux qu'il
propose, son devis depuis Nimes jusqu'à Lafoux a été
grossi de fr. 150,000, ce qui l'élève à fr. 800,000 sur
ce parcours de 28,354 mètres.

Si, pour des causes semblables, j'augmentais de pareille somme, c'est-à-dire de fr. 150,000 encore le
coût de la restauration de la partie qui existe entre
Lafoux et Uzès, ce trajet d'environ 21,000 mètres
coûterait fr. 700,000, et, en y joignant les fr. 200,000
que réclame spécialement l'arcature de Vers, j'arri-
verais, par une voie différente, à une estimation plus
faible que la première que j'ai donnée, mais certainement plus juste.

Mon prix de rétablissement total ne serait plus que
de fr. 1,700,000.

Il est vrai que sur le parcours, entre le Pont-du-
Gard et Uzès, nous n'avons pas des eaux à racheter
comme aux environs de Bezouce ; — mais nous avons
l'ancien barrage à rebâtir en travers de l'Alzon et

un vannage à poser en tête du canal ; de sorte que
le prix de chaque portion me paraît exact aussi
bien que l'estimation générale, et, sans fouilles, sans
travaux, je ne pense pas qu'on puisse donner rien de
plus précis.

Par conséquent, entre mon estimation première,
qui s'élevait à deux millions, ou celle qu'on peut faire
par analogie d'après les fouilles opérées par M. Dombre, qui ne se porterait qu'à quatorze cent mille
francs ;

Ou enfin celle qui, profitant des observations antérieures, résulte aussi de mes dernières courses, des
plans, nivellemens, élévations pris par M. Bernard,
et qui se porte à dix-sept cent mille francs ;

Je me fixe à cette dernière, et, comme je la crois
encore plutôt forte que faible, je suis fondé à dire :
*Ce n'est certainement pas la dépense du rétablissement
complet de l'aqueduc qui doit détourner la ville de
Nimes de cette noble entreprise.*

Voici le tableau de ce qu'on aurait à débourser pour
la réaliser ; on pourra saisir ainsi l'ensemble d'un seul
coup-d'œil :

Restauration de l'aqueduc, depuis Nimes jusqu'à Lafoux, sur une longueur de 28,554 mètres (comme au
tableau de la page 85 de ce volume).   734,805 f. 29

Travaux sur 5,072 mètres depuis
Lafoux jusqu'au Pont-du-Gard, d'a-
près les estimations de M. Dombre, .   126,555   21

Nétoyement plus complet, achat du

A reporter   861,158   50

Report 861,158 50

sol et francs-bords , smillage des
moellons (article que j'ajoute)   50,000

   Somme à valoir depuis Nimes jus-
qu'à Lafoux . . . .   65,194 71 ⎞
   Idem de Lafoux au   ⎰   88,841 50
Pont-du-Gard . . . .   23,646 79 ⎠

   Restauration de la partie explo-
rée par des fouilles . . . . fr. 1,000,000

   Restauration depuis le Pont-du-
Gard jusqu'à Uzès, sur environ 16,000
mètres de longueur, à fr. 30 le mètre
courant, prix de revient des 33,426
mètres qui précèdent, y compris le
rachat du sol et des francs-bords , le
rétablissement de la prise d'eau , du
vannage d'entrée   480,000

   Restauration des arcatures de Vers   200,000

   Somme à valoir, plus forte proportionnellement que dans la première
partie , parce que les estimations
sont moins certaines   120,000

   Dépense totale de la reconstruction
de l'aqueduc, fr. 1,800,000

II.

De la reprise des eaux d'Uzès.

J'ai déjà expliqué dans mon premier volume,
(p. 941), quels étaient les véritables intéressés à ce

qu'il ne fût apporté aucun changement au cours de l'Alzon.

J'ai dit que, tout compensé et en dernière analyse, un déboursé de six cent mille francs suffirait pour faire face aux indemnités légitimes si l'on ne prenait que la moitié de l'eau, et que Nimes n'aurait que quatre cent mille francs à sacrifier s'il se contentait en été, du quart de la fourniture de la rivière ; mes estimations d'alors étaient donc :

Pour la restauration complète de l'aqueduc et la reprise de la moitié des eaux........ 2,600,000 fr.

Et, si l'on se contentait du quart, 2,400,000 seulement.

Les études nouvelles, mentionnées au paragraphe qui précède, ayant largement réduit de 200,000 fr. le coût probable de la restauration de l'aqueduc, Nimes n'aurait plus à débourser, en tout, pour reprendre et conduire la moitié des eaux d'Uzès, que..................... .... 2,400,000 fr.
ou ....•.................... 2,200,000
si on n'en dérivait que le quart.

Dans l'une ou l'autre de ces deux positions, ce n'est pas la dépense, encore, qui s'offre comme le plus grand obstacle.

Il est des esprits prudens qui redoutent une opposition de la part de la ville d'Uzès, — de la part des riverains et surtout des usiniers de l'Alzon. J'ai dû m'occuper de prévenir, par une combinaison nouvelle, les inconvéniens qu'on redoute.

Je l'ai dit à la page 52 de ce volume : — « On
» pourrait, en ne dérivant que la moitié de l'eau,
» s'arranger de telle manière qu'*Uzès conserverait*
» *tout le courant pendant les douze heures du jour,*
» *tandis que Nimes ne prendrait rien que pendant les*
» *douze heures de la nuit* ; partage équitable, qui don-
» nerait aux uns et aux autres une quantité d'eau
» suffisante et concilierait heureusement les droits an-
» tiques avec les jouissances modernes.... »

En supposant qu'on donnât pour ces eaux de nuit
une indemnité pareille à celle que je proposais quand
il s'agissait de dériver la moitié de la fourniture de
l'Alzon, tant de jour que de nuit d'une manière
continue, certainement les plaintes, s'il s'en élevait, seraient bien peu fondées, et la ville Nimes ne
dépenserait pour le rachat des eaux et les travaux de
l'aqueduc que 2,400,000 fr. au plus. Ce parti me
paraîtrait excellent.

S'il restait à quelques personnes des craintes ou
des scrupules encore, s'il leur répugnait de priver
les usiniers de l'Alzon, à l'étiage, d'une portion des
eaux de la rivière, *même pendant la nuit et sous la
condition favorable d'une bonne indemnité,* — quelque peu fondée que cette opinion me parût, j'ai
cherché s'il n'y aurait pas moyen de remédier au
mal qu'on suppose, et voici le parti qu'on pourrait
adopter.

Pendant neuf mois de l'année, les eaux de nuit sont
complètement inutiles aux usiniers de l'Alzon, ils
n'en font aucun usage ; — l'administration pourrait

donc décider, par voie de simple règlement d'eau, que, — sauf pendant les mois de juillet, août et septembre, la ville de Nimes aurait la faculté de dériver à son profit toute l'eau qui flue dans la rivière d'Alzon depuis six heures du soir jusqu'à pareille heure du lendemain matin....

Craindra-t-on encore que le sacrifice ne soit trop cuisant, et que, quelquefois, l'eau ne soit pas très-abondante pendant les mois de mai, juin ou octobre? — Pour prévenir toute gêne, toute objection, on pourra laisser subsister le régime actuel pendant la moitié de l'année, et la dérivation *de niveau* pour Nimes, se bornera aux six mois d'hiver, novembre, décembre, janvier, février, mars et avril. Certes, en agissant ainsi, on débarrassera plus tôt le territoire d'Uzès d'une surabondance d'eau fâcheuse qu'on ne le privera de quelque chose d'utile, et, comme il ne sera causé de préjudice à personne, on ne sera tenu à aucune espèce d'indemnité.

Uzès n'aura plus ni motif, ni prétexte de se plaindre; — mais, quelle sera la position de Nimes dans cette affaire?

Nimes aura dépensé dix-huit cent mille francs pour la restauration complète de l'aqueduc, et, pendant les six mois d'hiver, il jouira sans entraves, *au moins de mille pouces d'eau*, car alors la rivière d'Alzon en débite plus de deux mille.

Cette eau sera saine, potable et bien moins souvent limoneuse et trouble que celle du Gardon.

Elle arrivera d'une manière constante, ou du

moins plus sûre , que celle qu'on aurait prise au Pont-du Gard ou à Lafoux , car n'ayant nul besoin d'être élevée par l'action des machines , elle n'aura qu'à cheminer dans un canal solide et remis à neuf, constamment maçonné , voûté et presque toujours enfoui. En un mot , *pour dix-huit cent mille francs on aura complètement restauré l'œuvre romaine , et Nimes jouira de mille pouces d'eau pendant six mois*.

Mais , que fera-t-on pendant les six mois d'été , pendant la saison la plus sèche , celle où l'eau est la plus précieuse?

A cette époque , si l'on ne veut pas priver les usines d'Uzès d'une portion de leur force motrice , il faudra dériver l'eau en aval , et, comme la pente de la rivière d'Alzon est beaucoup plus forte que celle de l'aqueduc , on devra nécessairement , en prenant l'eau au-dessous de la dernière usine , employer une machine pour l'élever.

Les moulins , ateliers et artifices quelconques d'Uzès se terminent vis-à-vis du village de St-Maximin, au-dessous du confluent de la rivière de Seynes et de l'Alzon, au moulin à blé de M. Charles Labaume, appelé le *Gavot*.

C'est là l'emplacement convenable des appareils qui élèveraient de l'eau pour Nimes pendant trois ou six mois d'été. Pour songer à un moteur hydraulique , une chute d'eau qu'on ne pourrait créer qu'aux dépens des usines supérieures serait indispensable , et, à moins de rendre cette chute très-grande , il faudrait disposer d'un volume d'eau que la rivière ne débite pas ; on serait donc forcé de recourir à l'emploi de la vapeur.

Je préfère certainement le moteur hydraulique à tout autre, et c'est celui dont j'ai proposé l'établissement exclusif soit à Lafoux, soit au Pont-du-Gard ; mais enfin, si, par des considérations que je ne puis comprendre, on décidait que l'eau qu'on destine à Nimes doit être élevée au moyen de la vapeur, dèslors, les appareils nécessaires me sembleraient mieux placés à St-Maximin qu'à Lafoux.

A St-Maximin, on n'aurait besoin de l'action des machines que pendant six mois de l'année tout au plus, et probablement même que trois mois suffiraient ;

A St-Maximin, il ne faudrait élever l'eau que de vingt-cinq mètres : il faut la porter à cinquante à Lafoux, si l'on se sert de la machine à vapeur.

Suivant ce que je propose en ce moment, l'aqueduc romain serait rétabli dans sa parfaite intégrité, ce que le gouvernement, ce que tous les amis de l'antiquité regarderaient avec moi comme une chose importante ;

Et, Nimes recevrait pendant six ou neuf mois consécutifs, par le seul effet de la gravité, mille pouces d'eau naturellement fluente et prise au même point, à la même source que celle dont la munificence impériale accorda l'immense bienfait à la colonie au temps de sa plus grande prospérité.

Mille pouces arriveraient encore pendant le reste

de l'année ; il faudrait les élever , à la vérité, au moyen de la vapeur, mais ce ne serait qu'à vingt-cinq mètres seulement et pendant quelques mois.

Nul n'aurait de motif plausible de s'opposer à ce système ;

La ville d'Uzès ne serait tenue de laisser prendre l'eau sur son territoire , à l'ancienne dérivation des Romains, qu'à des époques où elle surabonde ; on aurait ainsi, sans porter aucun préjudice, l'alimentation de niveau, la fourniture d'hiver.

Quant à celle de l'été , qu'il faut élever de vingt-cinq mètres , elle ne serait pas prise à Uzès , mais au-delà de son territoire et de tous ses ateliers , au couchant du village de St-Maximin , dans l'écluse du moulin du *Gavot*.

De ce point jusqu'au Gardon , on ne trouve plus d'usines sur l'Alzon , si ce n'est le moulin Jolyclerc et le moulin Perochell , placés l'un et l'autre à Collias presqu'au confluent des deux rivières. Il y aurait lieu d'indemniser leurs propriétaires , et celui du moulin du *Gavot* pour la diminution de la force motrice.

Quant aux simples riverains de l'Alzon depuis St-Maximin jusqu'à Collias, — en supposant que les pompes leur prissent , en été, tout ce que l'Eure et l'Airan fournissent d'eau, il leur resterait encore toute celle de la Seynes pour entretenir la fraîcheur des bords de leurs propriétés, seul usage du liquide qui flue sur les six mille mètres de parcours qui se trouvent entre St-Maximin et Collias, c'est-à-dire entre le point où l'on prendrait une portion notable de l'eau et celui où l'on atteint la rive du Gardon.

Aucune localité, aucun propriétaire même ne se trouvant froissés dans leurs intérêts, et Nimes recevant toute l'année MILLE POUCES D'EAU PAR SON CANAL ANTIQUE, le but serait entièrement rempli, si la dépense n'était pas exorbitante.

Une compagnie se propose de fournir à Madrid la quantité d'eau nécessaire à cette capitale. — Il a été décidé que le liquide serait pris dans le Mançanarès et élevé de quatre-vingt-quatre mètres. Pour mettre les pompes en jeu, on profitera, pendant neuf mois de l'année, de la force hydraulique que donnera ce torrent ; mais, comme il est presque à sec en été, alors l'action de la vapeur suppléera à celle du courant. M. Abadie est chargé de l'établissement des pompes, des roues hydrauliques et des machines à vapeur. C'est un système mixte, pareil à celui que nous proposons, seulement, plus heureux à Uzès qu'à Madrid, nous aurons l'eau pendant six ou neuf mois de l'année sans le secours de la mécanique, et, quand nous serons forcés de recourir à la vapeur, nous n'élèverons le liquide que de vingt-cinq mètres, au lieu de quatre-vingt-quatre.

Il ne nous reste maintenant à faire que l'examen de la dépense que notre projet exigera.

Pour le réaliser, Nimes aurait à débourser :

1° *Dépenses de premier établissement.*

Comme nous l'avons vu, — pour la restauration complète de

l'aqueduc romain, depuis la source d'Eure jusqu'à celle de Némausus.................................... 1,591,158 f. 50

Somme à valoir sur la première partie du
canal, de Nimes au Pont-du-Gard   88,841 f. 50
Sur la seconde partie, du Pont-
du-Gard jusqu'à Uzès........ 120,000   00   208,844   50

Total pour la restauration de l'aqueduc... 1,800,000 00
Indemnités aux propriétaires des moulins
Perochell, Jolyclerc et du *Gavot*, les pompes
devant puiser dans l'écluse de ce der-
nier 100,000
Achat des machines et pompes... 120,000
Bâtimens , Hangars............. 50,000   300,000   00
Somme à valoir sur ces derniers
objets......................... 30,000

Total des dépenses de premier établissement. 2,100,000 f. 00

2° *Dépenses annuelles.*

Mille pouces d'eau fluente donnent vingt mille mètres cubes
dans la journée , qui, montés à vingt-cinq mètres , équivalent
à 500,000 mètres cubes montés à un seul.

500,000 mètres cubes en vingt-quatre heures, c'est :

20,833   id.   par heure ;

347   id   par minute ;

5 78 c. par seconde.

5,780 kilogrammes ou litres d'eau, pour être élevés à
un mètre , exigent une force de **77** *chevaux vapeur ;* ce qui, à
trois kilogrammes de houille consommée par heure et par force
de cheval, demanderait la fourniture suivante :

251 kilogrammes de houille par heure;

5,544 kilog. par jour ;

997,920 kilog. pour six mois, soit 998 tonnes , qui, à 25 fr.

la tonne, réclament . . . . 24,950 f. 00
  Un mécanicien coûtera, pour six mois 3,000 00
  Un pompier 1,500 00
  Deux chauffeurs 1,800 00
  Frais d'entretien 5,750 00
       Total des frais annuels 35,000 00
qui, capitalisés, donneront la somme de 700,000 00
  Si nous la joignons au montant des frais de pre-
mier établissement déjà mentionnés 2,100,000 00
     Nous avons une dépense totale de 2,800,000 00

Nous dépassons de beaucoup, sans doute, la somme portée au programme municipal, mais comme *nous triplons la fourniture d'eau qu'on demande*, certes, l'avantage reste encore à la ville.

J'ai compté sur une consommation de trois kilogrammes de houille par heure et par force de cheval, et je crois que c'est une supputation raisonnable.

Si par cas, on pouvait marcher, comme on l'annonce, *avec deux kilogrammes ou même avec un seul*, la dépense diminuerait de huit mille francs dans la première hypothèse, et de seize mille dans la seconde, tous les ans ; — par conséquent, au lieu de 2,800,000 francs, l'entreprise complète ne devrait plus être comptée que pour 2,500,000 à 2,600,000 francs.

Je ne désespère pas, qu'en faveur de la restauration totale de l'aqueduc antique, le gouvernement ne prît à sa charge les cinq ou six cent mille francs qui dépassent la limite posée par la ville de Nîmes, et, dans tous les cas, *aurait-on des résultats meilleurs à Lafoux avec une machine à vapeur ?*

Me voilà, tout naturellement, conduit à m'occuper des forces motrices : — c'est ce que je ferai dans le chapitre suivant.

———

On devra consulter pour celui-ci :

1° Tout le travail de M. Dombre sur l'exploration de l'aqueduc depuis la Citadelle de Nimes jusqu'au Pont-du-Gard, travail dont j'ai cité les pièces en détail à la fin de mon premier chapitre ;

2° La carte du parcours de l'aqueduc, depuis le Pont-du-Gard jusqu'à Uzès, dressée en trois feuilles par M. Bernard ;

3° La carte du parcours de la rivière d'Alzon, d'Uzès jusqu'à Collias, dressée en deux feuilles, aussi par M. Bernard ;

4° La planimétrie spéciale des arcatures de Vers, en un rouleau ;

5° L'élévation des mêmes arcatures en un rouleau ;

6° Un atlas perspectif de la même construction, en cinq feuilles grand in-folio, dessiné par M. Bernard et ses élèves, et où se trouvent encore : — un dessin de la Fontaine de Nimes indiquant le point d'arrivée de l'aqueduc romain ; — la carte topographique du *Canabou*, du *Fouze* et de l'aqueduc aux environs de St-Gervasy ; — divers dessins du Pont-du-Gard, — et le pont suspendu de Collias.

CHAPITRE VIII.

De l'action hydraulique et de celle de la vapeur comme forces motrices.

J'aborde la partie la plus importante, mais la plus délicate de ma tâche, la comparaison d'une chute d'eau et de la vapeur pour mettre les pompes en jeu.

Si, dans les premiers chapitres de ce travail, j'ai dû faire valoir contre M. Surell et la compagnie Mourier les avantages de la restauration de l'aqueduc romain sur un conduit de moindre section fait à neuf, je dois établir aujourd'hui la supériorité du moteur hydraulique sur la vapeur, en faveur de laquelle pourtant MM. Ramus, Charles Durant, Fauquier, Brouzet se sont déjà prononcés, et plus récemment encore, MM. Dombre et Talabot, c'est-à-dire, mon collaborateur et l'un de mes juges.

Il y a quelques années qu'après avoir fait explorer les débris de l'aqueduc romain depuis Nimes jusqu'au Pont-du-Gard, MM. Didion et Talabot adressèrent, sinon au public, du moins à la mairie, le plan du parcours de cet antique monument ; ils jugeaient convenable de le restaurer jusqu'à St-Bonnet ; mais, de là, ils voulaient qu'on se dirigeât, en ligne droite, sur le bord de la rivière à l'aval de Lafoux, en construisant un aqueduc nouveau.

Postérieurement à cette proposition, dont je n'avais pas d'abord connaissance, j'ai soutenu, pendant plusieurs années, que la restauration partielle ou totale de l'aqueduc était le moyen le meilleur pour procurer de l'eau à Nimes ; M. Dombre fut chargé de faire l'examen de mes opinions, et je vis, avec un grand plaisir, qu'il adoptait l'idée de la restauration jusqu'à Lafoux et qu'il démontrait, de la manière la plus évidente, combien cette entreprise serait facile et peu coûteuse. Jusque là tout marchait au gré de mes désirs.

MM. Didion et Talabot proposaient d'établir, pour élever l'eau, des machines à vapeur sur la rive droite du Gardon et en aval de Lafoux, à l'extrêmité du tronçon de canal qu'ils voulaient ajouter à l'ancien. M. Dombre, au contraire, poussant, comme je l'indiquais moi-même, la restauration de l'aqueduc antique jusqu'au point où il domine les moulins de Lafoux, plaçait ses pompes à feu de manière qu'elles puisassent dans le bief supérieur de cet établissement.

Ce projet, simple au premier coup d'œil, m'avait séduit au commencement de mes recherches et bien longtemps avant que M. Dombre fût appelé à s'en occuper. J'avais proposé, en 1843, qu'on s'assurât d'abord de la quantité d'eau que pourraient fournir les sources du parcours et le rétablissement de l'étang de Lognac, *sauf à élever par la vapeur, en cas d'insuffisance, le complément nécessaire à Nimes.* (T. ɪ, p. 211 et 212.)

S'il ne fallait puiser dans l'écluse de Lafoux que pendant la moitié de l'année, pendant les mois de sécheresse, ce moyen pourrait entrer en concurrence et peut-être avec avantage, sous le rapport de l'économie, avec la force motrice qu'on emprunterait au Gardon ; mais je reconnus bientôt que, si la machine à vapeur devait fonctionner toute l'année, l'action hydraulique, moins coûteuse, méritait la préférence.

Toutefois encore dans certaines limites, car, si l'on voulait élever deux ou trois mille pouces d'eau pour Nimes par exemple, il vaudrait mieux recourir à la vapeur, attendu qu'au-delà de Montpezat le canal de dérivation serait trop difficile à établir (1).

Je crois donc, et ma conviction m'oblige seule à écrire ce chapitre, — je crois que, dans les limites d'une fourniture annuelle qui irait de cent cinquante ou trois cents jusqu'à mille ou douze cents pouces, l'action d'un courant dérivé est préférable à celle de la vapeur, sous le rapport de l'économie.

----

(1) On ne pourrait, sans d'énormes dépenses, dériver le Gardon en amont de Collias ou Montpézat. Sous le rapport de la force motrice, il n'y aurait même aucun avantage à établir la dérivation sur ce point de préférence au moulin Carrière, car, si l'on gagnait quelque chose en hauteur, on perdrait l'eau des rivières qui viennent d'Uzès.

Si l'on opérait la dérivation juste au confluent de l'Alzon et du Gard, on aurait théoriquement la position la plus convenable ; mais le peu de pente qu'on gagnerait compenserait-il l'avantage qui résulte du barrage de Carrière tout construit et éprouvé ?

Si l'on ne voulait que cent ou cent cinquante pouces, l'idée de MM. Delon, Simon Durant, Querry et Bouchet serait la meilleure : on n'aurait à employer, pour atteindre le but, que la chute actuelle du moulin de Lafoux ;

Si l'on demandait de trois à quatre cents pouces, — mon premier projet, où la dérivation s'opère en amont de St-Privat, mériterait la préférence ;

Mais si, reconnaissant l'immense avantage d'une fourniture d'eau abondante, la ville voulait de mille à douze cents pouces d'eau, on ne pourrait adopter alors que la dérivation que je propose *à partir du moulin Carrière.*

Dans ces limites de fourniture, quelque étendues qu'elles soient, c'est toujours la force hydraulique qu'on doit choisir.

Il est un système mixte dont j'ai déjà parlé, une combinaison du cours naturel de l'eau, pendant six ou neuf mois de l'année, avec l'emploi de la vapeur le reste du temps, *qui me semblerait préférable encore à l'usage constant de ce moteur dispendieux* ; ainsi, au cas où l'on voudrait restaurer l'aqueduc romain dans son entier et où l'on n'obtiendrait la concession de l'eau que pendant une partie de l'année à la hauteur du barrage romain, on pourrait établir, *en aval des usines d'Uzès,* des pompes à feu qui fonctionneraient seulement à l'époque de la sècheresse. — Ce projet, vivement approuvé de tous les amis des constructions antiques, nous permettrait de compter sur de larges secours du gouvernement.

Il existe des motifs distincts de celui de la dépense, un ordre de considérations que je dois exposer aussi et que j'appellerai politiques en m'en tenant à l'étymologie de ce mot (1) , qui me font répugner surtout à l'emploi de la vapeur. Le système hydraulique de Nimes sera toujours précaire, tant qu'il dépendra d'un vote annuel du Conseil municipal ; il n'aura réellement le caractère d'indépendance et de perpétuité, nécessaire à tous les services publics, que quand il résultera , soit d'un aqueduc à pente où l'eau marche par le simple effet de la gravité comme du temps des Romains, soit à défaut de l'action de machines hydrauliques qui , une fois bien établies, fonctionnent longtemps sans rien coûter.

Si , dans l'examen que je vais faire , il s'agissait d'une question d'art ou de science , je n'aurais garde assurément de contredire , dans leur spécialité , des ingénieurs dont la réputation est faite ; je n'aurais avec eux qu'à écouter et à apprendre ; mais , sur un point de fait , d'expérience et d'intérêt public , j'ai cru qu'il m'était permis de citer mes autorités et mes exemples , que c'était même un devoir de ma position. Nos juges décideront avec cette impartialité qui est l'apanage des esprits supérieurs.

On reconnaîtra facilement, et j'en fais la déclaration formelle, qu'en soutenant ici une opinion qui diffère, en partie , de celle de MM. Dombre et Talabot , j'en-

---

(1) Dans l'intérêt de la ville πόλις.

tends rendre un témoignage non douteux à leurs sen-
timens élevés de loyauté et de justice. En effet, je
connaissais déjà la divergence de nos pensées, quand
j'ai réclamé, pour les devis de mes projets, l'assis-
tance de M. Dombre, de préférence à tout autre ;

Et c'est avec un vif sentiment de satifaction et de
reconnaissance que j'ai appris que M. Talabot voulait
bien accepter les fonctions de juge dans un concours
où, indirectement et à son insu peut-être, le système
qu'il préférait serait mis en cause...

I.

Des machines à vapeur dites de Cornwall.

Je suis loin de nier l'importance de la machine à
vapeur et les services immenses qu'elle rend tous les
jours au commerce, aux arts, à l'industrie. Je sais
que, dans les ateliers, c'est le moteur le plus généralement en usage, et que, dans les mines, l'existence d'une quantité innombrable d'ouvriers tient
à la constance et à la régularité de son action ; je
sais, qu'avec elle, les vaisseaux ne souffrent plus
sur la mer de l'absence du vent, qu'elle sert à
dessécher les étangs et les marais, que sur les chemins de fer elle règne en souveraine ; je sais que,
par son action, des villes très-importantes sont alimentées en grande partie de l'eau nécessaire à leurs
besoins, comme Londres, Paris, Glascow, Liverpool et tant d'autres, en Europe et en Amérique...

» La machine à vapeur, dit M. Daubuisson, dans son *Histoire des eaux de Toulouse*, semble devenir l'agent universel ; — elle se multiplie de toute part avec le plus grand succès ; — c'est à elle que l'Angleterre doit son étonnante industrie, et, par suite, sa richesse ; c'est à elle que le Nord de la France doit sa supériorité, dans toute espèce de fabrication, sur le Midi. »

Je ne conteste aucun de ces faits ; mais, dans les lieux où la vapeur a été employée, par exemple pour élever l'eau nécessaire à l'alimentation des villes,—*n'était-il pas indispensable qu'il en fût ainsi ? — aurait-on pu se procurer de l'eau par une pente naturelle, — ou bien, pouvait-on disposer de la force et de la chute d'un courant moteur suffisant ?*

C'est uniquement là qu'est le nœud de la question.

La machine à vapeur a des avantages qui lui sont propres : — on peut l'établir et la faire fonctionner partout ; — sa puissance est illimitée ; — mais, d'autre part, son entretien coûteux et sa dépense énorme en combustible sont des inconvéniens qu'on ne saurait passer sous silence.

Les pompes à feu de Cornouailles méritent une attention toute particulière, dans leur application à l'élévation de l'eau, parce que la consommation du combustible a été remarquablement amoindrie, ainsi que le constatent des relevés annuels proposés en 1811 et régulièrement dressés depuis 1813 jusqu'à ce jour.

M. Combe a donné, le premier, en France, une description détaillée de ces machines ; (*Annales des mines* 1854 , t. v.).

M. de Pambour s'en est occupé dans sa *Théorie de la machine à vapeur*, et en a souvent entretenu l'Académie des sciences ;

Enfin, Diday, ingénieur des mines, chargé de constater l'économie de combustible de la pompe à feu, *système de Cornouailles*, établie par M. Philippe Taylor à la mine de lignite du *Rocher-bleu*, a fait connaitre les résultats de ses expériences ainsi que l'ensemble de cette machine.

M. Haüy, ancien ingénieur au service de la Russie, se plaint (1), que ces écrits soient à-peu près les seuls, en France, où l'on puisse prendre une idée juste de ces machines, tandis que les assertions peu favorables de beaucoup d'auteurs justement estimés d'ailleurs, comme Stuart, Tredgold, Arago, jettent l'esprit dans une grande confusion.

Pour s'éclairer sur ce point, après avoir vérifié les expériences de M. Diday au *Rocher-bleu* et visité la machine d'*Aigarande* à Rive-de-Gier, M. Haüy se rendit en Angleterre. Nous allons donner l'analyse de ses observations ; c'est le plus chaud partisan des machines de Cornwall.

» Tout ce qui tient, dit-il, aux détails de construc-

---

(1) *Réflexions sur les pompes à feu de Cornouailles pour élever l'eau destinée à la ville de Lyon.* 1845 , in-4°.

tion de ces machines appartient aux modestes et laborieux ingénieurs du pays à la tête desquels il faut compter Sméaton et Woolf.»

Les caractères distinctifs des machines de Cornouailles sont :

L'emploi de la vapeur initiale à haute pression ;

L'usage de chemises et d'enveloppes destinées à s'opposer à toutes pertes possibles de chaleur ;

Une détente considérable ;

Une course de piston très-grande ;

Ces machines, du moins les meilleures, sont à simple effet et sans volant ni manivelle ;

Elles agissent, non pas directement sur la résistance à vaincre, mais sur un poids auxiliaire soulevé rapidement par l'effet da la vapeur, et qui, en retombant avec lenteur, effectue le travail voulu.

Enfin, ces machines présentent encore une singularité remarquable ; c'est une intermittence dans les mouvemens qui, à la fin de chaque coup de piston, les plonge dans un repos absolu.

L'avantage des pompes à feu de Cornwall ne dépend donc pas, ainsi qu'on pourrait le croire au premier abord, *d'une certaine disposition de leur construction*, mais d'une somme d'améliorations qui toutes tendent au même but, l'économie, la meilleure application de la force motrice, ce qui, en définitive, se manifeste par une moindre consommation de combustible.

Voici le tableau chronologique de l'accroissement du travail *maximum* des pompes à feu de Cornouailles

(système de Voolf, comparé à de s machines de New-
comen et de Watt.)

ANNÉES des Observations.	Mètres cubes d'Eau élevés A UN MÈTRE par kilog. de houille		COMBUSTIBLE PAR HEURE et par Cheval		
	mètr. cubes.		kilog.		
1769	24	12	11	19	Machine de Newcomenn.
1778	59	98	4	67	Id. de Watt.
1813	55	59	3	15	
1814	103	75	2	60	
1815	93	05	2	90	
1816	103	05	2	57	
1817	134	8S	2	00	
1818	127	42	2	12	
1819	129	69	2	08	
1820	135	90	2	01	
1821	138	77	1	94	
1822	137	79	1	95	
1823	136	57		97	
1824	141	24	1	91	
1825	147	20	1	83	
1826	146	85	1	84	
1827	193	56	1	39	
1828	248	88	1	08	
1829	247	29	1	09	Machines de Cornouailles.
1830	245	85	1	10	
1831	242	71	1	11	
1832	256	90	1	05	
1833	270	10	1	00	
1834	279	67	0	97	
1835	297	22	0	91	
1836	290	50	0	93	
1837	284	28	0	95	
1838	273	21	0	98	
1839	266	81	1	01	
1840	265	24	1	02	
1841	308	76	0	88	
1842	321	83	0	84	
1843	322	15	0	84	
1844	303	48	0	89	

Le cheval-vapeur indiqué ici est celui de 75 kilogrammes élevés à un mètre par seconde.

Après avoir donné ce tableau, M. Haüy cherche à prouver que, s'il contenait des erreurs, elles seraient, *contrairement à l'opinion de Tredgold*, plus tôt de nature à *augmenter* qu'à réduire la quantité de combustible indiqué, et, par conséquent, propres à diminuer la bonne idée qu'on doit avoir de ces machines.

« Les tuyaux de pompes sont, dit-il, parfaitement étanches, et toute l'eau refoulée arrive au jour ;

» Les pistons plongeurs ne peuvent perdre sans qu'on s'en aperçoive, et, par conséquent, *la section d'un piston, multipliée par sa course, doit donner le volume d'eau élevée par chaque coup....*» Cette assertion pourra trouver encore des incrédules.

M. Haüy assure « qu'aucune résistance étrangère ne limite la course des pistons, soit en haut, soit en bas, et que, bien que la longueur des coups puisse varier suivant la tension de la vapeur, on obtient une moyenne assez juste que l'on consigne aux tableaux, *de sorte que le nombre des coups de piston indique la quantité réelle d'eau élevée......* » Ce point me paraît encore plus contestable que le premier.

De plus, comme on n'enregistre que le poids du combustible et le nombre des coups de piston, le compte est, selon lui, au détriment de l'effet réel de la machine ; car il y a du combustible perdu chaque fois qu'on l'arrête pour la réparer, nétoyer, etc.....

Il faut ici s'entendre : théoriquement , M. Haüy peut avoir raison ; mais comme, dans la pratique, ces temps d'arrêt sont nécessaires , on n'en a pas moins à sa charge le charbon qui brûle alors en pure perte.

Notre auteur croit : « que les machines de Cornouailles donneraient des résultats bien plus étonnans encore , si , au lieu de les chauffer avec de la houille du pays de Galles, on se servait de celle de Newcastle dont le pouvoir calorifique est deux fois plus grand.... » Nous citerons , dans un moment, des expériences qui prouvent le contraire.

» Le feu , sous les chaudières, est conduit avec une extrême lenteur et entretenu avec un charbon lourd , menu et sec.... Je doute fort , dit M. Haüy, qu'il soit possible de jamais obtenir , avec des houilles collantes comme celles de St-Etienne, un feu aussi facile à conduire....

» La surface de chauffe a près de cinq mètres par cheval.

« Dans les six chaudières de la machine Taylor, un kilogramme de charbon réduit en vapeur 7 kil. 97 d'eau, tandis que les expériences de Tredgold ne donnont que 5,56 pour le charbon du pays de Galles, et celles de Black 7,90 pour la houille de Newcastle , ce qui prouve l'avantage d'un feu lent sur un feu clair et actif.... »

Tels sont les faits avancés par M. Haüy en faveur des machines de Cornouailles ; je connaissais déjà le mémoire de M. Combe publié dans les annales des mines ; mais après avoir lu celui que j'analyse , j'ai dû m'enquérir de ce que contenait sur le même sujet l'ouvrage le plus récent et le meilleur que nous ayons en France, le *Traité sur l'Exploitation des mines*, écrit encore par M. le professeur Combes ingénieur en chef (5 vol. in-8°, atlas in-4°, 1846).

J'y ai trouvé : — « Que dans la machine de Davey, l'une des meilleures d'Angleterre, le travail réellement transmis au piston par un kilogramme de vapeur était d'environ 54 mètres cubes élevés à un mètre. Le travail utile, évalué par le produit de l'eau épuisée et de la hauteur totale des pompes, *était inférieur de 28 pour cent au travail transmis au piston*, de sorte que le travail utile du kilogramme de vapeur serait, en nombre rond, de 24,000 kilogrammes élevés à un mètre.

» Ce travail *qui est évalué indépendamment du déchet des pompes*, peut encore être diminué de dix pour cent pour avoir égard à cette cause de perte, ce qui le réduirait à 22 mètres cubes élevés à un mètre.

» C'est à-peu-près là le travail utile que donne le kilogramme de vapeur d'eau dans les machines de Cornwall d'une bonne construction.

» La quantité d'eau vaporisée est, en général, de six à huit kilogrammes pour les chaudières bien construites et avec du combustible de bonne qualité. Si le kilogramme de houille produisait seulement six kilogrammes de vapeur d'eau, on aurait un travail utile de 152 mètres cubes élevés à un mètre, et le cheval-vapeur étant évalué à 75 kilogrammes élevés à un mètre par seconde , ou 270,000 kilogrammes élevés à un mètre par heure , le cheval-vapeur exigerait , à ce compte, une dépense de deux kilogrammes de houille par heure.

» Si le kilogramme de houille vaporisait huit kilogrammes d'eau , il fournirait 176,000 kilogrammes élevés à un mètre, et la consommation d'un cheval-vapeur ne serait plus que de 1 kil. 55 de houille par heure. Ces résultats sont atteints par la plupart, et dépassés par plusieurs des bonnes machines de Cornwall. (Combes , t. iii , p. 612 , 13 et 14.)

« En poussant la détente plus loin que dans la machine de Davey, il y a tout lieu de croire que, dans certaines machines de Cornwall, le travail utile obtenu par kilogramme de vapeur dépensée, s'élève à 30 ou 35 mètres cubes d'eau portés à un mètre , ce qui ne peut avoir lieu qu'en laissant la vapeur se dilater dans le cylindre, de manière à ce qu'elle occupe à la fin de la course du piston , un volume égal à cinq ou six fois son volume initial , p. 607.»

» A l'établissement hydraulique d'Oldford à Londres, une machine du système de Cornwall donne en travail utile régulier , 9 kil. 493 de vapeur par kilogramme de houille brûlée ; — 30,664 kilogrammes élevés à un mètre par kilogramme de vapeur dépensée, et 291,064 kilogrammes élevés à un mètre par kilogramme de houille consommée (0 kil. 93 par heure et par force de cheval).

» La machine de *Fowey-Consols* dans le Cornwall, donne un travail utile de 59,677 kil. à un mètre par kilogramme de vapeur ; qu'on supprime au quart de la course du piston.

» Le machine de *Holmbush* a donné un travail utile, par kilogramme de houille, de 582,571 kilogrammes élevés à un mètre. En supposant que chaque partie de houille évaporàt 10,23 parties d'eau , le travail utile aurait été de 37,497 kilogrammes à un mètre de hauteur. La vapeur était supprimée au sixième de la course du piston. Le travail utile indiqué ci-dessus correspond à l'eau élevée *calculée d'après le volume engendré par les excursions des pistons* ; *il doit subir une réduction d'environ dix pour cent à cause du déchet des pompes.*

» L'expérience a donné pour l'effet utile *maximum* de la machine du *Rocher-bleu* , 219,521 kilogrammes élevés à un mètre par kilogramme de houille brûlée ; mais c'était de la houille d'Ecosse (et sans doute de premier choix). Si l'on admet que chaque kilogramme de houille vaporisàt 8 kil. 26 d'eau comme à Londres , chaque kilogramme de vapeur aurait fourni un travail utile de 26,576 kilogrammes élevés à un mètre , résultat comparable à celui des bonnes machines établies dans le comté de Cornwall. — *Il est à regretter toutefois* , dit M. Combes , *que les expériences de M. Diday n'aient pas été prolongées pendant un temps plus long.* »

«Je crois qu'on se trompe en attribuant *uniquement* la supériorité des machines de Cornwall à leurs grandes dimensions, à leur puissance considérable et surtout à ce qu'elles sont à simple effet. Les véritables causes de leur supériorité me paraissent résider dans la simplicité du mécanisme, la perfection des constructions, l'usage des enveloppes, les précautions minutieuses prises contre les pertes de chaleur, la proportionnalité entre l'étendue de l'admission de la vapeur et la charge de la machine, la fermeture de la soupape d'équilibre avant la fin de la course ascendante du piston, ce qui a pour effet de diminuer l'influence nuisible de l'espace *libre* ; — j'ajoute à cela que la capacité supérieure au piston dans laquelle la vapeur est admise à la sortie de la chaudière, n'est jamais mise en communication avec le condenseur, et que la communication entre celui-ci et la partie inférieure du cylindre a lieu par des tuyaux et des orifices très-grands. (T. III, p. 663).

Au reste, M. Combes ne fait que confirmer ici ce qu'il avait déjà dit en 1834, à son retour d'Angleterre. — « En definitive, écrivait-il alors, dans les ANNALES DES MINES, — *l'ensemble de toutes les mines du Cornwall, inscrites dans les résumés mensuels, consomme 1 kil. 625, et les meilleures seulement 0 kil. 90 de houille, par force de cheval et par heure, tandis que les meilleures machines à moyenne pression et à detente employées sur le continent, consomment encore trois kilogrammes de houille par force de cheval et par heure.*

« Cette économie doit être attribuée aux grandes dimensions des machines, à leur excellent état d'entretien, aux précautions prises pour éviter les déperditions de chaleur, à la perfection des soupapes, à l'habileté avec laquelle le jeu en est règlé, en un mot, à une vraie supériorité dans la construction, la conservation et la conduite de ces belles machines dans leurs moindres détails.... »

II.

Devons-nous compter sur de pareils effets ?

Il résulte évidemment de tout ce qui précède que, pour élever les eaux, les machines de Cornwall présentent de grands avantages, surtout une remarquable économie de combustible, et il est clair qu'on doit leur donner la préférence *quand on est forcé de faire usage de la vapeur*.

Suivant les tableaux mensuels, *les meilleures de ces machines au maximum de leur effet*, dépensent actuellement un peu moins d'un kilogramme de houille par heure et par force de cheval ; quant à la moyenne générale de la dépense de toutes les machines, nous savons qu'elle est de 1 kil. 625 ; d'où résulte qu'un nombre de ces machines, égal à celui des excellentes, doit dépenser au moins deux kilogrammes pour fournir cette moyenne. Mais d'après M. Genieys (*Des Moyens de conduire les eaux* p. 120), » les expériences publiées dans les rapports men- » suels des mines de Cornouailles indiquent des résul- » tats qu'il est difficile de ne pas taxer d'exagération » ; et d'après M. Combe lui-même, dans le volume qu'il a imprimé cette année (t. III. p. 681), « quelques-uns des résultats donnés peuvent être exagérés. »

D'après Messieurs Combe et Haüy , les tableaux ne mentionnent que le travail *maximum*, et l'eau, qu'on suppose montée , n'est pas *jaugée* , mais seulement *calculée sur la section des pistons multipliée par leur course et le nombre des coups donnés dans un temps déterminé*; **on prend une moyenne pour l'amplitude de la course du piston.** On sent que, dans tous ces élémens qui servent à former les tableaux , il y a assez d'élasticité pour qu'on accorde quelque chose à l'amour-propre des ingénieurs , des constructeurs de machines et de leurs propriétaires , peut-être même à l'amour-propre national flatté de mieux faire que partout ailleurs.

Rappelons-nous que, dans la machine de Davey, le travail utile , *évalué par la quantité d'eau épuisée était inférieur de* 28 *pour* 0ⁱ0 *au travail transmis au piston*, et que de plus , *les pompes donnaient un déchet de dix pour* 0ⁱ0.

Les machines à basse pression consomment au moins 780 kilogrammes d'eau par heure et par force de cheval (un pouce environ) ;

Les machines à détente et à condensation n'exigent plus que 285 litres (un tiers de pouce à-peu-près) ; ce serait toujours du 50ᵉ au 30ᵉ à déduire de la quantité d'eau montée, ou bien, ce qui revient au même , une quantité proportionnelle de houille à ajouter.

Dans le Cornwall , on cherche à se débarrasser de l'eau qui envahit les mines ; on a donc raison de compter , comme un effet utile de la machine , tant l'eau qu'elle a rejetée au-dehors que celle *qu'elle a consommée.* Mais quand on veut employer les machines, non plus pour éconduire l'eau, mais pour s'en procurer au contraire, alors celle que la machine consomme ne doit plus compter dans le produit net, on n'y doit comprendre que celle que les pompes versent dans l'aqueduc qui la conduit à la ville.

D'après ce qui précède, je crois qu'il serait sage de compter, en moyenne, sur deux kilogrammes de houille brûlée, par heure et par force de cheval, *calculée par le poids de l'eau réellement montée et utilisable* avec la plus grande partie des machines de Cornouailles agissant sur les lieux mêmes. Comme de raison, je laisse en dehors du résultat qu'on doit espérer les machines d'une perfection extraordinaire ; car on ne doit pas se régler sur les exceptions.

Mais pourrait-on faire aussi bien ailleurs que dans le Cornwall ? Ce n'est pas douteux si l'on se place dans les mêmes conditions, si l'on use des mêmes précautions *minutieuses* contre toute perte de chaleur, si les machines sont aussi bien construites, aussi bien établies, aussi bien entretenues. Toutes choses difficiles et très-coûteuses en France, en province et surtout dans les lieux éloignés des grands ateliers de fabrication supérieure.

Il faudrait encore que les machines fussent d'une force comparable à celles de Cornwall qui sont en général *de trois à quatre cents chevaux*, car, proportionnellement, la quantité de combustible consommé est notablement plus grande avec une machine plus faible qu'avec celle d'une force supérieure.

15

Enfin , une condition sans laquelle tout rapport de l'effet au combustible employé change essentiellement , c'est la nature même de ce combustible , c'est la quantité de chaleur qu'il peut développer en brûlant, en d'autres termes, *la quantité d'eau que peut vaporiser un kilogramme de houille.*

En France , un kilogramme de houille sur les grilles des chaudières à bouilleurs, vaporise de 5 à 6 kilogrammes d'eau. M. Péclet , dans son *Traité de la chaleur*, cite , comme un résultat extraordinaire , une vaporisation moyenne de 7 kil. 20 d'eau par kilogramme de houille, obtenue par M. Edouard Kœchlin. Les constructeurs et propriétaires de machines admettent ordinairement 5 à 5 1|2 kilogrammes, suivant la qualité du combustible et dépassent rarement 6 kilogrammes.

« Aux mines de Cornwall , on obtient 8 , 9, 10 et même au-delà , dit-on, ce qui trouve beaucoup d'incrédules ; à Oldford , *avec de petits morceaux de houille de Newcastle , de la première qualité , on n'a pas dépassé 8 kilog.* 605, *avec les précautions les plus minutieuses pour empêcher la déperdition de la chaleur.* Combes, p. 688 , t. III.

Suivant M. Wicksteed , les houilles anglaises de diverses provenances évaporent , par kilogramme, de 9 kil. 495 à 6 kil. 600 d'eau, ce qui est presque dans le rapport de 2 à 3, et, contrairement à l'opinion de M. Haüy , cet auteur établit : *que la houille qui donne le plus de chaleur est celle du pays de Galles dont on se sert en Cornwall* ; la meilleure de New-castle ne pouvant vaporiser que 8 kil. 524 d'eau.

Le tableau de M. Wicksteed montre que la force de vaporisation varie dans les houilles d'Angleterre d'environ 9 1⁄2 à 6 1⁄2 ; M. Péclet n'a trouvé en France ordinairement que 5 à 6 et, par extraordinaire, 7,20 chez M. Kœchlin. Si nous n'obtenions à Lafoux que 5 , avec les houilles vendues dans la contrée au prix de vingt-cinq francs la tonne, il nous faudrait doubler , ou tiercer au moins la quantité de combustible ; ou bien , si nous voulions recourir aux charbons anglais de qualité supérieure , il faudrait augmenter le prix , ce qui reviendrait au même. Rappelons-nous qu'au *Rocher-Bleu* , les expériences ont été faites avec de la houille d'Ecosse.

C'est donc , avec raison , qu'en tenant compte de toutes ces circonstances , ceux qui sont familiarisés avec la marche des machines à vapeur pensent qu'en France , *il faut un minimum de trois kilogrammes de charbon par heure et par force de cheval , pour faire mouvoir les excellentes* ; je pourrais citer ici les mécomptes de constructeurs renommés et même les procès qui ont suivi , parce qu'ils avaient promis plus qu'ils n'ont pu tenir; — l'expérience générale prouve qu'il est sage de porter de trois à quatre kilogrammes par heure et par force de cheval , la consommation de la houille ordinaire, en France , pour des machines de 50 à 70 chevaux.

Suivant M. Combe encore , une bonne machine d'épuisement, placée à Rive-de-Gier , au puits du château , consomme 5 kil. 83 de houille pour produire le même effet qu'on obtient en Angleterre avec un seul kilogramme ; et la machine du Gros-Caillou à Paris dépense 4,17 fois autant de combustible que elles de Cornwall. (*Annales des Mines.* t. iv, 1852, p. 75.)

«On n'a pas réussi, *jusqu'à présent en France* (1841), *à brûler moins de 2 k. 1|2 de houille de première qualité par heure et par force de cheval* , disent les auteurs de l'*Encyclopédie nouvelle*, verbo *Vapeur* ; *encore ce minimum n'a-t-il été obtenu que dans des circonstances exceptionnelles , sur lesquelles on ne doit jamais compter dans l'établissement d'une machine.*

» A quatre kilogrammes par heure , et 3 fr. les 100 kilogrammes de houille de première qualité , le cheval-vapeur coûterait 1,050 fr. par an. ;

» A trois kilogrammes , il coûterait encore huit cents francs.

» Le prix des machines à vapeur bien confectionnées est , en moyenne, d'environ douze cents francs par force de cheval.

» A Béziers , la machine à vapeur élève son eau de l'Orb pour l'approvisionnement de la ville.

» La course du piston est de 0 m. 724.

» La vapeur s'introduit pendant les 3|8es de la course, soit ascendante , soit descendante ; les 5|8es restans sont parcourus sous la pression de la vapeur dilatée progressivement.

» On peut pousser la tension jusqu'à quatre et cinq atmosphères , mais la machine fonctionne plus avantageusemeut à trois. Elle est sans balancier; à la tige verticale du piston est assemblée , à charnière , une bielle qui communique un mouvement de rotation à l'arbre d'un volant qui porte une manivelle à chacune de ses extrêmités. La seconde manivelle communique , au moyen d'une autre bielle , le mouvement de *va-et-vient* à la tige d'une pompe à double effet.

Les clapets de la pompe sont à 5,95 mètres de hauteur verticale au-dessus du niveau des eaux de l'Orb, qui est très-peu variable. Le tuyau aspirateur , qui est incliné à peu près à 45 degrés , est garni en bas d'une soupape destinée à retenir la colonne d'eau aspirée lorsqu'on arrête la machine.

L'eau est foulée , dans une ligne de tuyaux inclinés , jusqu'au sommet d'un pilastre situé à 68 m. 34 au-dessus du niveau des eaux de l'Orb. Le diamètre intérieur de la colonne ascensionnelle est de 0 m. 122.

» Les tuyaux sont en fonte. La longueur développée de la colonne d'eau, depuis la rivière jusqu'au sommet du pilastre, est de 155 mètres, y compris la longueur des tuyaux aspirateurs.

» Travaillant 14 heures par jour à trois atmosphères, le volant faisant dix-huit tours par minute, le produit de cette machine a été de 242,450 litres pour quatorze heures , ce qui fait 17,318 litres par heure ; 288 litres par minute; — environ 20 pouces 1|2 fontainiers.

» La dépense moyenne de charbon est d'environ 595 kilogrammes pour 14 heures; si la machine allait 24 heures, elle dépenserait 677 kilogrammes de charbon qui , à 2 fr. 50 les 100 kilogrammes , ou 25 fr. la tonne , feraient une dépense de 16 fr. 92 par jour , soit , par an , 6,175 fr. pour 20 pouces fontainiers. Pour 500 pouces, il faudrait dépenser vingt-cinq fois plus d'argent , soit 154,575 fr.

» Théoriquement , la machine devrait donner 11 litres 69 d'eau par coup de piston : elle ne donne que 8 litres, 017 , le déchet est de plus d'un quart , ce qui est considérable » (1).

Il paraît , qu'après dix ans de service , la machine fonctionne moins bien encore , car , je trouve dans l'*Histoire des eaux de Béziers* , lue à la société archéologique de cette ville le 22 novembre 1840 , par M. Sabatier , avocat :

» Que 205,000 litres à recevoir par jour (10 pouces 1\4), coûtent annuellement 16,174 fr. ; si nous en déduisons 5,100 fr. pour l'intérêt du capital de 102,000 fr. qu'a coûté le premier établissement, nous aurons 11,074 pour l'entretien de la machine.

» M. Cordier a proposé de porter la fourniture à 45 pouces , moyennant la rétribution annuelle de 16,000 fr.; mais la commission, chargée d'examiner cette proposition , énonce dans son rapport : *que la ville reçoit à peine les deux tiers de la quantité d'eau stipulée dans les traités existans*. — Page 64 et 65.

---

(1) Maffre, ingénieur, — dans les *Annales des Ponts-et-Chaussées*, 1831, et les *Annales des Mines*, 1852.

Il me semble, pour ne plus revenir sur cette entreprise, que si l'on avait emprunté, comme M. de Prony le conseillait, la force motrice à la rivière d'Orb, le produit aurait été plus considérable et moins coûteux.

Ce n'est pas, selon M. Daubuisson, dans des considérations théoriques qu'il faut chercher l'évaluation de la dépense en charbon des machines à vapeur, et, encore moins dans les prospectus des constructeurs ; on éprouverait de grands mécomptes. C'est dans l'expérience *des machines construites et en activité depuis plusieurs années, qu'il faut prendre des données moins trompeuses sur la dépense...* Il résulte de l'examen comparatif fait par cet ingénieur sur les machines de Carmeaux près d'Alby, de Marly et de Chaillot à Paris, que la dépense, pour Toulouse, aurait été de 50 à 70,000 fr. par an.

Proportionnellement elle serait de 100 à 120 mille francs pour Nimes.

Cependant M. Daubuisson était ingénieur en chef, inspecteur au corps royal des mines, homme des plus capables et des plus instruits ; il avait voyagé en Allemagne et en Angleterre ; son opinion n'est pas très-ancienne puisqu'elle ne remonte qu'à 1828 ; il connaissait bien les machines de Cornouailles....
« En Angleterre, dit-il, on a des machines qui,
» pour un kilogramme de charbon, élèvent cent et
» deux cents mètres cubes d'eau à un mètre ; mais
» ces machines sont très-puissantes et la dépense des
» machines faibles est proportionnellement plus

» grande. En France, on fait moins bien qu'en An-
» gleterre, à Toulouse on n'eût pas mieux fait qu'à
» Paris... »

En 1829, M. l'ingénieur en chef Genieys était
grand partisan des machines à vapeur, jusqu'à regretter que, sous le Consulat et les premiers temps
de l'Empire, on n'eût pas été assez familiarisé avec
leur usage pour les préférer à l'établissement du canal
de l'Ourcq ; il y aurait trouvé, pour fournir la même
quantité d'eau à la ville de Paris, une économie de
plus de six millions.

« Depuis quelques années, dit-il, les machines à
vapeur ont éprouvé des améliorations sensibles ; de
nouveaux procédés, en simplifiant leur construction
et diminuant leur dépense de combustible, permettent d'élever l'eau, à peu de frais à une très-grande
hauteur ; de manière, qu'il serait économique et
très-prudent de demander, dans Paris même, à la
Seine, la masse à distribuer, et de ne regarder celle
de l'Ourcq que comme un supplément. »

M. Genieys fait ensuite son compte et il trouve
que, *pour élever à vingt-sept mètres de hauteur sept
mille pouces d'eau, au moyen de la vapeur*, il en
coûterait, en capital 16,414,440 fr., soit environ
huit cent vingt mille francs par an.

On voit que, malgré les perfectionnemens de la
machine à vapeur, son emploi en 1829 était encore
passablement dispendieux. Sept mille pouces élevés à
27 mètres équivalent à 189,000 pouces élevés à un
mètre ; en supposant qu'à Lafoux nous voulussions

élever mille pouces à 48 mètres, nous aurions
48,000 pouces à élever à un mètre ; comme il ne
nous faudrait qu'une force quatre fois moindre,
l'ensemble de nos frais s'élèverait donc, non compris la restauration de l'aqueduc, à 200,000 francs
par an. Si nous nous contentions d'élever cinq cents
pouces d'eau moyennement pour l'année, la dépense
de premier établissement, d'entretien des machines,
de personnel et de combustible s'élèverait à 100,000
francs, représentant un capital de deux millions qui,
joints aux 800,000 francs que coûterait la restauration partielle de l'aqueduc romain, feraient, en tout,
2,800,000 francs pour l'entreprise.

Plus récemment encore, en 1840, M. l'ingénieur
en chef des ponts et chaussées du département du
Rhône, Mondot de Lagorce, ayant à calculer la dépense des machines à vapeur en projet pour alimenter d'eau la ville de Lyon où l'on voulait élever ·

12,000 mètres cubes d'eau par vingt-quatre heures, (600 pouces) à 24 mètres,

et 1,500 mètres cubes à 90 mètres ;

Ce qui équivaudrait

à 423,000 mètres cubes élevés à un mètre ; M. de
Lagorce, dis-je, comptait :

Pour premier établissement,

Machines......................... 200,000 f.
Puisards, aqueducs de filtration..... 200,000
Tuyaux d'ascension et frais divers... 100,000

En capital........... 500,000 f.

— 254 —

Dont l'intérêt est....... ... 25,000 f.

Frais d'entretien, réparations y compris le dépérissement................. 16,000

Chauffeurs et mécanicien.......... 10,000

Charbon, par jour 960 myriagrammes
à 15 c., soit 144 fr., ce qui fait par an
environ......................... 53,000

Dépense annuelle........ 104,000

« Je compte, dit M. de Lagorce, cinq kilogrammes par heure et par force de cheval. Ce résultat n'est
déduit, ni de considérations théoriques, ni de prospectus, mais de l'expérience des meilleures machines connues et fonctionnant réellement. »

M. de Lagorce, qui a écrit *le Code des bateaux à
vapeur*, avait fait une étude spéciale de cette matière.

La commission d'enquête, qui comptait dans son
sein un ingénieur en chef des mines, M. Puvis, et
l'un des notables manufacturiers métallurgiques de
France, M. Frère-Jean, disait à la même époque :
— « Si l'on pouvait n'employer qu'une seule machine au lieu de deux qui sont indispensables pour la
sécurité du service de fourniture d'eau, on pourrait
économiser sur le combustible et consommer notablement moins de cinq kilogrammes et même de
quatre et demi de houille par cheval et par heure ;
*et si le service dont il s'agit comportait l'emploi
d'une machine de plusieurs centaines de chevaux de
force, comme celles de Cornouailles, ou comme la*

grande machine *d'épuisement de Rive-de-Gier, la consommation de la houille pourrait être inférieure même à deux kilogrammes.* Mais, on le sait, il n'y a aucune parité entre des machines d'une telle puissance et des machines fonctionnant avec une force de trente à cinquante chevaux, comme celles dont il est question ci-dessus.

«Au surplus, le chiffre de cinq kilogrammes, par heure et par force de cheval, a été indiqué par d'habiles praticiens, propriétaires d'importans moulins à vapeur, comme résultant de leur propre expérience *avec des charbons de qualité courante.* »

M. Dupont, ingénieur des mines, ayant à construire une machine à vapeur, dans ses projets de distribution d'eau à Cette, compte sur une dépense de trois kilogrammes de houille par heure et par force de cheval.

«Dans les forces de 50 à 70 chevaux, une machine à vapeur est bonne, me disait le mois dernier M. Abadie, quand elle ne consomme que quatre kilogrammes de charbon par heure et par force de cheval, et, *quoi qu'on en ait dit, il n'en existe pas encore en France, qui n'en consomment trois kilogrammes : ce sont les excellentes….. »*

Suivant Tredgold (p. 550), « les machines à double effet de Boulton et Watt, consomment 4 kil. 1 de charbon, par heure et par force de cheval;

» Les machines à double effet et à détente en consomment 2 kil. 85 (p. 555);

» Les machines à deux cylindres 3 kil. 4 de houille collante (p. 357).

» Pour une force de 70 chevaux , il faudrait par heure et par force de cheval :

» Aux machines à simple effet sans expansion . . . . 5 k. 40

» Aux machines à simple effet avec expansion. 4   54

» Aux machines à double effet sans expansion 6   70

» Aux machines à double effet avec expansion. 3   20
(p. 585 à 589).

» Dans le Cornwall , les résultats ne peuvent être considérés comme exacts que par la compensation réciproque des différentes erreurs qu'entraine le mode d'estimation ; car , le poids de la colonne d'eau est moindre que la résistance , et le compteur indique seulement le nombre de coups de pistons et non la quantité actuelle d'eau élevée. Les mécaniciens chargés de surveiller les machines sont payés à raison de l'effet dynamique qu'elles produisent. (Tredgold , p. 473 , 476).

» La consommation de houille, par puissance de cheval , dit M. Janvier (*Manuel des machines à vapeur appliquées à l'industrie*, t. ii , p. 199), varie entre 3 et 7 kilogrammes ; la plus ordinaire est de 4,50 ; les machines de Woolf ne consomment que 3 ou 3,50.

» La manière d'éprouver la houille se réduit à déterminer la quantité d'eau qu'elle peut vaporiser dans un temps donné, en tenant compte du poids du charbon employé et de celui des résidus du combustible. Il paraît qu'il est difficile d'obtenir de la meilleure houille plus de 7 kilogrammes de vapeur par kilogramme de combustible ; tandis qu'il en est qui fournissent des résultats bien inférieurs. »

« Suivant MM. Flachat et Petiet, *Guide du conducteur des locomotives*, p. 209 ; — un kilogramme de coke évapore 7 kilogrammes d'eau, un kilogramme de houille 6,440 ;

» MM. Clément et Desprets ont, à la vérité, poussé beaucoup plus loin la vaporisation par la houille et le coke ; mais ce n'est pas en grand, dans la marche des machines, c'est dans de simples expériences de cabinet.

» Un kilogramme de houille de Newcastle vaporise, en moyenne, d'après Tredgold........ 7 k. 4

» D'après Black........................... 7   9

» *Idem* Wals'End, d'après Tredgold...... 8   6

» *Idem* du pays de Galles, d'après le même. 5   86

» Le charbon menu, ou de rebut, produit environ les trois quarts de l'effet de la bonne houille de la même qualité (Tredgold, p. 200 à 201).

» Nous savons que, pour la houille du pays de Galles, Tredgold a été rectifié par M. Wicksteed, qui porte le pouvoir vaporisant de celle-ci (Combes, l. c. t. III, p. 695), à 9 kil. 493, ce qui permettrait de comprendre les grands effets des machines de Cornwall.

Enfin, d'après M. Léon Lalanne (*Aide mémoire*

universel, p. 788), « *On n'a pas encore réussi jus-qu'à présent* (1843), *à brûler moins de deux kilo-grammes et demi de houille , de première qualité , par heure et par force de cheval , encore , ce maxi-mum n'a-t-il été obtenu que dans des circonstances exceptionnelles sur lesquelles on ne doit jamais comp-ter dans l'établissement des machines.*

» Pour celles employées aux épuisemens , les ré-sistances passives , les intermittences de travail , et les pertes occasionnées par les pompes donnent un déchet considérable dans l'effet utile *mesuré directe-ment par l'eau fournie à une certaine hauteur, et l'on doit compter sur une augmentation de près de moitié en sus dans la consommation moyenne de charbon indiquée dans la troisième colonne de la table qui suit*;

» A chaque kilogramme de charbon brûlé corres-pond une dépense de 5 à 7 kilogrammes ou litres d'eau. Elle s'élève à 780 litres au moins , par force de cheval et par heure , compris l'eau du condensa-teur, dans les machines à basse-pression ; les machi-nes à détente et à condensation n'en exigent que 295 litres. »

(Suit le Tableau.)

SYSTÈME DES MACHINES ET LEUR DESTINATION.	EFFET UTILE PAR KILOGRAMME DE COMBUSTIBLE.	CHARBON BRULÉ PAR FORCE DE CHEV. et par heure.
	k. $\times$ m.	
De Newcomen	21,000	13
A haute pression, sans détente ni condensation	de 21,000 à 27,000	de 8 à 10
A basse pression, système de Watt, sans détente et avec condensation	de 34,000 à 45,000	de 5 à 6
A haute pression, avec détente et sans condensation	de 55,000 à 95,000	de 4 à 5
A haute pression, avec détente et condensation........	de 90,000 à 108,000	de 2,50 à 5 kilog.

Mais le plus souvent quatre. »

Il résulte de ce qui précède :

Que, *quand on veut employer la vapeur pour élever de l'eau,* c'est aux machines de Cornouailles qu'il faut avoir recours ;

Que la consommation moyenne de houille de l'ensemble de ces machines, *pour leur travail maximum,* est de 1 kil. 50 par heure et par force de cheval sur les lieux-mêmes ;

Que, hors du pays, avec des machines moins bien construites, surtout moins bien soignées, entretenues et hors de l'influence stimulante d'un concours permanent, on doit s'attendre à la consommation de deux kilogrammes ;

Qu'enfin , si l'on tient compte de l'effet constant et non de l'effet *maximum* , si l'on suppute le travail, non par la section du piston *,* l'amplitude de sa course , et le nombre de coups, mais *par l'eau réelle- ment montée , déduction faite de celle que la machine consomme* , et si , au lieu d'employer les houilles de choix du pays de Galles ou même de Newcastle , on veut se servir des houilles courantes de France ; — alors , on doit prudemment compter sur une consom- mation de trois kilogrammes. Beaucoup de praticiens et d'habiles constructeurs même, ne se soumettraient pas à les faire marcher *constamment* à cette con- dition.

III.

Devons-nous rejeter la machine hydraulique pour adopter l'emploi de la vapeur.

Pour élever les eaux nécessaires à leurs besoins, Genève *,* Amiens, Reims , Angoulême , Narbonne , Dôle , Philadelphie et beaucoup d'autres villes , se servent de moteurs hydrauliques et s'en trouvent bien.

Cette se dispose à user du même moyen d'après, le projet de M. Dupont ingénieur des mines.

Qu'à Londres on emploie la machine à vapeur pour élever toute l'eau nécessaire aux besoins de ses habitans, cela se conçoit ; pourrait-on faire autre- ment? — avait-on la faculté d'établir un barrage au

travers de la Tamise, ou bien une dérivation laté-
rale avec le peu de pente de ce fleuve ?

Se servir de la vapeur est, dans cette capitale,
une condition forcée, mais certainement bien coûteuse, puisque les compagnies qui élèvent et distri-
buent les eaux ne font que des bénéfices modérés,
bien qu'elles en vendent beaucoup à un prix fort
élevé, et qu'elles n'en fournissent point sans rétribution.

Près de Leyde, une machine à vapeur doit être
établie pour le dessèchement du lac de Harlem, élevant 4,750 pouces d'eau, et ne devant consommer
que 7|10e de kilogramme de houille, par heure et
par force de cheval ; — mais l'expérience est encore à
faire ; — la machine sera de trois cent cinquante chevaux et marchera, d'ailleurs, alimentée par les meilleures houilles anglaises.

-La machine de 25 chevaux, qui ne doit consom-
mer, à Aiguesmortes, que 1 kil. à 1 kil. 1|4 de
houille par heure et par cheval, est encore à construire aussi.

D'ailleurs, à Harlem, à Aiguesmortes, au *Rocher-
Bleu*, on n'a pas plus qu'à Londres, le choix des
moteurs pour produire l'effet désiré, et, dès qu'on
le peut, on a recours à l'action des forces naturelles,
beaucoup moins coûteuses que celle du feu..

Aussi, en Hollande, pour les dessèchemens, on produit *tout ce qu'on peut avec la force du vent*, et ce n'est
que quand elle fait défaut qu'on a recours à la vapeur ; on se servirait, de préférence assurément,

16

des moteurs hydrauliques , si l'on pouvait en créer.

Pour dessécher la *mer* de Harlem , de 18,000 hectares de superficie, on emploiera bien quatre machines à vapeur, chacune de la force de trois à quatre cents chevaux : c'est qu'il faut une action énergique prompte , mais temporaire : — Toutefois, *quand le dessèchement aura été opéré par les machines à vapeur, cent vingt moulins à vent sont destinés à l'entretenir.*

Bien supérieure , sous certains rapports , aux cours d'eau qui ont, pour ainsi dire, leur place marquée dans la nature , la machine à vapeur, dit M. Dubrunfault , *peut être établie partout et doit être préférée , surtout là où le combustible est à bas prix...* (ENCYCLOPÉDIE MODERNE , *verbo* VAPEUR). Nous acceptons ces réflexions comme justes; mais , attendu qu'à Lafoux le combustible *est cher* et qu'il s'y trouve un cours d'eau *dans une de ces places marquées par la nature*, nous préférons la force hydraulique en ce lieu.

Les citations suivantes de M. Combe viennent à l'appui de notre opinion :

« Les quantités d'eau qui affluent dans la plupart des mines du Cornwall et du Devonshire sont très-considérables. (*Annales des Mines* 1834 , p. 363). Les pompes ne sont mues par un moteur hydraulique que dans un petit nombre de localités , et , en général, la difficulté , l'impossibilité même d'amener des cours d'eau assez importans pour servir de mo-

teurs, ou de construire des étangs et réservoirs semblables à ceux qui fournissent les eaux motrices à la
plupart des mines d'Allemagne , *ont obligé d'avoir
recours à la puissance de la vapeur...* »

D'où résulte évidemment que, dans le Cornouailles
même , on aurait préféré les moteurs hydrauliques ,
s'il en avait existé , ou même si on avait pu en *créer*
dans le voisinage.

M. Combe revient encore sur cette assertion remarquable dans son *Traité d'Exploitation*, t. III, p. 444.—
Les machines à vapeur du Cornwall sont aujourd'hu
d'un usage général , dit-il , *sur les mines près des-
quelles il n'existe pas de chute d'eau assez puissante
pour l'épuisement des affluens souterrains et dont on
veut obtenir l'assèchement aux conditions les plus éco
nomiques* ..

La conséquence de ce paragraphe est : que les
machines de Cornwall sont le moyen le plus économi
que, quand on ne peut pas se passer de l'emploi de la
vapeur ; mais que, toutes les fois qu'il existe une
chute d'eau assez puissante dans le voisinage, *il faut
en profiter*.

La machine à vapeur du *Rocher-Bleu* , qu'il nous
importe particulièrement de connaitre , a une force
suffisante pour élever trois mètres cubes d'eau par
minute (215 pouces), d'une profondeur de 128 mètres, en ne donnant pas plus de dix coups par minu-
tes et en ne travaillant pas à une pression de plus
de trois atmosphères.

La consommation de combustible ne dépasse pas

200 kilogrammes de houilles de Newcastle, ou 300 kilogrammes de bon lignite du pays par heure (1).

» On peut réduire, à volonté, l'effet de la machine jusqu'au quart, et la dépense diminue proportionnellement. Elle est à simple effet, à cataracte, avec revêtemens isolans pour éviter la déperdition du calorique.

» Au bout d'un mois d'usage, le produit théorique était, après chaque coup de piston, 0 m. 452 ; le produit réel était 0 m. 450 ; — quatre mois d'usage s'étant écoulés, le produit fut encore trouvé de 0 m. 445, c'est-à-dire que la perte n'était que de 1|65ᵉ environ du produit théorique (2).

» La consommation de la machine du *Rocher-Bleu*,

---

(1) Ce serait encore fort cher si la machine ne desservait pas une mine de lignite. Soit à 30 fr. la tonne, 3 fr. les 0|0 kilog., la houille de Newcastle, on dépenserait 6 fr. par heure, 144 fr. par jour, 52,560 fr. par an.

215 pouces à 128 mètres égalent 27,520 pouces élevés à un mètre ;

A Lafoux, si nous voulions 500 pouces à 48 mètres, ce serait comme 24 000 pouces à un mètre;

Si nous exigions 1,000 pouces, ce serait 48,000 pouces à un mètre.

Dans le premier cas et avec la même dépense proportionnellement qu'à la machine du Rocher-Bleu, il nous faudrait à Lafoux annuellement pour environ 42,000 fr. de combustible, et, dans le second cas, pour près de 60,000 fr.

(2) Comme il était naturel de le penser, les pertes augmentaient cependant au bout d'un temps très-court de service ; reste à savoir où l'on en est après plusieurs années.

n'est, d'après la moyenne des expériences (toujours après un ou quatre mois d'usage) que de 1 k. 46 de houille par heure et par force de cheval ; ce système est donc préférable à tout autre..... »

J'adhère certainement à cette conclusion de M. Diday, mais j'acquiesce encore plus volontiers lorsqu'il ajoute : — « Cette machine doit remplacer celles à double effet, beaucoup plus dispendieuses, *dans les cas où le peu d'abondance des eaux ou le défaut de chutes ne permettent pas l'établissement des roues hydrauliques......* » (ANNALES DES MINES, 4ᶜ série, t. II, p. 3 à 30.)

On le voit, les partisans les plus prononcés de la machine à vapeur, ceux mêmes qui, le plus récemment ont examiné les meilleures, ne conseillent l'établissement des machines de Cornwall, quelque économiques qu'elles soient, que là *où le combustible est à bas prix, là où il n'existe point de courant moteur, là où même il n'est pas possible d'en créer....*

D'où vient qu'à Toulouse on a rejeté l'emploi de la machine à vapeur ? — Parce qu'elle aurait exigé, tous les ans, pour plus de soixante mille francs de charbon, et parce qu'on pouvait disposer d'une chute d'eau motrice.

Messieurs, disait M. de Villèle aux ingénieurs chargés de l'examen de la question des eaux : — « Vous êtes fort savans et je ne le suis pas; mais vous » voulez de l'eau de la Garonne ; les chutes d'eau de » vos deux moulins ne vous fournissent-elles pas une

» force suffisante pour élever toute celle qu'il nous
» faut?... »

A-t-on lieu de se repentir du parti que l'on a
adopté? Nullement. — L'une des machines fut mise
en jeu le 25 mai 1825 , la seconde ; le 15 mai 1828 ;
depuis leur rétablissement jusqu'au moment où M.
Dubuisson écrivait , elles n'avaient pas démenti leur
succès primitif ; on s'était borné pendant trois ans ,
à graisser les pistons et les tourillons pendant trois
ans , ce qui amène une dépense de 7 à 8 francs par
mois. Ces machines sont des meilleures et des plus
solides qui existent en France.

Voici des renseignemens plus récens que je tiens
de M. Abadie lui-même. — « Je ne puis concevoir ,
« m'écrivait-il le 15 novembre , qu'on songe à em-
» ployer une machine à vapeur quand on dispose
» d'une grande puissance hydraulique , surtout
» lorsqu'il s'agit de porter un volume d'eau con-
» sidérable à 44 mètres de hauteur. On ne peut aban-
» donner une machine à feu un quart-d'heure , tan-
» dis qu'on peut laisser longtemps à elle-même une
» bonne machine mue par l'eau , sans qu'elle puisse
« en souffrir.

» Lorsque j'ai construit les machines de Toulouse,
» projet que j'ai poursuivi pendant vingt ans , l'ob-
» jection principale qu'on m'adressait était le peu de
« sûreté des machines pour un service régulier et
» public. Cependant, il y a eu vingt ans le 25 du mois
» de mai dernier que les miennes marchent , nuit et
« jour, sans autre entretien que les aubes des roues et

» l'huile et le suif nécessaires. — La machine est en
» aussi bon état que le jour où elle a été mise en
» mouvement. Ayant vérifié , il y a deux ans , les
» clapets de retenue, partie de l'ajustage qui souffre
» le plus , et qui , d'après la marche réglée avaient
» été ouverts et fermés jusqu'au jour de l'exa-
» men , environ soixante-trois millions de fois, j'ai
» trouvé les surfaces du contour tellement conser-
» vées qu'on dirait que la machine n'a pas marché
» huit jours... Je ne vous donne ces détails que pour
» vous montrer qu'on peut en faire , pour ainsi dire,
» d'impérissables.... »

L'opinion dernière de M. Daubuisson était : « que
lorsqu'on a , dans son voisinage , à sa disposition , une force motrice et naturelle suffisante ,
il y aurait au moins de la maladresse d'y substituer une force artificielle obtenue à un prix
élevé. »

L'ingénieur en chef des eaux de Paris, M. Mallet ,
pensait de même à son retour d'Angleterre , où il
venait de voir un grand nombre de services d'eau ,
tant publics que privés , faits par de belles et bonnes
machines à vapeur , ce qui ne l'empêchait pas d'é-
crire à M. Daubuisson : — «Je vous félicite de ce que
» la nature a fait pour vous , en vous donnant un
» moteur qui ne se repose jamais et qui vous livre
» continuellement son action pour rien, vous deman-
« dant seulement , et une fois pour toutes , de le bien
• disposer. »

M. Daubuisson ajoute : « En définitive , on n'em-

» ploie et on ne doit employer une machine à va-
» peur que là où un courant d'eau ne saurait pro-
» duire l'effet voulu.... »

Ce qui prouve que la vapeur n'offre pas des avantages aussi évidens qu'on peut le prétendre , c'est qu'on se dispense d'y recourir aussitôt qu'on le peut.

A Paris on a réalisé, en grand, le meilleur de tous les systèmes, celui de l'eau amenée par sa propre pente ; malheureusement, au lieu de construire un aqueduc enfoui, maçonné et voûté , on a voulu que la rigole pût servir en même temps de canal de navigation , et l'on n'a eu que de l'eau de qualité inférieure.

Dans d'autres temps , on a élevé l'eau de la Seine par des machines à vapeur ; mais cette eau coûte si cher qu'on ne la pousse pas au-delà des quartiers inférieurs, qu'on ne la donne aux fontaines qu'avec parcimonie et qu'on la vend à un prix fort élevé.

Le problème n'était pas encore résolu, et il ne restait que le troisième système , celui des machines hydrauliques , système inférieur, selon moi , à celui de l'aqueduc à pente, mais, de beaucoup préférable à l'emploi de la vapeur. On a vu , dans mon premier volume, que les exigences de la navigation s'étaient toujours opposées à ce qu'on pût rien faire de grand dans ce genre , parce qu'il était interdit d'établir un barrage sur la Seine.

Les hommes d'intelligence et de génie ne se sont pourtant pas rebutés , tellement ils étaient persuadés de la prééminence d'un moteur hydraulique sur la vapeur, et, à force de soins et de recherches, MM. Fourneyron et Arago, ont conçu le projet hardi d'un barrage mobile établi sous les arches du Pont-Neuf. Il ne m'appartient pas de rien préjuger ici sur l'avenir d'un système encore à l'étude, mais son apparition prouve pour moi ce fait important : — que malgré les avantages et les perfectionnemens actuels de la machine à vapeur, malgré les prodiges des machines de Cornouailles, deux hommes d'un mérite éminent n'ont pas jugé sans importance de se livrer à des recherches profondes pour inventer le moyen d'établir un barrage au travers de la Seine, à Paris, qui ne gênât pas la navigation, *et cela dans l'unique but d'obtenir un moteur hydraulique capable de porter quinze mille pouces d'eau à quarante-trois mètres de hauteur,* c'est-à-dire dans les quartiers supérieurs de la capitale.

Pense-t-on, qu'en l'absence des obstacles sérieux que présente la navigation de la Seine, le moteur hydraulique n'aurait pas été adopté, de préférence et plus anciennement que la dérivation de l'Ourcq et les pompes à feu de Chaillot et du Gros Caillou ?

A Lyon, M. l'ingénieur Dumont est un partisan déclaré des machines de Cornouailles, qu'il propose d'établir pour le service de la ville ;

Suivant lui, ces machines auraient à élever en vingt-quatre heure :

8,000 mètres cubes d'eau (400 pouces), à 50 mètres;

```
mètres cubes élevés à 1 m., ou  dynamodes,  240,000
   soit  4,000 mètres cubes ( 200  pouces ),
à 46  mètres....................  180,000
   4,000 mètres cubes ( 200 pouces ), à  84
mètres ..........................  380,000
```

Mètres cubes élevés à 1 m., ou dynamodes. 800,000

Ce qui exigerait l'emploi de quatre tonnes de houille par vingt-quatre heures qui, à 1 fr. 50 les cent kilogrammes feraient une dépense de 21,900 fr.

Mais un pareil travail n'est exécuté que par les plus fortes machines de Cornwall, les plus faibles n'y atteignent pas, et je doute que, *même à Lyon* , on obtienne, à quinze francs la tonne, des houilles qui puissent entrer en parallèle avec celles qu'on brûle en Angleterre sous les chaudières des pompes d'épuisement.

Il ne faut pas oublier que M. Dumont avait d'abord publié un projet dans lequel il employait *une dérivation du Rhône comme force motrice* ; il n'y renonça qu'à cause de la difficulté d'établir son canal de dérivation sur la rive droite et de l'impossibilité de bâtir un barrage en travers d'un fleuve navigable ; mais il n'en regrette pas moins le moteur hydraulique , et termine ainsi l'un de ses chapitres :

« Même en Angleterre , pays classique de la houille
» et de la vapeur, il existe beaucoup de localités où
» l'on cherche avec le plus grand soin *à créer des*
» *moteurs hydrauliques*.... Les projets de Greenock et
» l'opinion de l'ingénieur habile et expérimenté Ro-

» bert Thom , en disent plus que bien des raison-
» nemens.... »

Que faut-il penser , dès-lors , des moteurs hydrauliques *tout créés ?*....

A Lyon , malgré même les difficultés qu'opposent ,
soit l'escarpement de la rive droite du Rhône , soit le
peu de pente de la Saône , *plusieurs ingénieurs ont
pensé à créer des chutes motrices au moyen de lon-
gues dérivations ou de barrages mobiles* ; cette dernière proposition aurait même été prise en considération , sans les souvenirs des désastres récens de
l'inondation de 1840 , qui ont inspiré un grand
éloignement pour tout projet de réhausser la ligne
de flottaison de la rivière ou du fleuve.

Quant à l'établissement d'une dérivation de quarante à cinquante mille mètres de longueur, comme
il serait excessivement coûteux , on conçoit qu'il
puisse être plus économique, par ce motif, d'employer
la vapeur dans de certaines limites , c'est-à-dire , si
l'on ne veut pas une quantité d'eau très-considérable.

Ainsi , dit M Favier, inspecteur au corps royal
des Ponts-et-Chaussées : — « Si le volume d'eau à éle-
» ver était inférieur ou même égal à mille pouces , le
» système de la machine à vapeur serait préférable ;
» mais, au-delà , il vaut mieux employer une dériva-
» tion de quarante à cinquante kilomètres. »

Il faut ici faire une attention sérieuse aux termes
de la comparaison. A Lafoux , nous ne voulons pas
élever plus de mille pouces d'eau ; faudra-t-il pour

cela adopter les pompes à feu ? Nullement, le second terme de la comparaison nous en éloigne bien plus que celui-ci ne nous en rapproche , car , au lieu d'avoir un canal d'amenée de quarante à cinquante mille mètres de longueur à construire , nous n'en creuserons qu'un de quatre , ou , tout au plus six mille mètres de développement ; — *le système hydraulique est donc ici préférable à celui de la vapeur.*

L'opinion de M. Favier mérite une grande considération , et , certainement, s'il avait trouvé à Lyon un barrage tout fait, placé à six mille mètres seulement du lieu où il voulait établir ses machines , et si le creusement du canal d'amenée n'avait présenté aucune difficulté , il aurait accepté la chute d'eau comme un moteur économique , heureux d'échapper aux frais ruineux de combustible qu'entraine le système opposé.

Consulté par la ville de Bordeaux sur les moyens de lui fournir l'eau qui lui manque , M. Mary , ingénieur en chef des eaux de Paris , après avoir attentivement exploré la contrée , s'est décidé pour la dérivation d'une source située à onze kilomètres de la ville et fournissant six cents pouces. Comme cette source coule à un niveau trop bas , M. Mary emploie pour l'élever, *non la force de la vapeur , mais celle qu'il emprunte à un cours d'eau voisin.*

Pour élever une portion de l'eau de l'Hérault à la hauteur du sol de la ville d'Agde et des quartiers élevés de la ville de Cette , M Dupont , ingénieur des mines, en dirige cent pouces dans un réservoir placé à quarante-cinq mètres de hauteur , en se servant pour cela de turbines mises en jeu par une chute de la rivière même , c'est-à-dire en profitant du barrage qui existe au moulin d'Agde.

Le témoignage le plus important que je connaisse , constatant la supériorité du moteur hydraulique sur l'action de la vapeur , c'est le fait que je vais rapporter, qui me paraît bien concluant pour la thèse que je soutiens. Philadelphie tire sa fourniture d'eau de la rivière Schuylkill ; les pompes sont situées à Fairmount , à 24,000 mètres de la ville. Commencés en 1819 , les *Water-Works* étaient en activité en 1822.

On compte à Philadelphie 16,678 familles qui reçoivent l'eau nécessaire à leur consommation , au moyen de tuyaux greffés sur les conduites , et 3,000 familles alimentées par les pompes publiques ; soit en tout 19,678 familles. En 1837 , les sommes payées pour l'eau par ceux qui en jouissent , se sont élevées à 576,861 fr. , tandis que les frais d'établissement de toute espèce étaient de 7,485,188 fr. On voit que la compagnie à qui l'on doit cette œuvre n'a pas fait une mauvaise opération financière.

Mais voici la circonstance la plus remarquable et la plus intéressante pour nous :

Les machines à feu avaient d'abord été employées à Fairmount jusqu'en 1822; mais, à cette époque, la force hydraulique fut substituée à celle de la vapeur ; — et voici le jugement que M. Stephenson porte sur cette détermination extraordinaire : — « *La faible dépense de 70,000 fr. par an , qui suffit aujourd'hui pour approvisionner d'eau Philadelphie* (1), *justifie suffisamment les travaux faits pour remplacer , malgré les frais énormes de première mise de fonds , la force motrice de la vapeur par celle de l'eau* (2).

Voici maintenant les détails que donne M. Janvier (*Manuel d'Hydraulique*) , sur cette machine elle-même.

» Parmi les appareils les plus remarquables qui existent , on doit particulièrement citer celui qui a été dernièrement établi pour fournir de l'eau à Philadelphie. Comme monument de goût , d'utilité et de perfection , cette machine excite l'admiration de tous ceux qui la voient.

» La puissance d'eau motrice a été calculée capable d'élever dans le réservoir , au moyen de huit roues à eau et d'autant de pompes , la quantité journalière de 45,500 mètres cubes d'eau ou deux mille deux cent cinquante pouces.

» Philadelphie ayant environ 50,000 habitans , c'est 900 litres par jour et par tête , c'est-à-dire , plus d'eau qu'on n'en ait en aucun pays par des moyens artificiels.

» L'effet est produit par quarante gallons d'eau sur la roue, lesquels en élèvent un dans le réservoir. Les pompes sont foulantes , à double effet; les corps de pompe cylindriques ont seize pouces de diamètre in-

---

(1) Les distributions dans l'intérieur des maisons et à tous les étages exigent des frais spéciaux et un personnel nombreux.

2) Stephenson, *des Travaux publics aux États-Unis d'Amérique.*

térieur ; les manivelles ou demi-course de piston
sont de cinq pieds , ce qui en donne dix pour chaque
course entière correspondant à un tour de chaque
roue.

« Ces roues fournissent trente tours par minute.

» L'eau est refoulée à une hauteur perpendicu-
laire de 28 m. 89 , au moyen de grands tubes qui
ont environ 500 pieds de longueur. La quantité
d'eau fournie par chaque pompe est de 284 pouces
environ . »

Je regrette de ne pas connaître exactement la
chute d'eau dont on dispose ; quant à la masse d'eau
motrice , comme elle est quarante fois plus forte que
la quantité d'eau montée , elle est de 90,000 pouces,
près de vingt-un mètres cubes par seconde, c'est-à-dire
environ dix fois ce que le Gardon débite à Lafoux aux
étiages ordinaires ; mais , d'un autre côté , nous aurions à Lafoux en notre faveur , une chute d'eau
au moins six fois plus forte , car, si la machine amé-
ricaine donne aux environs de 50 pour cent de la
force dépensée , la chute qui la fait mouvoir ne
doit pas être de plus d'un mètre et demi ou , au
maximum , deux mètres.

Poussée à 96 pieds anglais par les pompes , l'eau
se trouve à 46 au-dessus du point culminant de la
ville et se distribue ensuite entre les 19,678 abon-
nés, à l'aide de 51 lieues de tuyaux de fonte dont le
diamètre varie de 0 m. 50 à 0 m. 076. Il y a quatre
réservoirs qui ont coûté f. 725,526 ; ils contiennent
99,143 mètres cubes d'eau : leur superficie est de

2,50 hectares. Lorsqu'ils sont pleins, la surface de l'eau e.t à 28 m. 80 au-dessus du barrage de la rivière et à 16 m. 80 au-dessus des rues les plus élevées de Philadelphie.

V.

On le voit, MM. les ingénieurs en chef Genieys, Mallet, Daubuisson, de Lagorce, MM. Tredgold, Lalanne, Abadie, Janvier, pensent que, pour les meilleures machines, on ne doit pas compter sur une consommation moindre de trois kilogrammes de houille par heure et par force de cheval.— MM. Combe, Diday, Dumont, Favier, Fourneyron et Arago disent textuellement ou prouvent par leurs recherches, qu'on ne doit recourir à la vapeur que quand il est impossible de se procurer un moteur hydraulique. Les villes qui ont adopté ce dernier moyen en sont satisfaites, et celles qui se servent de la vapeur ne peuvent, malheureusement pour elles, faire autrement. A Madrid, on se servira de la chute du Mançanarès tant qu'il y aura dans ce torrent une quantité d'eau suffisante, et la vapeur ne fournira que pendant l'été l'appoint de force coûteuse mais nécessaire. — Enfin, en Amérique, dans la patrie de Fulton, là où les bateaux à vapeur triomphent sur tous les fleuves, après qu'on a eu fait pour Philadelphie l'essai coûteux des pompes à feu, on les a résolument détruites et uniquement dans des vues d'économie; on leur a substitué l'impulsion d'un courant d'eau et l'on se félicite du parti tardif qu'on a pris. C'est une compagnie qui en est venue à cette extrémité, *après expérience faite*, *et sans avoir d'autre motif que celui de son propre intérêt.*

Nous ne pourrions présenter d'argument plus décisif, et nous passons à un autre ordre de considérations.

» Une des conditions essentielles d'un bon service de fourniture d'eau publique, c'est la permanence. Lorsque toute la population d'une ville a réglé ses habitudes et la plupart de ses travaux industriels sur une distribution d'eau constante, une interruption d'un jour présente un grand inconvénient ; une interruption d'une semaine devient une véritable calamité.

» Mais il en est des villes comme des familles ; elles ne se soutiennent pas toujours au même point de splendeur. Tant qu'elles sont en voie de prospérité et qu'elles jouissent de revenus considérables, leurs besoins sont facilement satisfaits ; on s'empresse à les servir, et tout concourt à leur bien-être. Mais que des jours malheureux arrivent à leur tour, soit par des discordes intestines, soit à la suite des fléaux dont l'humanité ne sera jamais exempte, alors, les ressources communales sont bientôt épuisées ; les services publics s'arrêtent (1).

---

(1) Terme, — *des Eaux potables* . p. 481 et 485. — Edit. in-4°

L'emploi de la houille s'accroît tous les jours, et par conséquent, son prix doit prochainement s'élever, comme s'élève celui de tous les combustibles en France. Les mines sont en général dans les mains de compagnies puissantes qui tendent à acquérir successivement toutes celles dont les produits peuvent leur faire concurrence. Une fois délivrées de l'action de la petite propriété, les compagnies nanties de la richesse houillère du pays ne manqueront pas de s'entendre et d'élever, on ne peut prévoir à quel taux, le prix marchand d'un combustible dont les applications augmentent incessamment. Cette tendance fâcheuse, qu'on peut prévoir dès-aujourd'hui, préoccupe le gouvernement-lui-même ; une ville doit-elle sagement soumettre son avenir à cette éventualité, quand elle peut faire autrement ?

Les machines à vapeur perfectionnées qu'on nous propose sont *fabriquées en Angleterre*, et ajustées seulement en France *par des constructeurs anglais* ; n'y a-t-il pas des inconvéniens de plus d'un genre à se soumettre ainsi, quand il n'y a pas nécessité absolue, à la supériorité de la fabrication étrangère ?

Ces circonstances fâcheuses n'existent point avec un appareil hydraulique. Nous avons des constructeurs nationaux éprouvés, et un courant d'eau, une fois acheté et disposé comme il convient, fournit à jamais son action gratuitement ; et, ne l'oublions pas, *une ville qui fonde un service hydraulique doit agir dans une pensée* D'AVENIR ET DE PERPÉTUITÉ....

Les partisans de la vapeur regardent comme une

chose avantageuse *dans ce système , que le capital de premier établissement soit moindre que dans le système hydraulique, sauf à supporter des frais annuels plus forts.* Je suis sur ce point d'un avis tout contraire.

En effet, — la dépense première s'éteindra , soit sur les revenus ordinaires de la ville sagement aménagés , soit par des ventes d'immeubles, par des aliénations d'eau temporaires ; soit, au pis-aller, par un emprunt qui disparaîtra d'une manière quelconque. Pour si faible que soit l'amortissement qu'on adopte , à quelque distance qu'on fixe le terme d'une complète libération , on peut être assuré, *qu'avec le système hydraulique, la ville finira par se libérer de son obligation principale* ; elle ne restera chargée , en fin de compte, que d'une dépense minime, *de la dépense d'entretien.*

La position sera tout opposée avec l'emploi de la vapeur. Ici , comme pour les moteurs hydrauliques, on se rédimera bien des frais de premier établissement, et plus promptement, je l'admets , puisque ces frais là seront moindres ; mais la charge qui pèsera annuellement et *à perpétuité* sur la ville sera, non-seulement l'entretien de l'aqueduc et des machines, *mais encore la fourniture du combustible qui ira de quarante à cinquante mille francs par an , et même à un taux inconnu, si la vente des charbons devient un monopole.*

La ville sera-t-elle *toujours* en position de satisfaire à des obligations pareilles?

Nous vivons à une époque de paix , et par conséquent de prospérité insolite ; l'argent surabonde en
apparence , mais il n'en sera pas toujours ainsi. Les
Etats et les villes ont , comme les individus , leurs
momens de crises et de revers ; gardons-nous d'im-
poser à la postérité des charges trop lourdes et surtout perpétuelles. Dans un moment de gêne financière , de trouble , de révolution , Nimes ne pourrait
plus prendre , chaque année , cinquante mille francs
sur son budget pour un seul emploi ; les machines
dépériraient , les habitudes prises seraient en souffrance , et , pour bien longtemps peut-être , le service des eaux , c'est-à-dire le plus important de tous ,
serait compromis.....

C'est au conseil municipal , c'est aux tuteurs naturels des intérêts de la cité que ces réflexions sont
adressées d'une manière toute spéciale. Il ne s'agit
plus ici de questions d'art et de science , mais de prudence et de bonne administration ; il n'y a pas deux
règles et deux théories de gestion financière , et les
magistrats éclairés établissent le même ordre dans
les ressources publiques que dans leur fortune privée.

Dans l'intérêt de son bien-être , ou même de celui
de ses enfans , un père de famille peut recourir à
des emprunts pour activer son industrie ou améliorer ses domaines ; une obligation à long terme
est quelquefois même une opération favorable pour
le présent et l'avenir ; mais le chef de maison qui
grêverait ses successeurs d'une dette *considérable et
perpétuelle , travaillerait certainement à leur ruine ;*

nécessité n'a point de loi, et la nécessité fatale pourrait seule légitimer une pareille conduite.

Les conditions sont les mêmes pour les administrateurs de la cité : — pourvoir aux dépenses avec les revenus ordinaires , voilà la règle ; — *emprunter pour une entreprise fructueuse , même en assurant l'amortissement de la dette, ne sera jamais qu'une exception* dans laquelle un conseil municipal prudent ne se placera qu'avec une grande réserve ; — mais, tant qu'il pourra faire autrement , il évitera sans aucun doute, *de créer un fardeau très lourd qui devra peser à perpétuité sur les générations futures....*

Si l'on adopte le système de la vapeur, il faudra que, tous les ans et à jamais, le conseil vote la somme nécessaire à ce service ; pense-t-on que les intérêts privés ne lutteront pas , de temps à autre et quelquefois avec succès, contre l'intérêt public?

L'année est pluvieuse , dira-t-on, l'eau surabonde à notre antique Fontaine , elle peut bien suffire jusqu'au budget prochain ; — reportons les cinquante mille francs que nous allons voter sur des choses plus urgentes, si ce n'est plus utiles ; — ce sera pour un an ou deux seulement... Et chaque année, des besoins prétendus sérieux et très-urgens, seront mis en concurrence avec celui des eaux....

Enfin , n'y aura-t-il jamais , dans une ville comme Nimes, des coalitions d'intérêts , de quartiers, de classes, d'opinions , contre cette allocation éternelle pour les eaux, qui semblera ne se présenter chaque année que pour être un obstacle aux désirs de chacun?

Nous laissons à la sagacité et à la sagesse du conseil municipal à apprécier un ordre de faits que nous avons cru pouvoir appeler *politiques*, qui se produiraient inévitablement tôt ou tard, et que notre devoir était, au moins, d'indiquer.

Nous pouvons en appeler, comme exemple, à l'expérience de MM. les ingénieurs chargés de la surveillance des ponts à péage qui ne sont pas bâtis en pierre. Ces ponts sont souvent la source de profits considérables pour les concessionnaires ou les villes qui les ont construits ; eh bien ! malgré cela, ce n'est qu'avec la plus grande peine qu'on parvient à arracher de leurs propriétaires, pour l'entretien, une minime portion des sommes qu'ils rapportent.

Voici, comme résumé général, les divers projets en concours et leur dépense.

PROJET BOUCHET

(Machines hydrauliques placées séparément à Lafoux et à St-Privat.)

Produit minimum .... 500 pouces.
Dépense...................... 1,600,000 fr.
(Rapport, dans le *Courrier du Gard* du 19 décembre 1845.)

PREMIER PROJET SURELL.

(Prise d'eau à Lafoux).

Dérivation ordinaire, 2 mètres cubes,
Produit ordinaire.............. 600 pouces.
Dérivation aux étiages extrêmes, 1 mètre cube,

Produit à ces époques . . . . 500 pouces.

Dépense, d'après le tableau de la page 142 . . . . 2,250,000 fr.

(*Voyez* la *Note* publiée par la compagnie au mois d'août 1845.)

SECOND PROJET SURELL.

(Prise d'eau à Lafoux.)

Dérivation . . . . 1 m. 20 ,

Produit . . . . 400 pouces.

Dépense . . . . 1,880,000 fr.

(Nous ne connaissons encore ce projet que par la lettre que M. Surell a publiée dans le *Courrier du Gard* , le 25 décembre 1845.)

PREMIER PROJET TEISSIER.

(Prise d'eau à St-Privat.)

Dérivation ordinaire . . . . . 2 m. ,

Produit ordinaire . . . . 640 pouces.

Dérivation de . . . . 1 m. 50 ,

Produit relatif . . . . 466 pouces.

Dérivation de . . . . 1 m. ,

Produit relatif . . . . 515 pouces.

Dépense, d'après le tableau de la page 143 (estimations faites par M. l'ingénieur Dombre , produit des machines , garanti par M. Abadie). 1,675,000 fr.

Nous devons rappeler ici que la dérivation du Gardon , de St-Privat jusqu'à Lafoux , étant moins nuisible aux riverains que celle de Lafoux jusqu'à

Montfrin , l'administration concèdera probablement une masse d'eau plus forte sur le premier parcours que sur le second.

MÊME PROJET.

Avec améliorations que j'ai cru devoir y ajouter.

Dérivation ordinaire.... 2 m.,

Produit ordinaire................ 640 pouces.

Dérivation de.......... 1 m. 50 ,

Produit relatif .... 466 pouces.

Dérivation de .... 1 m.,

Produit relatif .... 315 pouces.

Eau du parcours à ajouter.......... *Mémoire.*

Dépense d'après le tableau

de la page 144.................... 1,965,000 fr.

PREMIER PROJET DE M. SURELL.

Avec les mêmes additions de dépenses que j'ai cru devoir faire au mien. (Voy. le tableau de la pag. 145).

Dérivation ordinaire......... 2 m.,

Produit ordinaire................ 600 pouces.

Dérivation aux étiages extrê-

mes..................... 1 m. ,

Produit à ces époques .... 300 pouces.

Eau du parcours à ajouter......... *Mémoire.*

Dépense d'après le tableau de

la page 145 .... 2,450,000 fr.

On sait que les dérivations projetées seraient moins nuisibles aux riverains dans les projets Teissier que dans les projets Surell.

SECOND PROJET TEISSIER.

(Prise d'eau au moulin Carrière.)

Dérivation ordinaire... 2 m. ,
Produit ordinaire . . . . 1,350 pouces.
Dérivation de. . . . . 1 m. 50,
Produit relatif. . . . . 1,000 pouces.
Dérivation de , seule-
ment . . . . 1 m.,
Produit relatif (1). . . . . 670 pouces.
Eau du parcours. . . . . *Mémoire.*
Dépense , d'après le ta-
bleau de la page 170. . . . . 2,277,215 fr.

Cette dépense peut être réduite à deux millions , si l'on restaure l'aqueduc seulement de la manière que M. Dombre propose , si l'on ne prend ni les eaux du parcours , ni le moulin de Lafoux.

Alors les produits seraient :

Avec 2 mètres cubes de dérivation . 1,060 pouces.
Avec 1 1[2 mètre cube. . . . .   800 pouces.
Avec 1 mètre cube et 1[5° (1 m. 20)   640 pouces.
Avec 1 mètre cube seulement. . . . .   530 pouces.

TROISIÈME PROJET TEISSIER.

Premier cas. — Dérivation à Uzès.

Si l'on dérivait toute l'année par l'aqueduc ro-

---

(1) Avec une dérivation de 1 mètre 20, comme dans le second projet Surell, le produit serait de 800 pouces.

main, l'eau que l'Alzon peut fournir, seulement chaque nuit pendant douze heures, on aurait :

En temps ordinaire.................... 1,000 p.
Aux étiages extrêmes................ 500
Eaux du parcours.................... *Mémoire*
Dépense selon le calcul de la p. 197.. 2,400,000 f.

---

*Second cas. — Dérivation à Uzès pendant l'hiver, et, en
été, prise d'eau vis-à-vis de St-Maximin, au moyen
de pompes.*

Si l'on ne dérivait les eaux de nuit de l'Alzon que
pendant six mois de l'année, et que, pendant l'été, on
employât une machine à vapeur placée au moulin
du Gavot, on aurait :

Prise d'eau d'hiver sans machines..... 1,000 p.
Prise d'eau d'été au moyen de la vapeur.. 1,000
Eaux du parcours.................... *Mémoire*
Dépense :
A trois kilogrammes de charbon par force de che-
val et par heure................... 2,800,000 f.
A deux kilogrammes *id*.......... 2,650,000
A un kilogramme *id*.......... 2,500,000
(*Voyez* les calculs des p. 204 et 205).

PROJET PAR LA VAPEUR.

*Etablissement des machines à Lafoux adopté par
M. Dombre.*

Les frais de premier établissement, d'après M.
Dombre (*Rapport sur l'exploration de l'aqueduc ro-*

main, p. 23), se monteraient à...... 1,000,000 f.

Les dépenses annuelles que M. Dombre réduit à 36,000 fr. à cause du moindre besoin d'eau en hiver, représentent un capital de.................... 720,000

ci........ 1,720,000 f.

Pour un produit en eau de 600 pouces en été et de 300 pouces en hiver.

En acceptant ces bases, il faudrait toujours ajouter aux frais de premier établissement :

Droit de puisage dans le bief du moulin de Lafoux..................... 30,000

Rachat du sol occupé par l'aqueduc romain et d'un franc-bord suffisant ; rachat des eaux du parcours et autres améliorations détaillées au tableau de la page 83..................... 150,000

ci...... 1,900,000 f.

Intérêts à 5 p. 0|0 des sommes dépensées pendant la durée des travaux.. ... 95,000

La somme à valoir que nous avons jusqu'ici adoptée pour tous les projets est de................. 215,000 f.

M. Dombre ne porte dans le sien que............. 65,000

Reste à imputer, pour que la comparaison soit équitable, 150,000 f.   150,000

Dépense totale de ce projet..... 2,145,000 f.

On voit que, même en adoptant les bases posées par M. Dombre, ce projet présenterait bien moins d'avantages que celui par lequel nous proposons d'établir la prise d'eau au moulin Carrière pour créer une chute hydraulique de douze mètres à Lafoux.

Mais nous croyons devoir encore modifier les calculs faits, dans leurs élémens.

Selon nous, pour établir convenablement des machines à vapeur à Lafoux ; les frais de premier établissement devront être :

Reconstruction de l'aqueduc romain et accessoires.. (*Voy.* p. 85.)................... 800,000 f.

Achat des machines, pompes, fonçage du puits et de la galerie, bâtimens et hangars, comme le porte M. Dombre........................... 350,000

Droit de puisage dans le bief de Lafoux. 30,000

Premier établissement...... 1,180,000 f.

Dépenses annuelles :

Pour mécanicien, pompier, chauffeurs, menus frais, comme l'a porté M. Dombre 23,362 fr 50 c. qui, capitalisés donnent...................... 467,250

ci..... 1,647,250 f.

Reste maintenant à calculer la dépense en combustible.

Six cents pouces d'eau fluente en été et trois cents pouces en hiver donnent une moyenne annuelle de

450 pouces qui équivalent à neuf mille mètres cubes dans la journée.

Ce volume, poussé à 48 mètres, c'est comme 432,000 mètres cubes élevés à un seul. Ce nombre en vingt-quatre heures donne :

18,000 mètres par heure ;

300 par minute ;

5 par seconde ;

5,000 kilogrammes ou litres d'eau élevés à un mètre, réclament la force de 67 chevaux-vapeur qui, à 3 kilogrammes de consommation de houille, par heure et par force de cheval, demanderont la fourniture suivante :

201 kilogrammes de houille par heure ;

4,824 par jour ;

1,760,760 par an, soit 1760 tonnes qui, à 25 francs la tonne, exigent quarante-quatre mille francs de dépense.

Nous étions arrivés ci-dessus à un déboursé en capital de.. .... 1,647,250 fr.

Si nous capitalisons la dépense de combustible, il faudra ajouter........ 880,000

Et en y joignant, comme nous l'avons fait pour les autres projets, pour l'intérêt pendant le temps des travaux, 152,750 et le complément nécessaire pour porter la somme à valoir à 215,000 fr.. 150,000

Nous aurons une dépense totale de 2,810,000 fr.

à laquelle nous devons *au moins* nous attendre.

Si, contrairement à notre croyance, les machines pouvaient marcher constamment avec deux kilog. de houille, alors la dépense ne serait plus que de 2,500,000 fr.

Mais il nous paraît beaucoup plus probable, d'après la grande majorité des avis des praticiens et des auteurs que nous avons consultés, que la consommation moyenne de la machine, prise sur une longue période de temps, *sera de quatre kilogrammes,* et alors la ville doit se résigner à une dépense de trois millions pour une fourniture moyenne de quatre cent cinquante pouces d'eau.

Nous n'avons pas fait entrer dans nos calculs l'éventualité probable d'augmentation du prix de la houille, ni la quantité d'eau que les machines consomment pour fonctionner, ni les résistances passives, ni les fuites d'eau par les pompes, pertes qui ne vont pas à moins de trente pour cent (l'augmentation de prix de la houille à part), et qu'il faut nécessairement déduire du produit, si l'on n'aime mieux fournir pour son remplacement, un supplément proportionnel de combustible. Il vaudrait donc mieux établir les machines à vapeur à St-Maximin qu'à Lafoux, car, pour le même prix, outre l'avantage de la restauration complète de l'aqueduc, nous aurions une fourniture d'eau constante de mille pouces au lieu d'une moyenne de quatre cent cinquante.

NOTE

SUR LES MACHINES POUR ÉLEVER L'EAU A LAFOUX.

Je ne donne dans cette brochure ni description, ni dessin, ni devis de machines, et cela, par une raison toute simple : — c'est qu'il vaut beaucoup mieux pour la ville et même pour une compagnie, traiter à forfait pour un objet pareil, avec un constructeur connu et qui réponde de son ouvrage et du produit, que d'exécuter elles-mêmes.

En dressant mon premier projet, je n'avais pas manqué de demander à M. Abadie, les plans, devis, calculs de la machine qu'il pourrait employer : — il me répondit :

« Vous me demandez un devis estimatif de la machine ; je dois vous dire que je n'en donne pas. — *Je ne traite qu'à forfait, et je garantis les effets que je m'engage à produire.* Lorsqu'on fait marché pour une machine à vapeur, l'on ne s'enquiert pas du devis, mais bien de l'effet qu'elle peut produire ; ce n'est qu'ainsi que j'ai l'habitude d'agir.

» Toutefois, j'ai fait pour moi les plans, calculs et devis nécessaires pour arriver à fixer le prix et le produit de la machine que vous me demandez, et voici les résultats :

« Avec une chute de six mètres et 1,50 mètre cube par seconde pour minimum d'eau motrice, la quantité d'eau que j'élèverai et que je garantirai à 44 mètres de hauteur, sera de 450 pouces fontainiers ou bien de 8,600 mètres cubes par vingt-quatre heures.

» Voilà l'engagement que je puis prendre, et je répondrai de la machine dont le faible entretien pourra être confié à un ouvrier ordinaire. Le prix de cette machine, mise en place et remplissant les conditions exigées, serait de cent soixante mille francs ; son entretien annuel serait d'environ dix-huit cent francs.

» La valeur du bâtiment qui devra renfermer les machines n'entre point dans ce prix, non plus que les tuyaux d'ascension.

» Une machine appropriée à la chute de dix mètres et pouvant élever mille pouces d'eau à quarante mètres de hauteur, coûterait deux cent quarante mille francs ;

» On n'irait pas à trois cent mille pour une machine pouvant élever 1,550 pouces d'eau à 58 mètres, au moyen d'une chute de douze mètres et d'un volume d'eau motrice de deux mètres cubes... »

J'ai vu les plans et dessins de M. Abadie pour la première des machines que j'indique, et, du reste, il m'a laissé sa cote de prix et de produit pour toutes les chutes que nous pourrions créer à Lafoux depuis quatre mètres jusqu'à douze, et suivant les débits d'eau motrice pour chaque hauteur, depuis un mètre cube par seconde jusqu'à trois.

Quelles que soient les conditions de puissance motrice que la ville préfère, elle trouvera là les renseignemens désirables sur la dépense et les produits.

CHAPITRE NEUVIÈME ET DERNIER.

Des vrais Intérêts de la ville.

Libre de toute association et de toute influence , je puis aborder ce dernier chapitre sans entraves et dire ma pensée sincèrement et sans restrictions.

Selon moi , l'intérêt de la ville veut :

Qu'elle connaisse le meilleur de tous les projets, celui qui doit donner le plus d'eau d'une manière constante , sans que la dépense excède toutefois les ressources dont elle dispose. Une commission d'hommes spéciaux a été désignée , et MM. les Ingénieurs en chef, qui ont bien voulu en faire partie , donneront sur ce point leur avis motivé.

La ville devra examiner attentivement après :

S'il lui convient d'exécuter elle-même le projet qu'on aura jugé le meilleur, ou s'il vaut mieux en livrer l'entreprise *à forfait* à une compagnie ;

Si , après la confection des travaux , elle doit rester maîtresse exclusive des appareils hydrauliques et de leurs dépendances ;

S'il n'y aurait pas du danger pour elle, à ce qu'une entreprise industrielle ou agricole quelconque fût liée directement ou indirectement à la fourniture des eaux;

Si, dans le cas même où une partie devrait en être cédée pour l'arrosement ou pour tout autre usage, il ne conviendrait pas mieux qu'elle en fit le louage ou la vente sans intermédiaire ;

Enfin, en supposant que la ville persiste à vouloir traiter avec une compagnie, s'il ne faudrait pas, du moins, exiger que toute l'eau qu'on pourrait élever dans l'aqueduc fût conduite à Nimes ? En concédant à cette compagnie la faculté de vendre à son profit ce qui excéderait la fourniture qu'elle se serait engagée à livrer au Conseil municipal, il conviendrait assurément que cette vente se fît à Nimes et non ailleurs.

C'est à l'examen de ces questions, qui me paraissent d'une grande importance, que je vais consacrer ces dernières pages, que je terminerai par quelques mots sur le moyen le plus avantageux d'arroser les riches territoires qui se trouvent en aval de Lafoux.

I.

Que la ville doive s'enquérir avant tout du meilleur de tous les projets, c'est une proposition si évidente, qu'une démonstration m'en paraît superflue. L'intérêt de la cité veut qu'elle sache comment elle aura le plus grand volume d'eau possible, au prix relatif le plus avantageux, pourvu que son budget puisse suffire à la dépense.

Le programme municipal devait poser des limites, sans doute, mais ce sont des indications approximatives plutôt que des bornes immuables ; il faut saisir l'esprit de sa délibération , car c'est l'esprit qui vivifie et non la lettre .

La ville , qui veut au moins trois cents pouces d'eau , s'est montrée prête à dépenser deux millions pour les avoir , et certainement le concours qu'elle a ouvert dans ce but n'a pas été inutile , puisque , dès l'abord :

M. Bouchet a offert un minimum de 300 pouces pour 1,600,000 fr. ;

M. Surell , 400 pouces pour 1,800,000 fr. ;

M. Dombre , 600 pouces en été et 300 pouces en hiver pour 2,000,000 fr ;

L'auteur de cet écrit , 466 pouces et les eaux du parcours pour 1,900,000 fr. ;

Pour certains de nos lecteurs , nous le savons, le point capital de l'affaire , *c'est qu'un projet soit présenté par une compagnie qui s'engagerait à l'exécuter à forfait*.............. Mais est-ce bien la condition première , celle qu'on doit regarder comme la plus essentielle ; dès le moment qu'une compagnie s'est présentée avec un projet en mains qu'elle offrait d'exécuter à des conditions déterminées , fallait-il accepter sans en appeler à des offres différentes ? — Le concours devenait-il inutile ? — Ce serait une erreur bien grave que de le penser , en voici la preuve évidente :

Avant le concours , la compagnie Mourier offrait six cents pouces d'eau à la ville pour la somme de 2,250,000 fr. ; mais à l'étiage , comme nous le prou-

vâmes, cette quantité devait se réduire à 300 pouces ; — maintenant, la même compagnie offre une
fourniture constante de quatre cents pouces, ce qui
est bien préférable, et l'offre pour dix-huit cent
mille francs. La ville a donc gagné, en attermoyant,
cent pouces d'eau à l'étiage, ce qui est la chose importante, et quatre cent cinquante mille francs sur
la dépense. Le Conseil municipal aurait-il fait sagement d'accepter, d'emblée, les premières propositions
de *forfait* qui lui étaient présentées au mois d'août
dernier?

J'offre, dans mon premier projet, de 315 à 640
pouces d'eau, en moyenne 466, pour 1,900,000 fr.,
et j'ai déjà développé les motifs qui me semblent
devoir fixer le choix sur ce projet, préférablement à
ceux de mes émules. Mais n'est-il pas possible de
mieux faire? Je suis revenu sur mes anciennes investigations, je me suis livré à des combinaisons
nouvelles, et j'ai trouvé que, pour 2,800,000 francs,
on pourrait restaurer tout l'Aqueduc romain et fournir constamment mille pouces d'eau à la ville.

Six cents pouces de plus que ce qu'on avait offert
jusque-là ne vaudraient-ils pas huit cent mille
francs?

Cependant, dans la crainte que la ville refusât de
s'écarter autant des limites de dépenses qu'elle a
posées, dans la crainte que le Gouvernement ne
voulût pas nous accorder de secours, j'ai dû chercher autre chose encore. — J'ai trouvé qu'en recou-
rant à un système mixte, c'est-à-dire, en employant

concurremment la force hydraulique et celle de la vapeur, on pourrait obtenir une fourniture constante de six cents pouces avec 2,500,000 ou 2,570,000 fr., suivant que les machines à feu consommeraient trois kilogrammes de houille ou deux seulement. Le conseil municipal refuserait-il 500,000 ou 570,000 fr. de crédits additionnels pour une fourniture double de celle qu'il a demandée?

On pourrait avoir neuf cents pouces d'eau, dans la limite de 2,800,000 fr. à 2,600,000, suivant la consommation de charbon.

Enfin, si l'on voulait se tenir le plus près possible de la limite de dépense fixée par la ville, on le pourrait, au moyen de quelques économies sur les constructions que j'ai largement traitées; en n'établissant le barrage qu'en aval du moulin de St-Privat qu'on serait dispensé d'acheter, et en revendant ou louant celui de Lafoux qui conserverait encore une certaine force et une portion de sa valeur.

Les frais dépasseraient à peine deux millions pour une fourniture de six cents pouces, si la machine à vapeur employée pendant trois mois, marchait avec deux kilogrammes de houille.

On a vu dans le chapitre VI°, p. 246 à 276, le détail de ces diverses entreprises.

Mais, répétera-t-on peut-être : il nous faut une compagnie, une compagnie à *forfait*.

Logiquement, le premier point n'était pas de chercher la compagnie, mais le projet le meilleur. Chacun sentira, en effet, et messieurs les membres de la compagnie qu'on dit s'être formée le comprendront encore mieux eux-mêmes, que, s'ils ont pu se réunir et s'associer pour l'exécution d'un projet donnant quatre cents pouces d'eau, d'autres le peuvent bien mieux encore, pour un beaucoup plus productif.

La bonté du projet, en d'autres termes, sa dépense et ses résultats, voilà la véritable question préalable, on ne peut renverser cet ordre naturel;

J'ai donc eu raison de dire en commençant, que *la chose essentielle pour la ville c'était de connaître le meilleur de tous.*

Si la commission, appréciant les avantages de l'un de ceux que je propose, le plaçait en première ligne, pense-t-on qu'il ne se trouverait pas des capitalistes disposés à l'exécuter?

La ville offre de donner deux millions. Si nous supposons d'abord que la réalisation de mes idées n'en coûte pas davantage, ne sera-ce pas un bon placement de capitaux? Et si l'on ne pouvait acquitter la dette que très-lentement, je suis sûr que les remboursemens les plus tardifs seraient les plus recherchés.

Voilà pour les prêteurs; quant à la ville, ferait-elle une mauvaise affaire si on lui assurait cinq cents pouces d'eau pour deux millions, alors qu'elle a fixé son minimum à trois cents pouces et que personne ne lui en offre plus de quatre cents?

Enfin, comme il faut en général autre chose aux compagnies que l'intérêt de leur argent, il resterait encore, *à titre de bénéfice,* à celle dont on solliciterait la formation, la faculté de vendre à son profit, dans la ville, la quantité d'eau restante ; croit-on qu'il ne se présenterait pas des actionnaires?

Nous avons déjà mentionné le motif qui devrait seul déterminer la ville à préférer notre projet, c'est qu'il donne, avec deux millions, plus d'eau que les autres ; mais on trouvera dans notre entreprise un second avantage qui n'est pas sans importance, bien que moins direct que le premier ; c'est le louage ou la vente dans les murs de la cité, d'un volume d'eau important, distinct de la fourniture municipale. Quoique le produit en argent doive revenir à la compagnie, cette livraison n'en sera pas moins un bienfait immense pour tous les citoyens, au point de vue de l'agrément, de la salubrité et du développement de l'industrie.

Je le répète donc avec conviction. Le point capital et celui dont on doit s'occuper d'abord et sans préoccupation étrangère, c'est de trouver, c'est de proclamer le projet qui doit donner le plus d'eau sans une dépense excessive. Quant à la recherche d'une compagnie, agissant ou non à forfait, elle ne doit venir qu'en seconde ligne, même aux yeux des partisans les plus déclarés de ce mode d'exécution. Quant à moi, je reste persuadé que l'intérêt de la ville veut qu'elle exécute les travaux directement et sans intermédiaire.

II.

Convient-il à la ville d'exécuter les travaux elle-même ?

An point de vue général , cette question a été extrêmement controversée. L'argumentation des partisans des compagnies se réduit à ceci : — *Qu'en traitant avec elles on ne s'expose pas aux chances de l'inconnu , qu'on est certain de ne pas dépasser les sommes votées.*

Les champions de l'exécution par les villes ou par l'Etat disent à leur tour : — *Que si les travaux risquent d'être un peu plus chers, dans leur système, ils sont incontestablement beaucoup mieux faits.*

Une chose positive, c'est que les compagnies ne se forment que dans l'espoir de gros bénéfices ; il faut donc, dans les calculs préliminaires, faire entrer avant tout ce qui doit solder l'état-major et allécher les actionnaires. Une fois cette portion prélevée, on en vient, pour l'exécution réelle de l'ouvrage, à traiter avec des entrepreneurs au nom de la compagnie , comme la ville, à défaut, l'aurait fait en son propre nom.

Pourquoi celle-ci ne se placerait-elle pas d'emblée, dans la position où les compagnies arrivent nécessairement plus tard ; c'est-à-dire, pourquoi la ville , qui n'aurait de prélèvemens et de bénéfices à assurer à personne, ne donnerait-elle pas immédiatement les travaux en adjudication ou de gré à gré , comme les compagnies finissent par être forcées de le faire ? Certes, si l'entreprise doit donner de gros bénéfices il vaut autant que la cité en profite que quelques particuliers.

Mais ce sont les cas de perte qu'on doit redouter , dira-t-on , et alors la compagnie payera de ses deniers, — tandis que, si la ville exécute, toutes les chances fâcheuses resteront à sa charge.

Tel est le grand argument, qui paraît d'ailleurs logique ; toutefois je ne sais comment dans la pratique il en arrive de fait tout autrement. Il n'est pas de règle sans exception, mais, en général, les devis présentent une certaine élasticité ; on connaît les ressources des cas imprévus, de l'augmentation dans les prix de matériaux ou de main d'œuvre ; on demande des indemnités pour avoir fait *beaucoup plus ou beaucoup mieux* qu'on ne s'était engagé à faire ; on a des partisans et des amis, des co-intéressés quelquefois, qui ne laissent pas dans la peine, et, en fin de compte, on trouve assez souvent, on le sait, les moyens de se tirer d'affaire.

Au reste, dans les cas réels de perte, il y a peut-être autant de prudence que de faiblesse à ne pas refuser le secours des indemnités et des crédits additionnels, car, lorsqu'une compagnie ne fait pas ses affaires, les travaux ne tardent pas à s'en ressentir, et je crois que, pour les constructions hydrauliques surtout, on doit préférer des ouvrages chers à des ouvrages mal faits.

Je le dis donc, parce que je le pense ; je le dis en dehors de toute influence : l'exécution par la ville me paraît préférable à celle qu'on livrerait à une compagnie ; l'essentiel c'est de mettre à la tête des travaux un ingénieur capable et honnête homme.

Examinons dans ses détails le projet de donner de l'eau à Nîmes. Il se compose de trois parties :

Restauration de l'aqueduc romain, au moins jusqu'à Lafoux ;

Établissement dans ce lieu des appareils élévatoires;

Enfin, à moins qu'on n'adopte le système de la vapeur, — appropriation d'un barrage sur la rivière, et construction d'un canal d'amenée depuis ce barrage jusqu'aux machines.

Quant à la première partie, *la reconstruction de l'aqueduc*, *la seule compagnie qui se soit encore manifestée*, *ne veut point s'en charger à forfait*, et, malgré le vœu si nettement exprimé par le conseil municipal, elle aime mieux construire à neuf un canal de petites dimensions.

Je pense que le canal romain doit être restauré, et restauré par la ville elle-même.

Pour un travail aussi uniforme, on n'a certainement pas à redouter de grandes augmentations de dépense, et rien n'empêche d'ailleurs, d'en assurer l'exécution d'avance *à prix déterminé*, en l'adjugeant, par tronçons, à cinq ou six entrepreneurs solvables.—N'est-ce pas, en réalité, traiter pour cette partie *à forfait?*

Mais, en agissant ainsi, la ville n'abandonnerait pas la haute main de l'entreprise et resterait maîtresse, ce qui me paraît très important, de modifier suivant ses convenances ou les circonstances qui se présenteraient, les directions, les tracés, les détails ou l'ensemble des travaux, sans être obligée de payer de grosses indemnités pour les moindres changemens.

C'est particulièrement à l'occasion des eaux du parcours, et pour la recherche ou la conquête de produits importans qu'on peut être conduit, pendant l'exécution, à des changemens nombreux qu'il est impossible de prévoir d'avance. Ouvertures à l'aqueduc, vannages, création ou rétablissement d'embranchemens divers, fouilles, perrées, rétablissement même de l'étang de Lognac, voilà ce que les circonstances peuvent réclamer, et pour tout cela il faut que la ville soit maîtresse, sans entraves et sans antago·nisme. N'a-t-on pas les bras liés quand on a traité avec une compagnie, que les projets sont formulés d'avance dans leur ensemble et dans leurs détails, et que la faculté d'y apporter des changemens quelconques doit être rachetée ensuite à beaux deniers comptans.

Pour cette première partie de l'entreprise, c'est-à-dire pour la restauration de l'aqueduc romain, depuis Nimes jusqu'à Lafoux, il existe donc des motifs sérieux à ce que la ville exécute elle-même, à ce qu'elle ne soit liée par aucun traité, subordonnée à personne, à cause des changemens nombreux que, pendant les travaux, elle peut être appelée à faire dans son intérêt, changemens qu'il est imposible de prévoir aujourd'hui. Sait-on d'ailleurs ce qu'on peut trouver d'eau depuis Bezouce jusqu'à Pazac? a-t-on prouvé que la quantité n'en sera pas considérable, et la ville ne pourrait-elle pas s'en contenter, si le volume en était aussi important que le pense M. Valz, ou si quelque grave perturbation survenait dans l'état de ses finances?

Pour la restauration de l'aqueduc, aucune augmen-

sation n'est à craindre tant qu'il ne sera pas apporté
de changement aux projets qu'on adjugera ; et si l'on
croit devoir en faire, ce sera, sans doute, dans un but
réel d'utilité. Dès-lors, on fera de nouveaux devis ,
des adjudications nouvelles, et la ville n'ajoutera à sa
dépense que ce qu'elle voudra bien y ajouter. Il faudrait modifier aussi les prix avec une compagnie si
l'on venait à changer les tracés et l'exécution , mais
on pourrait rencontrer, de son côté, des exigences et
des prétentions dont la ville se met à l'abri en exécu-
tant elle-même.

Ainsi donc , — uniformité, facilité d'exécution de
l'ouvrage à construire , — certitude de trouver des
entrepreneurs solvables qui s'en chargent par petites
fractions et à des prix déterminés d'avance ; — point
d'obstacles à craindre, mais certains avantages aléa-
toires à espérer qui peuvent déterminer à modifier ou
à suspendre l'exécution, — nécessité, dès lors, de
jouir d'une pleine liberté pour les changemens qu'on
croira devoir faire et dont on adjugera, suivant l'oc-
currence, l'entreprise sur des devis nouveaux ; — faculté d'arrêter, de terminer les travaux à volonté ; —
tels sont les motifs qui , selon nous, doivent déterminer la ville à se réserver la haute main dans l'entreprise, c'est-à-dire à restaurer elle-même l'aqueduc
romain depuis Nîmes jusqu'à Lafoux.

J'en viens aux machines élévatoires. Certainement
la ville ne doit point les faire fabriquer elle-même
pièce par pièce, elle doit s'adresser à un constructeur capable, éprouvé, qui , moyennant un prix

convenu d'avance, réponde de la bonne confection des artifices, de leur produit, et se charge de leur entretien. Ce sera donner encore une partie de l'entreprise *à forfait*.

Une machine est un ensemble de pièces coordonnées formant un tout, je dirais presque un être animé, qui, pour bien fonctionner, a besoin de sortir d'un seul atelier et de la conception d'un homme qui n'en soit pas à son coup d'essai. Pour cet objet, la compagnie n'agira pas autrement que la ville, elle traitera avec un constructeur. Elle traitera avec un homme de son choix; mais seulement au plus bas prix possible, afin de prélever un bénéfice pour elle, sur cela comme sur le reste.

La ville craindrait-elle que l'entrepreneur de la machine ne l'exécutât mal et qu'un recours contre lui ne fût moins efficace que contre la compagnie? Mais on aura toujours en main la meilleure de toutes les garanties, celle du payement, qu'on n'effectuera qu'à bon escient, c'est-à-dire après vérification et usage.

Il me parait donc avantageux que la ville traite encore directement pour la machine, plutôt que par l'intermédiaire d'une compagnie, parce qu'elle choisira le constructeur, profitera du bénéfice que celle-ci voudra naturellement faire, ou, tout au moins, parce qu'elle pourra consacrer à une exécution plus parfaite des appareils, ce que la compagnie prélèverait pour elle.

Reste la prise d'eau et le canal d'amenée.

Qu'on utilise le barrage du moulin de Lafoux, ou de celui de St-Privat, — ce sont d'anciennes constructions éprouvées et qui, peu ou point entretenues, subsistent cependant depuis des siècles. N'aura-t-on pas plus de garanties encore, lorsque, tous les étés, la ville fera soigneusement réparer et mettre en état celui qu'elle aura choisi. Cet entretien, du reste, n'entraîne qu'une dépense insignifiante quand on y procède tous les ans avec exactitude; j'en puis parler sur mon expérience personnelle. Pour se convaincre de la vérité de ce que j'avance, on n'a qu'à visiter tous les barrages en maçonnerie établis sur le Gardon.

Préfère-t-on, comme je l'ai proposé, en construire un nouveau ? — c'est encore une entreprise d'une bien médiocre importance. S'il en était autrement, comment tant de propriétaires, à peine dans l'aisance, en auraient-ils construit et conservé sur tant de points différens, pour des usines, le plus souvent presque sans valeur.

On trouvera des entrepreneurs solvables qui se chargeront, *à forfait*, de la construction du canal d'amenée, aussi bien qu'on en trouvera, comme nous venons de le dire, pour l'aqueduc, pour les machines, pour le barrage.

Ce n'est pas à l'époque actuelle qu'on se laisse effrayer par des entreprises de trois ou quatre cent mille francs, quand les devis en sont bien faits. La ville arrivera au but avec autant de facilité, en agissant directement que par l'intermédiaire d'une compagnie, et profitera de plus des bénéfices de l'affaire. Elle sera plus maîtresse de son action, et la haute direction de l'entreprise, dont à mon sens elle ne doit jamais se départir, lui sera bien mieux assurée avec de simples entrepreneurs qu'avec une compagnie souvent puissante et peu traitable.

Je trouve le paragraphe suivant dans la polémique relative aux moyens d'approvisionner la ville de Bordeaux de l'eau qui lui manque.

« Le système des compagnies qui semblait devoir favoriser le développement régulier de l'industrie n'a favorisé que l'agiotage.....

« *L'administration municipale doit exécuter directement les travaux nécessaires pour amener à Bordeaux une quantité d'eau suffisante. La responsabilité morale qui pèse sur elle offre aux citoyens une garantie qu'ils ne trouvent pas ailleurs, quelques précautions qu'on impose aux soumissionnaires...*(1) »

Les journaux ne sont-ils pas remplis d'exemples de la mauvaise confection d'ouvrages exécutés par des compagnies ; combien n'y voit-on pas de chaussées, d'édifices, de ponts, de viaducs, bientôt lézardés ou même qui s'écroulent, par suite de la mauvaise qualité des matériaux ou du peu de soin de la confection.

Or, Frontin le disait déjà de son temps où les compagnies n'étaient pourtant pas inventées : « Il n'y a » pas d'ouvrages qui demandent plus de conscience,

____

(1) *Courrier de Bordeaux.*

» d'attention et de soin que les grands travaux hy-
» drauliques traités trop légèrement aujourd'hui... »

III.

Je pense qu'après l'exécution des travaux , la ville
doit rester exclusivement maîtresse de tous les appareils hydrauliques et de leurs dépendances.

Chacun connaît les inconvéniens de l'indivision ,
de la co-propriété , des jouissances mi parties. Ce qui
a des conséquences fâcheuses entre particuliers , en
a de plus graves encore pour une ville. La vigilance
est le caractère de l'intérêt privé qui pourvoit incessamment à la défense de ses droits ; mais , on le sait ,
ceux du public ne sont pas toujours sauvegardés avec
le même zèle....

Il y a des administrations faibles , d'autres peu
actives , il en est qui portent l'incurie au degré le
plus repréhensible.

Dans des temps de trouble et de désordre , les plus
audacieux ne craignent pas d'attenter à la chose publique. C'est pour remédier, autant que possible, à ces
dangers , que la loi déclare les communes toujours
mineures ; précaution sage assurément , mais trop
souvent impuissante , quand il s'agit de conserver
des choses qui , comme l'eau , se consomment par
l'usage.

On doit donc s'attendre à des empiètemens sur les
produits hydrauliques de la ville , comme on ne
l'éprouve malheureusement que trop dans un grand

nombre de localités ; entreprises qui, tolérées par les administrations faibles, ne sont réprimées au bout d'un certain temps, qu'avec des peines infinies, par les magistrats qui ont le mieux la conscience de leurs devoirs.

Mais si l'expérience prouve la difficulté d'empêcher et surtout de réprimer les usurpations de la part d'individus qui n'ont pas même l'apparence d'un motif pour eux, que sera-ce quand la ville n'aura sur ses eaux qu'un droit mi-parti ? N'est-il pas plus difficile de se défendre des entreprises de ses associés que de celles de tiers tout-à-fait étrangers à l'affaire.

Que de ruses, de manœuvres, de fraudes cachées pour amoindrir ce qui doit revenir à la ville, et augmenter les profits des co-jouissans ; que de contestations et de procès, à moins que la première ne se résigne à se tenir pour satisfaite de ce qu'on voudra bien lui laisser.

Par des traités parfaitement en règle, je l'accorde, on stipulera clairement son droit de recevoir, *par priorité, une quantité d'eau déterminée, et les associés quelconques ne devront prendre que ce qui surabondera......* Mais on ne mesurera que très-rarement, le jaugeage sera mal fait, ou bien, connaissant par anticipation le moment des vérifications officielles, on agira en conséquence. Les employés seront subornés ; les fontaines donneront ce qui sera dû, tout au plus à certaines heures de la journée, tandis que le grand matin, le soir, toute la nuit, elles seront appauvries, parce qu'aux dépens de la ville, l'eau sera dirigée ailleurs.

Il serait superflu d'en dire davantage, et les membres du conseil municipal ont trop d'expérience pour ne pas comprendre que, quand un intérêt privé, actif et vivace, sera perpétuellement en opposition avec celui de la ville, celle-ci sera évidemment la partie lésée.

Il résulte de ces considérations, que tout ce qui doit servir à la fourniture des eaux, directement ou indirectement, que tout ce qui constituera le service hydraulique ou ses dépendances, doit être exclusivement la propriété de la cité.

Dans mon opinion, celle-ci doit tout bâtir, créer, construire elle-même ; mais, *en supposant qu'on en vienne à livrer les travaux à forfait à une compagnie*, on ne doit lui livrer que cela, et, les ouvrages une fois terminés, la ville doit en être exclusivement investie.

Elle doit posséder, *pleno dominio* :

Le barrage de prise et ses points d'appui ;

Le canal d'amenée et ses francs-bords ;

Les machines hydrauliques et tous leurs accessoires ;

Le canal de fuite et ses rives *jusqu'à confusion dans la rivière de l'eau qu'on en avait détournée* ;

L'aqueduc romain restauré et ses francs-bords, depuis les pompes élévatoires jusqu'au bassin de distribution dans la ville ;

Enfin, les moulins qu'on aura privés d'une portion de l'eau de la rivière par suite de l'établissement du canal de dérivation.

S'il en était autrement, si ces précautions n'étaient pas rigoureusement prises , on verrait bientôt :

Des usines bâties au pied du barrage , qui diminueraient la quantité d'eau qu'on aurait le droit d'éconduire ;

Des roues à tympans, à godets , placées sur le canal adducteur pour l'arrosement des fonds voisins ;

Des saignées latérales à ce bief , des norias , des pompes et autres engins , établis tout à côté, dans l'intérêt des riverains ;

Des prises de mouvement seraient faites à Lafoux sur les roues hydrauliques ;

Des dérivations apparentes ou cachées aboutiraient à l'aqueduc et seraient tolérées , comme à Rome , par la connivence intéressée des employés spéciaux...

En été , l'on dirait : — que l'eau manque à la rivière et que la dérivation ne peut fournir tout ce qu'on est autorisé à prendre... Et pendant qu'on alléguerait ce prétexte , les usines du voisinage marcheraient comme auparavant , parce que , de nuit ou de jour , on saurait faire épancher l'eau nécessaire pardessus le barrage de la ville ; parce qu'on se garderait bien de réparer les crevasses qui pourraient lui livrer un passage convenable , ou même , ce qui serait plus grave , parce qu'on en pratiquerait à dessein.

La propriété exclusive de tout le système peut seule prévenir tant d'abus.

Que dirai-je , si , en amont des machines hydrauliques , la compagnie avec laquelle on aurait traité ,
s'était réservé un droit quelconque d'établissement
d'usines ou de dérivation d'eau pour l'irrigation? C'est
bien alors que la ville n'étant plus assurée de rien ,
serait constamment lésée ou constamment en litige.

Les actionnaires , les gérans des compagnies sont ,
sans doute en général , de très-honnêtes gens ; cependant , l'observation prouve que le mal se fait plus
facilement sous un nom collectif, que d'individu à individu , parce que , dans le premier cas , personne
n'en a la responsabilité morale et apparente, quand
tous les intéressés en partagent les profits.

D'ailleurs , les compagnies n'agissent pas en corps ;
— les pouvoirs se délèguent et arrivent , en définitive , à des agens très-subalternes. Quand celle-ci
n'aurait à ses gages que des employés d'une moralité
à toute épreuve , en serait-il de même des individus
auxquels elle affermerait ses moulins , ses usines ,
ses facultés de dérivation et d'arrosage.

Les paysans ne forceraient-ils pas , tôt ou tard , la
main à ses employés, pour que leurs champs eussent
plus d'eau , quand ce serait au détriment de la ville ;
et celle-ci serait bien éloignée pour une surveillance
de tous les instans.

J'en ai dit assez , je suppose , pour prouver à tout
esprit sans prévention , qu'une fois les travaux terminés , la ville doit être maitresse absolue des appareils hydrauliques et de leurs dépendances , sans di-
vision ni partage , et qu'elle ne doit jamais permettre

qu'aucune entreprise , distincte de la fourniture des eaux, soit liée en aucune manière à ce service.

IV.

Dans le cas où l'administration permettrait qu'une portion de ses eaux fût vendue pour l'irrigation ou pour d'autres usages , il faudrait au moins que cette eau fût amenée tout d'abord dans la ville qui en opèrerait , elle-même, le louage ou la vente. On éviterait ainsi une grande partie des inconvéniens que je viens de signaler , car, le barrage , le canal de dérivation , les machines , l'aqueduc et les francs-bords convenables étant la propriété complète de la ville , nul n'aurait le droit d'en approcher , d'y faire la moindre entreprise , la surveilance serait donc beaucoup plus facile et l'entretien moins coûteux. De plus , toute l'eau devant arriver à Nimes , la ville entière aurait le plus grand intérêt à ce que le système fonctionnât parfaitement. Ici le désir de la cité concourrait d'une manière avantageuse avec celui des concessionnaires.

Si on livrait au contraire, ailleurs qu'à Nimes , de l'eau pour l'arrosage ou pour tout autre emploi, ceux à qui elle reviendrait auraient un intérêt direct à ce que le service de la ville fonctionnât aussi mal que possible ; les concessionnaires d'irrigation s'affligeraient-ils si les machines marchaient péniblement , si l'aqueduc romain s'obstruait? bien loin de là , car ces circonstances préjudiciables à Nimes seraient un avantage pour eux ; je pense dès-lors qu'il serait peu convenable d'avoir auprès des appareils hydrauliques une population intéressée à ce qu'ils fonctionnassent mal, ou même pas du tout ; et le parti le meilleur pour la ville me paraît être : que toute la force hydraulique, que l'administration supérieure lui permettra de dériver, soit employée à son profit ; que la chute entière fonctionne pour elle, et qu'on élève dans l'aqueduc romain toute l'eau qu'il sera possible d'y pousser, afin qu'elle arrive à Nimes et non ailleurs ; et là seulement il sera permis d'en louer ou d'en vendre une certaine quantité, si on le trouve convenable.

N'est-ce pas dans la ville qu'elle aurait le plus de prix et d'utilité, qu'on pourrait la conserver avec plus de fruit et moins d'inconvéniens, sous l'inspection et le contrôle directs des magistrats ?

Si l'on objectait que la ville veut positivement traiter avec une compagnie, et qu'il faut à celle-ci les moyens d'asseoir des bénéfices suffisans ; que la ville exigeant au moins trois cents pouces d'eau, ne voulant pas dépenser plus de deux millions, et que les travaux ou les terrains devant coûter cette somme à très-peu près, la compagnie a besoin de joindre une autre branche de profits à ce qui lui reviendra des fonds municipaux, sans quoi, l'on pourrait bien offrir aux actionnaires un placement sûr de leurs capitaux, mais non point une *affaire*, une opération à grands résultats ; — on pourrait répondre :

Que c'est parce qu'on voit et comprend cette difficulté qu'on doit s'attacher de plus fort à l'opinion émise :

Que l'intérêt de la ville veut qu'elle exécute elle-même, et nullement qu'elle traite avec une compagnie;

Que, si elle prend ce dernier parti, elle doit se réserver à l'expiration des travaux, la propriété sans partage de tous les appareils, de leurs accessoires et dépendances ;

Qu'elle doit formellement inhiber surtout, toute vente, cession, distribution d'eau, sous quelque forme et pour quelque usage que ce soit, ailleurs que dans son enceinte, où les ventes seraient faites par elle et à son profit ;

Qu'elle doit aussi formellement inhiber toute entreprise d'arrosage liée d'une manière quelconque, soit dans le présent, soit dans l'avenir, au système de sa dérivation, — condition qui devra être positivement exprimée dans tout traité à intervenir avec une compagnie.

Prévenues sur tous ces points, celles qui se présenteront établiront leurs conditions de prix et de fourniture en conséquence; — et, d'autre part, la ville assurera comme il convient, par ces réserves et ces inhibitions prudentes, la perpétuité et l'indépendance de sa fourniture d'eau.

V.

On le voit, pour les travaux relatifs au projet d'amener des eaux à Nimes, des motifs puissans militent en faveur de l'exécution par la ville elle-même :

En traitant avec une compagnie, on n'a pas plus de certitude, que par l'exécution directe, qu'on ne dépensera pas au-delà des sommes affectées à la dépense ;

Avec une compagnie, on est bien moins libre d'agir suivant les circonstances, de modifier les plans et les devis à mesure que les travaux avanceront, et, comme le plus grand intérêt de la ville peut l'exiger impérieusement, à l'improviste.

Cependant, si, malgré ces inconvéniens graves attachés à l'action des compagnies, le Conseil municipal persistait à vouloir traiter avec elles, nous avons vu qu'il devrait, tout au moins, poser comme condition essentielle et obligatoire : — qu'après l'exécution des travaux, la ville resterait seule et unique propriétaire de tout le système hydraulique et de ses dépendances ; — que nul ne pourrait y avoir aucun droit de co-propriété ni de jouissance mi-partie, — et qu'aucune entreprise distincte de la fourniture des eaux pour Nimes ne pourrait être liée avec celle-ci d'une manière directe ou indirecte. Il serait essentiel, surtout, qu'aucune quantité d'eau ne pût être détournée du bief adducteur, en aucun temps et sous quelque prétexte que ce fût pour l'irrigation des fonds inférieurs, car une entreprise pareille serait pour les intérêts de la ville la concurrence la plus redoutable et, tôt ou tard, la plus funeste.

Si l'on dispose d'une force motrice plus que suffisante pour élever les trois cents pouces d'eau que le Conseil municipal a demandés, ne peut-on pas l'employer avec fruit à en pousser dans l'aqueduc romain un volume plus considérable ? Si l'on doit en vendre une partie pour des usages quelconques, même pour l'arrosement, c'est à Nimes qu'elle doit être vendue, et la ville doit s'en réserver exclusivement le soin et le profit.

J'ai fait violence à mon opinion, en admettant l'hypothèse que la ville traiterait avec une compagnie plutôt que d'exécuter les ouvrages elle-même ; faut-il pousser les concessions plus loin, et, *pour qu'une compagnie puisse se former*, faut-il lui permettre de vendre, et de vendre à son profit, la quantité d'eau qu'elle pourra conduire à Nimes en sus des trois ou quatre cents pouces qui seraient fournis, *à forfait*, à la ville elle-même ?

Je préfèrerais, sans aucun doute, que la ville élevât, conduisît et vendît seule ses eaux ; — mais enfin, si elle veut absolument l'intermédiaire d'une compagnie, qu'elle ne l'accepte, du moins, qu'à cette condition : — *Que toute l'eau qu'il sera permis de vendre, ne pourra l'être que dans l'enceinte de la ville.....*

Condition toute de prudence, de conservation, et dont les Romains avaient déjà apprécié toute l'importance et surveillaient l'exécution avec rigueur.

On alléguera peut-être que la quantité d'eau que les machines élèvent, n'est qu'une minime partie de celle qui sert de moteur ;

Que l'intérêt de l'agriculture est aussi sacré que celui des villes,

Et qu'une compagnie peut vouloir accomplir deux bienfaits à la fois , — en donnant à Nimes l'eau qui lui manque , — et doublant la fertilité d'une grande étendue de pays , de la plaine de Meynes et de Montfrin , par exemple....

Qui trop embrasse mal étreint , pourrait-on dire peut-être.... Toutefois , je comprends les intérêts de l'agriculture et je n'y reste pas indifférent. Donner de l'eau à Nimes , en même temps qu'on ajouterait à la fertilité d'un riche territoire , serait sans doute une belle entreprise , mais à cette condition seulement que l'un des deux objets ne nuisit point à l'autre. Pour atteindre les deux buts à la fois , le moteur hydraulique ne suffit plus , il faut recourir au système mixte.

Un système d'arrosage , basé exclusivement sur une dérivation commune avec celle de la ville , ne serait ni assuré ni constant et nuirait nécessairement aux intérêts de celle-ci. En effet, si on n'introduit à Lafoux que 1 m. c. 20 d'eau dans le canal d'amenée , et il n'est pas probable qu'à l'étiage l'autorité supérieure en accorde davantage , on n'a tout juste que ce qu'il faut pour mettre les machines en jeu ; il ne reste rien pour l'arrosement.

Pour satisfaire aux deux emplois , il faudrait un mètre cube de plus ; mais comment dériver 2 m. c. 20 d'eau du Gardon , lorsqu'il descend tous les étés à ce volume au moment où l'arrosage est le plus nécessaire ; et c'est évidemment alors que l'eau étant le plus précieuse pour l'agriculture , il surviendra contre les droits de Nimes des entreprises plus ou moins ostensibles , mais toujours fâcheuses.

N'oublions pas que, pendant les sècheresses, extrêmes à la vérité , le Gardon peut se réduire jusqu'à 1 m. c. 50 , et qu'on ne doit pas dériver tout le courant , qu'il ne sera jamais permis de mettre son lit complètement à sec.

Pour éviter toute réclamation de la part des riverains , pour empêcher tout conflit entre les intérêts de la ville et ceux de la campagne , pour rendre la fraude impossible en supprimant ses motifs , il faut , si l'on veut à la fois ne pas dessécher le lit de la rivière , pourvoir aux besoins de Nimes et à ceux de l'irrigation, il faut , dis-je, pendant neuf mois, joindre l'action de la vapeur à celle du courant qui faiblit malheureusement à l'époque où les plus grands besoins se font sentir.

On conçoit qu'après avoir vivement soutenu que le système hydraulique de Nimes devait être complètement indépendant , n'ôtre lié à aucune autre entreprise,— je dois agir avec beaucoup de prudence dès le moment où , pour satisfaire à toutes les prétentions , je suis forcé d'accepter l'hypothèse par laquelle on voudrait , en même temps , fournir de l'eau à Nimes et arroser la plaine de Comps.

Je dois prendre toutes les précautions nécessaires pour que l'un de ces services ne puisse jamais devenir préjudiciable à l'autre.

C'est ce que je crois avoir fait par l'adoption du procédé *mixte* exposé dans mon chapitre sixième avec tous les développemens convenables.

Dans ce système , le même courant ne donnera l'impulsion aux machines élévatrices et ne fournira à l'irrigation que pendant neuf mois de l'année , temps pendant lequel l'agriculture ne réclame que fort peu d'eau , — ce fluide est le moins précieux pour la ville ,— et le Gardon peut le donner en surabondance.

Quand l'été viendra , on diminuera l'action des machines hydrauliques ou même on la suspendra tout-à-fait , suivant que la dérivation sera placée à St-Privat ou au voisinage du Pont-du-Gard, et alors, la fourniture de la plaine se trouvant assurée , nul n'aura intérêt à empiéter sur celle de la ville dont la vapeur servira les besoins.

Il y aura paix et harmonie parce que tous les désirs seront amplement satisfaits ; la cité ne redoutera rien , parce qu'elle n'aura à prendre qu'une portion minime de l'eau qui passera sous ses pompes , et comment pourrait-on d'ailleurs l'empêcher de puiser aussi largement qu'elle voudra dans le bief destiné à l'agriculture , lorsque, forcément, toute l'eau baignera le pied de ses machines avant de cheminer vers les lieux où la terre doit l'absorber.

Notre système *mixte* pourvoira donc d'une manière aussi sûre aux besoins combinés des habitans de Nimes et des propriétaires ruraux , que notre système hydraulique pur satisferait aux premiers, si l'on ne prenait souci que des intérêts de la cité.

Au reste , dans les deux cas , les résultats s'allient heureusement avec les prescriptions d'une sage économie.

CONCLUSION.

Je termine ce long mémoire :

Le problème de la fourniture d'eau pour Nimes étant complexe, susceptible de plusieurs bonnes solutions, bien que très-différentes sous le rapport de la dépense et des produits, j'ai regardé comme un devoir de l'étudier dans toute son étendue, et j'espère que la Commission, le Conseil municipal et l'Administration supérieure approuveront mon travail sous ce rapport.

L'eau nécessaire pour la ville ne peut être raisonnablement demandée qu'au Gardon ou à la rivière d'Alzon (introduction et chap. Ier). Dans l'un et l'autre cas, la restauration partielle ou totale de l'antique aqueduc romain doit être préférée à la construction d'un canal nouveau (chap. II).

L'eau qu'on rencontrera sur le parcours et qu'on pourra mettre à profit, mérite une considération sérieuse (chap. III).

Si la ville de Nimes n'en veut pas au delà de 450 pouces, c'est au Gardon qu'il faut puiser, en préférant le moteur hydraulique (chap. IV).

La dérivation doit commencer à St-Privat et les appareils élévatoires être placés à Lafoux. On pourra se procurer ainsi la fourniture désirée pour 1,675,000 f., si l'on se borne au strict nécessaire, ou pour 1,965,000 fr., si l'on joint aux travaux diverses améliorations importantes (chap. V).

Si l'on voulait de 600 à 900 pouces d'eau, il faudrait alors combiner l'action hydraulique et celle de la vapeur.

Pour 600 pouces, on aurait à dépenser 2,370,000 f., si les machines ne consommaient que deux kilogr. de houille par heure et par force de cheval, et 2,500,000 fr. s'il en fallait trois kilogrammes.

Pour 900 pouces, il faudrait 2,600,000 fr. à deux kilogrammes, et 2,800,000 fr., à trois.

On peut vouloir combiner avec la fourniture d'eau pour Nimes, l'arrosement de la plaine de Meynes, de Montfrin et de Comps ; le système moteur mixte doit être encore employé dans ce cas, et il en coûtera 2,600,000 fr. si la machine à vapeur marche avec deux kilogrammes de houille, et 2,800,000 si elle en consomme trois. Le calcul est établi sur une fourniture d'eau constante de 600 pouces pour Nimes, et de 5,000 pouces environ pour l'arrosement de la plaine.

On peut désirer une dépense moins élevée, tout en pourvoyant aux besoins de la ville et à ceux de l'agriculture.

Pour cela, au lieu de remonter la dérivation jusqu'à St-Privat, on établirait la prise d'eau à deux cents mètres en amont du Pont-du-Gard, au moyen d'un barrage nouveau, et l'on obtiendrait ainsi pour 2,150,000 fr. ou 2,300,000 fr. (suivant la consommation de houille), cinq cents pouces en hiver pour la ville, six cents pouces pendant les trois mois d'été, et, pendant le même temps, aux environs de cinq mille pouces d'eau pour l'agriculture (chap. VI).

Le vapeur, employée seule comme force motrice et à l'exclusion du concours de l'action hydraulique, ne donnerait rien pour l'irrigation et serait beaucoup plus dispendieuse, même en se bornant à la fourniture de la ville, car, pour avoir 600 pouces, il faudrait dépenser 2,900,000 fr. si les machines marchaient avec deux kilogrammes, et 3,300,000 fr. s'il en fallait trois.

Pour 900 pouces, la dépense serait de 3,300,000 f. dans la première hypothèse, et de 4,000,000 fr. dans la seconde.

Même, en se réduisant à une fourniture moyenne de 430 pouces, il faudrait, dans la supposition la plus favorable, atteindre trois millions.

Le système de la fourniture par la vapeur seule doit donc être complètement abandonné (chap. VI et VIII).

Si la ville voulait restaurer entièrement l'aqueduc antique et se donner mille pouces d'eau, il en coûterait trois millions. On établirait la dérivation, comme les Romains, au pied de la source d'Eure, mais seulement pendant les saisons où la quantité d'eau excède les besoins, où elle est sans valeur pour les usines; — pendant les trois ou six mois de moindre abondance, des pompes mues par la vapeur élèveraient la même fourniture d'eau dans l'aqueduc romain au couchant du village de St-Maximin, où se trouve la dernière des fabriques d'Uzès. C'est encore un exemple de l'emploi fructueux d'un système mixte d'approvisionnement, et ce projet devra primer tous les autres, si Nimes peut compter sur la coopération généreuse du gouvernement (chap. VII).

Mon mémoire se termine par l'examen des vrais intérêts municipaux au point de vue de la mise en œuvre.

Je pense que la ville doit exécuter les travaux elle-même ; — qu'elle doit se réserver la propriété exclusive de l'établissement hydraulique et de ses dépendances ; — qu'elle doit, sans intermédiaire, faire le louage ou la vente des eaux excédant ses besoins, soit au-dedans, soit au-dehors de son enceinte ; — enfin, au cas où l'on voudrait absolument traiter avec une compagnie, j'indique quelles précautions il faudrait prendre pour sauvegarder les intérêts et les droits de la Cité.

SUPPLÉMENT

AU CHAPITRE SIXIÈME DE CE MÉMOIRE.

Pièces à consulter.

J'ai négligé d'indiquer à la fin de ce chapitre les pièces qu'il convenait de consulter pour s'en rendre l'intelligence plus facile.

Si l'on veut adopter le *système mixte*, mais en conservant la dérivation qui prendrait naissance au moulin de St-Privat, les tracés sont les mêmes que ceux indiqués pour les quatrième et cinquième chapitres. (*Voy.* la page 141.)

On se fera une idée du projet de dérivation, en amont de St-Privat et partant même du moulin Carrière (projet que j'ai abandonné), en consultant la carte intitulée :

Plan général d'assemblage, feuille principale, n° 1, depuis Lafoux jusqu'au moulin Carrière et au village de Collias, — dressé à l'échelle de 1 à 2,500, par M. le capitaine Bernard.

Enfin, si l'on veut comprendre mon système plus économique de barrage et de prise d'eau à construire à deux cents mètres seulement en amont du Pont-du-Gard, on en trouvera le tracé sur la même carte.

Les profils en long et en travers, que je donne pour mon premier projet, m'ont paru suffisans pour celui-

ci, à cause de leur grande analogie ; cependant , *si
la Commission, adoptant le principe de la combinaison
de la force hydraulique avec celle de la vapeur, trouvait ce dernier emplacement de canal et de prise
d'eau préférable à tout autre*, — je pourrais, au
moyen des matériaux déjà recueillis, lui fournir, sur
sa demande et dans quelques jours , un projet régulier applicable à ce parcours.

En résumé , on trouvera sur ce plan général d'assemblage :

Le tracé de la dérivation à partir du moulin Carrière , — que j'ai abandonné ;

Le tracé de celle qui commence au moulin de
St-Privat , — qui me parait la meilleure si l'on veut
exclusivement s'en tenir à la force hydraulique ;

Et le tracé de la dérivation voisine du Pont-du-
Gard , — qu'on devra préférer si l'on adopte le *système mixte.*

Quant à la restauration complète de l'aqueduc ,
elle ne pouvait être indiquée sur une seule feuille ,
mais les parties les plus accidentées et les plus curieuses s'y trouvent dessinées. Je donne à la page 206,
l'indication des autres tracés qui s'y rapportent.

SUPPLÉMENT

AU HUITIÈME CHAPITRE DE CE MÉMOIRE.

Sur la consommation de houille par les machines à vapeur.

Le huitième chapitre de ce Mémoire était imprimé lorsque les notes suivantes me sont parvenues; comme elles me paraissent importantes, je me décide à les donner en supplément :

Opinion de M. Pouillet, professeur au Conservatoire des Arts-et-Métiers.

« La force d'un *cheval-vapeur* exige des consommations de charbon très-différentes ; mais , pour une machine fixe , dans les conditions dont vous m'avez parlé (force de 60 à 70 chevaux) , et pour élever des eaux , je crois que, pour ne pas s'abuser, il faut compter sur une dépense de 4 kilogrammes à 4 kilogrammes et demi de charbon ordinaire. Bien entendu qu'un cheval de vapeur ne donnera pas en produit effectif 75 kilogrammes élevés à un mètre en une seconde ; car cela dépendra de la perfection des pompes à eau et de la longueur des conduites....... »

Paris , 31 janvier 1846.

En me remettant la note ci-dessus , M. Pouillet a ajouté : — « que , quand on avait le choix entre des roues hydrauliques et des machines à vapeur , on devait, sans hésiter , donner la préférence aux roues hydrauliques ».

(Lettre d'un ancien élève de l'Ecole polytechnique , officier supérieur du génie.)

Opinion de M. Arago.

« Le travail courant des machines à détente est de trois kilogrammes de houille par heure et par force de cheval (75 kilogrammes à la hauteur d'un mètre en une seconde.)

M. Farcot , machiniste à Paris , prétend être arrivé à deux kilogrammes ;

M. Poncelet ne croit pas qu'on soit parvenu à une consommation aussi faible,

La Société d'Encouragement a proposé un prix pour celui qui obtiendrait une force de cheval pour un kilogramme et demi. » Ce prix n'a pas encore été mérité.

(Note écrite sous la dictée de M. Arago.)
Paris , le 30 janvier 1846.

Opinions de MM. Pigeon et Chatelus , Ingénieurs en chef des Mines, et de M. Ch. Bergeron , Ingénieur des Mines à St-Etienne , chargé des Etudes du Chemin de Fer de Genève.

1° Avec des machines au-delà d'une puissance de

50 à 60 chevaux, on brûle moins de charbon qu'avec des machines plus faibles.

2° La consommation de la houille dans les meilleures machines de France comme celle d'*Aigarande*, qui est d'une force de quatre cents chevaux, atteint le chiffre de trois kilogrammes; mais il serait *possible* de réduire cette consommation à deux kilogrammes par heure et par force de cheval.

3° En Angleterre, dans le pays de Cornouailles, et à Londres aux machines de *East-London Water-Wooks*, on a obtenu des résultats bien plus satisfaisans, puisque M. Wicksteed, ingénieur de cette compagnie, a affirmé ne pas dépenser plus d'un kilogramme dans le service de sa machine. M. Bergeron en a examiné les chaudières et fourneaux où la combustion est si complète qu'on n'aperçoit pas de fumée. Les chaudières sont tubulaires avec deux foyers intérieurs.

4° Pour obtenir ces résultats, il faut que les machines *n'aient qu'à pomper l'eau, qu'elles soient à simple effet à détente et à condensation*. Il n'en serait plus de même pour des machines destinées à faire marcher une usine.

5° L'opinion des ingénieurs des mines précités est : — *Que nous obtiendrons difficilement, en France, pareille économie*. Mais ils ne mettent pas en doute que l'on n'arrive à ne bruler que deux kilogrammes pour des machines d'épuisement, même en n'employant que de la houille d'Alais qui ne vaut pas celle de St-Etienne.

C'est M. Chatelus qui a fait établir la machine d'*Aigarande* : on n'y épargne pas le charbon parce qu'il est d'une faible valeur sur la mine.

Lyon, le 27 janvier 1846.

═══════════

Opinion de M. Jordan.

M. Jordan, ingénieur des ponts-et-chaussées, ayant eu à juger les produits de plusieurs constructeurs habiles et entr'autres de celui que je lui avais désigné, assure :

Qu'ils promettent ce qu'ils ne peuvent pas tenir...

Qu'une dépense de un kilogramme seulement est chose rare en Angleterre, une exception...

Que deux kilogrammes seraient encore une exception en France où la moyenne doit être trois kilogrammes au moins... »

Lyon, 4 février 1846.

═══════════

Opinion de M. Duchêne, Ingénieur civil, à Avignon.

« Il est bien rare que la quantité de houille consommée par heure et par force de cheval, et garantie par les constructeurs de machines, ne soit pas dépassée quelque temps après les expériences, lorsque le monteur et le chauffeur que le constructeur avait envoyés, sont partis.

Souvent il arrive que les expériences sur la force des machines et le combustible employé ne sont pas convenablement faites.

Il faut, pour arriver à des consommations de 2, — 2,50 — et 3 kilogrammes de houille par heure et par force de cheval, des fourneaux parfaitement établis, de la bonne houille, un chauffeur rempli de qualités difficiles à trouver, un excellent mécanicien, et que les machines soient constamment, ainsi que les fourneaux, en parfait état d'entretien.

Si ces machines sont posées loin d'un atelier de construction, il faudra en créer un, de réparation, dans l'établissement même.

J'ai fait placer et j'ai visité beaucoup de machines à vapeur, et j'ai rarement vu, lorsque les acheteurs sont stricts sur les conditions d'admission, qu'il ne s'élevât pas des contestations entre eux et les constructeurs. Je puis citer à cet égard deux machines de dix-huit chevaux chacune, qui ne devaient consommer que trois kilogrammes et demi et qui jamais n'en ont consommé moins de quatre. Cependant, ces machines étaient bien construites, et elles étaient à moyenne pression, détente et condensation.

Il est presque impossible que les fortes fournitures de houille soient d'une qualité homogène (1); alors, il faut souvent faire des essais qui dépendent, à-peu-près entièrement, de la capacité et de la moralité du chauffeur.

---

(1) Pour la vérification des conditions qu'ils ont promises, les constructeurs exigent qu'on emploie une houille de *bonne qualité*, et ne regardent comme telle que celle qui peut vaporiser six kilogrammes d'eau par kilogramme de houille.

Il peut arriver que, par des circonstances impossibles à prévoir actuellement, le prix de la houille sur lequel on a basé ses calculs s'élève plus tard d'une manière notable.

Pour un service qui exige autant d'exactitude qu'une distribution d'eau, il est indispensable, vu les chômages auxquels on est exposé avec les meilleures machines, d'en avoir une de rechange.

Lorsqu'un moteur hydraulique est établi dans des conditions convenables, et surtout dans le Midi, où l'on n'a pas à craindre les gelées, la solidité qu'on peut donner au petit nombre de pièces qui composent la machine, en employant la fonte et le fer, la met à-peu-près complètement à l'abri des accidens graves qui occasionnent des chômages.

Il faut des considérations bien puissantes, lorsqu'on peut utiliser une chute d'eau qui remplit les conditions voulues, pour lui préférer l'emploi des machines à vapeur. .

(Avignon, 25 février 1846.)

Lettre de M. Renaux, architecte de la ville d'Avignon, et mon collègue à la Société géologique de France.

M. Duchêne a beaucoup étudié les machines et principalement les machines à vapeur; de plus, il est praticien, et, comme tel, il a approfondi la matière. Quand je lui eus parlé de votre projet d'élever les eaux pour Nimes par des machines hydrauliques, il me dit : — *que, quand même il faudrait pour le réaliser, dépenser une somme de* SIX CENT MILLE FRANCS *de plus que par la vapeur, il n'y aurait pas à hésiter. Il ne faut recourir à ce dernier moyen que lorsque les moteurs naturels manquent tout-à-fait.*

C'est surtout quand il s'agit d'alimenter une grande ville, qu'il ne faut pas livrer l'avenir au hasard ; or, qui ne voit, au train dont vont les choses, que le monopole doit envahir les houillères, et *qui peut dire à quel prix on payera cent kilogrammes de houille dans cinquante ans.*

... Les géologues savent mieux que personne combien les bassins houillers sont rares et circonscrits ; — par la consommation énorme de charbon qui se fait depuis l'invention de la machine à vapeur, le prix doit constamment s'élever ; et n'est-il pas prudent pour des établissemens destinés à une durée illimitée, de prévoir le cas et le moment où l'épuisement des mines sera notoire pour tous ?

Quand on s'occupe des intérêts d'une ville, on ne peut hésiter entre un moteur hydraulique et une machine à feu...

(Avignon, 25 février 1846.)

Que pourrais-je ajouter au contenu de ces communicatious diverses que je dois à la bienveillance des hommes les plus compétens ? ne confirment-elles pas tout ce que j'ai avancé et soutenu dans les sixième et huitième chapitres de ce mémoire ?

Savoir :

Qu'avec la machine à vapeur, nous devons nous

attendre à une consommation de trois kilogrammes de houille, au moins, par heure et par force de cheval ;

Qu'en France, en marche soutenue, et avec la houille courante du pays, la consommation de deux kilogrammes seulement est plutôt une espérance qu'une réalité ;

Que le prix de la houille tend à s'élever incessamment et dans des proportions qui doivent rendre très-circonspects sur son emploi A PERPÉTUITÉ ;

Qu'enfin, quand on a un moteur naturel à sa portée, c'est-à-dire, *invariable et éternel*, on doit le préférer à une force artificielle, périssable comme tout ce qui tient à l'humanité.

Cette préférence à accorder au moteur hydraulique sur la vapeur doit exister, non-seulement au cas où celle-ci serait la plus chère, mais au cas d'égalité de dépense ; il serait sage peut-être de préférer la force du courant quand même son usage serait plus coûteux aujourd'hui que celui des machines à feu....

———

Je dépose la plume et je termine ici ce mémoire ; — continuer me serait impossible : — demain c'est le second et cruel anniversaire de la mort de ma fille bien-aimée.

Commencé dans des jours heureux, cet ouvrage long et pénible est peut-être loin de son terme ; j'en poursuivrai l'achèvement avec persévérance, car le travail est la seule diversion possible à ma trop légitime douleur.

Oh! ma fille! — sans toi ma vie est comme une de ces vallées désertes, arides et sombres que sillonnent de froids torrens.....

Souvenirs touchans des temps qui ne sont plus! — Quelquefois, au milieu des rochers, une arcature sublime, rongée par les siècles, couronnée de lierres funèbres, qui, jadis, transportait des eaux salutaires dans des champs plus heureux, unit encore de silencieux sommets.

Le séjour de la tristesse et des ruines antiques est celui que mon cœur préfère. Arceaux mutilés de *Vers*, monumens ravagés par le temps et les Barbares, je cherche votre abri mélancolique. Vous dirigeâtes pendant trois siècles vers la cité de Némausus, d'Auguste et d'Antonin, des flots abondans et purs... Mon existence cruellement brisée ne sera-t-elle qu'une stérile amertume, quand vos ruines portent le témoignage ineffaçable d'une longue utilité?

Mon cœur forme encore un vœu :

Puisse-je laisser après moi la trace et le souvenir du bienfait, — comme cette triple et majestueuse arcature dont mon œil ne peut se détacher, comme l'eau du Gardon, qui descendue des coteaux de mon industrieuse patrie, coule plus tristement et semble murmurer à mes pieds dans les gorges solitaires de St-Privat!

Pertransire benefaciendo...

Nimes, le 28 février 1846.

Jules TEISSIER.

RECTIFICATION *à la liste de Messieurs les Ingénieurs en chef composant la Commission d'examen.*

M. THIBAUD, Ingénieur en chef des mines, résidant au chef-lieu d'Alais, n'ayant pu, à cause de ses nombreuses occupations et du mauvais état de sa santé, accepter les fonctions de membre de la Commission d'examen, — il a été remplacé par M. VARIN-D'AINVELLE, ingénieur en chef des mines, *en congé* à Alais, qui a bien voulu, non-seulement se rendre à l'honorable appel de la ville de Nimes, mais de plus accepter les fonctions laborieuses de Rapporteur.

La cité toute entière, et les concurrens en particulier, lui doivent une gratitude profonde de ce qu'il consent à consacrer ses connaissances spéciales et son temps de liberté à l'examen sérieux d'une question d'une si haute importance.

FIN DE LA PREMIÈRE PARTIE DU TOME SECOND.

TABLE DES MATIÈRES.

TOME SECOND.

PREMIÈRE PARTIE.

Complément important du chapitre VIII sur l'action de la vapeur comme force motrice. — Notes obtenues postérieurement à l'impression de ce chapitre, p. 307.

Souvenir douloureux, p. 314.

Rectification à la liste de MM. les Ingénieurs en Chef composant la Commission d'examen, p. 316.

www.ingramcontent.com/pod-product-compliance
Lightning Source LLC
LaVergne TN
LVHW011924180726
843502LV00003B/700